TEORIAS CÍNICAS

CONHEÇA OUTROS LIVROS DA SÉRIE:

POLÍTICA, IDEOLOGIA E CONSPIRAÇÕES

DESCULPE-ME, SOCIALISTA

MITOS E FALÁCIAS DA AMÉRICA LATINA

A LEI

MENOS ESTADO, MAIS LIBERDADE

OS ERROS FATAIS DO SOCIALISMO

DA LIBERDADE INDIVIDUAL E ECONÔMICA

OS FUNDAMENTOS DO CAPITALISMO:
O ESSENCIAL DE ADAM SMITH

LIBERDADE É PROSPERIDADE:
A FILOSOFIA DE AYN RAND

O RENASCIMENTO DO LIBERALISMO

GUERRA CULTURAL

**HELEN PLUCKROSE
& JAMES LINDSAY**

TEORIAS CÍNICAS

Como a academia e o ativismo tornam raça, gênero e identidade o centro de tudo – e por que isso prejudica todos

Tradução
CARLOS SZLAK

COPYRIGHT © FARO EDITORIAL, 2021
COPYRIGHT © HELEN PLUCKROSE AND JAMES LINDSAY, 2020

THIS EDITION PUBLISHED BY ARRANGEMENT WITH SUSAN SCHULMAN A LITERARY AGENCY, NEW YORK. ALL RIGHTS RESERVED

Todos os direitos reservados.

Avis Rara é um selo da Faro Editorial.

Nenhuma parte deste livro pode ser reproduzida sob quaisquer meios existentes sem autorização por escrito do editor.

Diretor editorial **PEDRO ALMEIDA**
Coordenação editorial **CARLA SACRATO**
Preparação **TUCA FARIA**
Revisão **BARBARA PARENTE** e **THAÍS ENTRIEL**
Capa **RAFAEL BRUM**
Imagem de capa **VERA SHESTAK** e **VIKTORCVETKOVIC**
Diagramação **CRISTIANE | SAAVEDRA EDIÇÕES**

Dados Internacionais de Catalogação na Publicação (CIP)
Angélica Ilacqua CRB-8/7057

Pluckrose, Helen
    Teorias cínicas / Helen Pluckrose, James Lindsay; tradução de Carlos Szlak. — São Paulo: Faro Editorial, 2021.
    288 p.

    ISBN 978-65-5957-013-3
    Título original: Cynical theories

    1. Ciências sociais I. Título II. Lindsay, James III. Szlak, Carlos

21-2074   CDD 305

Índice para catálogo sistemático:
1. Ciências sociais

1ª edição brasileira: 2021
Direitos de edição em língua portuguesa, para o Brasil, adquiridos por FARO EDITORIAL

Avenida Andrômeda, 885 – Sala 310
Alphaville – Barueri – SP – Brasil
CEP: 06473-000
www.faroeditorial.com.br

SUMÁRIO

6   Introdução

17   Pós-modernismo

42   Virada para o pós-modernismo aplicado

65   Teoria pós-colonial

89   Teoria *queer*

113   Teoria crítica da raça e interseccionalidade

139   Feminismos e os estudos de gênero

165   Estudos sobre deficiência e sobre o corpo gordo

189   Estudo acadêmico e pensamento sobre Justiça Social

222   A Justiça Social em ação

247   Uma alternativa à ideologia da Justiça Social

282   Notas

INTRODUÇÃO

Na Idade Moderna, e especialmente nos últimos dois séculos, desenvolveu-se na maioria dos países ocidentais um amplo consenso em favor da filosofia política conhecida como "liberalismo". Entre os principais pressupostos do liberalismo incluem-se a democracia política, as limitações dos poderes do governo, o desenvolvimento dos direitos humanos universais, a igualdade jurídica para todos os cidadãos adultos, a liberdade de expressão, o respeito pelo valor da diversidade de pontos de vista e pelo debate honesto, o respeito pelas evidências e pela razão, a separação entre Estado e Igreja, e a liberdade religiosa. Esses valores liberais se desenvolveram como ideais e foram necessários séculos de luta contra a teocracia, a escravidão, o patriarcado, o colonialismo, o fascismo e muitas outras formas de discriminação para respeitá-los tanto quanto nós os respeitamos, ainda imperfeitamente, hoje em dia. Contudo, a luta pela justiça social sempre foi mais forte quando se lançou como defensora dos valores liberais de forma universal, insistindo que fossem aplicados a todos os indivíduos, e não apenas aos homens brancos ricos. Convém notar que a posição filosófica geral que chamamos de "liberalismo" é compatível com uma ampla gama de posições sobre questões políticas, econômicas e sociais, incluindo tanto as que os norte-americanos chamam de "liberais" (e os europeus chamam de "social-democratas") quanto as formas moderadas do que as pessoas em todos os países chamam de "conservadoras". Esse liberalismo filosófico se opõe aos movimentos autoritários de todos os tipos, sejam de esquerda ou de direita, seculares ou teocráticos. Portanto, o liberalismo é mais bem

INTRODUÇÃO

pensado como um terreno comum compartilhado, que propicia um arcabouço para a resolução de conflitos, dentro do qual pessoas com uma variedade de pontos de vista sobre questões políticas, econômicas e sociais podem debater racionalmente as opções de políticas públicas.

No entanto, chegamos a um ponto da história em que o liberalismo e a modernidade no cerne da civilização ocidental estão em grande risco quanto às ideias que os sustentam. A natureza exata dessa ameaça é complicada, pois surge de pelo menos duas pressões enormes, uma revolucionária e a outra reacionária, que estão travando uma guerra entre si a respeito de para qual direção iliberal as nossas sociedades devem ser arrastadas. Os movimentos populistas de extrema direita que afirmam estar fazendo uma última e desesperada defesa do liberalismo e da democracia contra a crescente onda de progressismo e globalismo estão em ascensão ao redor do mundo. Esses movimentos vêm cada vez mais se voltando para a liderança de ditadores e homens fortes capazes de manter e preservar a soberania e os valores "ocidentais". Enquanto isso, os cruzados sociais progressistas de extrema esquerda se apresentam como os únicos e justos defensores do progresso social e moral, sem o qual a democracia é sem sentido e vazia. Estes cruzados da extrema esquerda não só promovem a sua causa por meio de objetivos revolucionários que rejeitam abertamente o liberalismo, considerando-o como uma forma de opressão, mas também fazem isso mediante meios cada vez mais autoritários, procurando estabelecer uma ideologia fundamentalista completamente dogmática no tocante a como a sociedade deve ser ordenada. Cada lado nessa briga vê o outro como uma ameaça existencial, e assim cada um fomenta os maiores excessos do outro. Essa guerra cultural é tão intensa que chegou a definir a vida política – e crescentemente social – no início do século XXI.

Ainda que o problema à direita seja grave e mereça uma análise muito cuidadosa por si só, nós nos especializamos na natureza do problema à esquerda. Em parte, porque acreditamos que, embora os dois lados estejam levando um ao outro à loucura e à radicalização, o problema que vem da esquerda representa um afastamento do seu ponto histórico de razão e força, que é o liberalismo. Esse liberalismo é essencial para a manutenção das nossas democracias liberais e seculares. Como escrevemos anteriormente, o problema surge do seguinte fato:

TEORIAS CÍNICAS ~~CRÍTICAS~~

A esquerda progressista se alinhou não com a modernidade, mas com o pós-modernismo, que rejeita a verdade objetiva, considerando-a uma fantasia sonhada por pensadores iluministas ingênuos e/ou arrogantemente fanáticos que subestimaram as consequências colaterais do progresso da modernidade.[1]

Esse é o problema a cujo aprendizado nos dedicamos e que esperamos explicar neste livro: o problema do pós-modernismo, não apenas como emergiu inicialmente na década de 1960, mas também como evoluiu ao longo do último meio século. Dependendo do ponto de vista, o pós-modernismo se tornou ou deu origem a uma das ideologias menos tolerantes e mais autoritárias com que o mundo tem tido que lidar desde o declínio generalizado do comunismo e os colapsos da supremacia branca e do colonialismo. O pós-modernismo se desenvolveu em cantos relativamente obscuros do mundo acadêmico como uma reação intelectual e cultural a todas essas mudanças, e desde a década de 1960 espalhou-se para outras partes do meio acadêmico, no ativismo, por todas as burocracias e no cerne da educação primária, secundária e pós-secundária. A partir daí, o pós-modernismo começou a se infiltrar na sociedade mais ampla ao ponto em que ele e as reações adversas a ele, tanto razoáveis quanto reacionárias, passaram a dominar a nossa paisagem sociopolítica enquanto avançamos cada vez mais penosamente ao longo da terceira década do novo milênio.

Teoricamente, esse movimento busca e deriva o seu nome de um objetivo amplo denominado "justiça social", que é um termo que remonta a quase duzentos anos. Sob diferentes pensadores em diferentes momentos, esse termo assumiu diversos significados, todos preocupados, de certa forma, em focalizar e refocalizar as desigualdades sociais, especialmente no que se refere a questões de classe, raça, gênero, sexo e sexualidade, sobretudo quando estas vão além do alcance da justiça legal. De forma memorável, o filósofo progressista liberal John Rawls expôs diversas teorias filosóficas dedicadas às condições sob as quais uma sociedade socialmente justa poderia ser organizada. Assim, ele estabeleceu um experimento de pensamento universalista em que uma sociedade socialmente justa seria aquela em que um indivíduo, dada a opção, ficaria igualmente feliz por nascer em qualquer

INTRODUÇÃO

meio social ou grupo identitário.[2] Outra abordagem, explicitamente antiliberal e antiuniversal, para se alcançar a justiça social também tem sido empregada, particularmente desde meados do século XX, e está enraizada na *teoria crítica*. Uma teoria crítica se preocupa principalmente em revelar vieses ocultos e suposições insuficientemente examinadas, em geral apontando para o que foi denominado "problemático", que são as maneiras pelas quais a sociedade e os sistemas pelos quais ela opera estão dando errado.

Em certo sentido, o pós-modernismo foi um desdobramento dessa abordagem crítica que seguiu o seu próprio caminho Teórico por um tempo, e depois foi retomada por ativistas críticos pela justiça social durante as décadas de 1980 e 1990 (que, aliás, muito raramente se referem a John Rawls sobre o tópico). O movimento que assume esse encargo refere-se presunçosamente à sua ideologia simplesmente como "Justiça Social", como se ela sozinha buscasse uma sociedade mais justa e o resto de nós estivesse defendendo algo completamente diferente. Assim, o movimento se tornou conhecido como "Movimento pela Justiça Social", e os seus críticos *on-line* costumam se referir a ele, para abreviar, como "SocJus" [de Social Justice] ou, cada vez mais, como *"wokeism"* [despertarismo, conscientização da injustiça], devido à sua crença de que só o movimento "despertou" a natureza da injustiça social. A Justiça Social, como nome próprio com J maiúsculo e S maiúsculo, refere-se a uma interpretação doutrinária muito específica do significado de "justiça social" e dos meios de alcançá-la, ao mesmo tempo que prescreve uma ortodoxia estrita e identificável em torno desse termo. Embora relutantes em conceder o objetivo liberal essencial de justiça social a esse movimento ideológico iliberal, esse é o nome pelo qual ele é conhecido, e assim, por uma questão de clareza, iremos nos referir a ele como "Justiça Social" com letras maiúsculas ao longo deste livro. A "justiça social" em letras minúsculas será reservada para descrever os significados mais amplos e genéricos do termo. Queremos deixar claros os nossos próprios engajamentos sociais e políticos: nós nos posicionamos contra a Justiça Social com letras maiúsculas porque geralmente somos a favor da justiça social com letras minúsculas.

Está ficando cada vez mais difícil não perceber a influência do Movimento pela Justiça Social na sociedade, sobretudo sob a forma da "política identitária" ou do "politicamente correto". Quase todos os dias aparece uma

TEORIAS CÍNICAS ~~CRÍTICAS~~

história sobre alguém que foi demitido, "cancelado" ou submetido à humilhação pública nas redes sociais, muitas vezes por ter dito ou feito algo interpretado como sexista, racista ou homofóbico. Às vezes, as acusações são justificadas, e podemos nos confortar por um fanático – que vemos como completamente diferente de nós – estar recebendo a censura que "merece" pelas suas visões abomináveis. No entanto, com crescente frequência, as acusações são interpretativas demais, e os argumentos, tortuosos. Às vezes, parece que qualquer pessoa bem-intencionada, mesmo aquela que valoriza a liberdade e igualdade universais, pode inadvertidamente dizer algo que não satisfaz os novos códigos de fala, com consequências devastadoras para a sua carreira e reputação. Isso é desconcertante e contraintuitivo para uma cultura acostumada a colocar a dignidade humana em primeiro lugar e, assim, valorizar as interpretações e a tolerância benevolentes de um vasto leque de pontos de vista. Na melhor das hipóteses, isso tem um efeito arrepiante sobre a cultura da liberdade de expressão, que tem servido bem às democracias liberais por mais de dois séculos, como boa autocensura para evitar que as pessoas digam coisas "erradas". Na pior das hipóteses, é uma forma mal-intencionada de *bullying* e – quando institucionalizada – uma espécie de autoritarismo no nosso meio.

Isso merece uma explicação. De fato, *é preciso* uma, porque essas mudanças, que estão acontecendo com rapidez surpreendente, são difíceis demais de entender. Tal ocorre porque elas se originam de uma visão de mundo muito peculiar – uma que, de certa forma, até possui a própria linguagem. No mundo de língua inglesa, os ativistas que adotaram essa visão falam inglês, mas utilizam as palavras de uso corrente de maneira diferente do resto de nós. Quando falam de "racismo", por exemplo, eles não se referem ao preconceito com base na raça, mas sim, como o definem, a um sistema racializado* que permeia todas as interações na sociedade, ainda que amplamente invisível, exceto para aqueles que o experimentam ou para quem foi treinado nos métodos "críticos" adequados que o treinam para percebê-lo. (Essas são as pessoas às vezes chamadas de *"woke"*; ou seja, despertas para isso.) Inevitavelmente, esse uso muito técnico e preciso da

---

* Em sociologia, racialização ou etnização é o processo de atribuir identidades raciais ou étnicas a um relacionamento, prática social ou grupo que não se identificou como tal.

INTRODUÇÃO

palavra confunde as pessoas, e, na sua confusão, elas podem concordar com coisas das quais discordariam se tivessem um sistema de referência comum para ajudá-las a entender o que a palavra realmente significa.

Esses ativistas acadêmicos não só falam uma linguagem especializada – embora utilizando palavras de uso corrente que as pessoas acham, incorretamente, que entendem – como também representam uma *cultura* totalmente diferente, incorporada na nossa. Os ativistas que adotaram essa visão podem estar fisicamente próximos, mas intelectualmente estão a um mundo de distância, o que torna dificílima a compreensão deles e a comunicação com eles. Esses ativistas são obcecados por poder, linguagem, conhecimento e pelas relações entre eles. Interpretam o mundo através de uma lente que detecta a dinâmica de poder em cada interação, elocução e artefato cultural, mesmo quando não são óbvios *ou reais*. É uma visão de mundo que centraliza ressentimentos sociais e culturais e visa converter tudo em uma luta política de soma zero, girando em torno de marcadores de identidade como raça, sexo, gênero, sexualidade e muitos outros. Para um observador externo, essa cultura parece ter se originado em outro planeta, cujos habitantes não têm conhecimento de espécies que se reproduzem sexualmente e que interpretam todas as nossas interações sociológicas humanas da maneira mais cínica possível. Mas, na verdade, essas atitudes absurdas são completamente humanas. Elas dão testemunho da nossa capacidade repetidamente demonstrada de adotar visões de mundo espirituais complexas, que vão do animismo tribal ao espiritualismo hippie e às religiões globais sofisticadas, cada uma das quais com a própria estrutura interpretativa através da qual vê o mundo inteiro. Esta é apenas uma peculiar visão de poder e sua capacidade de criar desigualdade e opressão.

Interagir com os defensores dessa visão requer o aprendizado não apenas da sua linguagem – o que por si só é bastante desafiador – como também dos seus costumes e até da sua mitologia referente a problemas "sistêmicos" e "estruturais" inerentes à nossa sociedade, aos nossos sistemas e instituições. Como viajantes experientes sabem, a comunicação em uma cultura completamente diferente envolve mais do que o aprendizado da língua. Também é necessário o aprendizado das expressões idiomáticas, das implicações, das referências culturais e das normas de comportamento, que definem como se comunicar adequadamente. É comum precisarmos de alguém

TEORIAS CÍNICAS ~~CRÍTICAS~~

que não seja apenas um tradutor, mas também um *intérprete* no sentido mais amplo, alguém conhecedor de ambas as práticas, para nos comunicarmos de forma eficaz. Isso é o que nos propomos oferecer neste livro: um guia para a linguagem e os costumes que são amplamente promovidos no presente sob a sonora e simpática alcunha de "Justiça Social". Somos fluentes na linguagem e na cultura do estudo acadêmico e do ativismo referentes à Justiça Social, e planejamos orientar os nossos leitores por este mundo estranho, mapeando a evolução dessas ideias desde as suas origens há cinquenta anos até os dias de hoje.

Começamos no final da década de 1960, quando o grupo de conceitos Teóricos agrupados em torno da natureza do conhecimento, poder e linguagem que veio a ser conhecido como *pós-modernismo* emergiu ao mesmo tempo de dentro de diversas disciplinas de ciências humanas. No seu cerne, o pós-modernismo rejeitou o que se denomina *metanarrativas*, ou seja, explicações amplas e coesas do mundo e da sociedade. Rejeitou o cristianismo e o marxismo. Também rejeitou a ciência, a razão e os pilares da democracia ocidental pós-Iluminismo. As ideias pós-modernas moldaram o que desde então tem sido chamado principalmente de *Teoria* – a entidade que é, em certo sentido, a protagonista deste livro. Na nossa opinião, é fundamental compreender o desenvolvimento da Teoria desde a década de 1960 até os dias de hoje se quisermos confrontar e corrigir as rápidas mudanças que temos experimentado na sociedade desde os seus primórdios e, principalmente, desde 2010. Notemos que, ao longo deste livro, a palavra *Teoria* (e palavras relacionadas, como Teórico e Teorético) com T maiúsculo vai se referir à abordagem da filosofia social que se origina do pós-modernismo.

Este livro explica como a Teoria se tornou a força motora da guerra cultural do final da década de 2010 – e propõe uma forma filosoficamente *liberal* para contestar as suas manifestações no estudo acadêmico, no ativismo e na vida cotidiana. O livro traça o desenvolvimento dos ramos em evolução da Teoria pós-moderna cínica nos últimos cinquenta anos e mostra como ela influenciou a sociedade atual de maneiras reconhecíveis pelo leitor. No Capítulo 1, iremos guiá-lo pelas ideias principais dos pós-modernos originais das décadas de 1960 e 1970, e descrever os dois princípios e os quatro temas que permaneceram centrais para toda a Teoria que se seguiu. O Capítulo 2 explicará como essas ideias mudaram, se consolidaram e se tornaram politicamente acionáveis em um conjunto de novas Teorias que surgiram no final da década de 1980 e na década de 1990. Vamos nos referir a isso como *pós-modernismo aplicado.* Os Capítulos 3 a 6 se aprofundarão em cada um dos itens a seguir com mais detalhes: Teoria pós-colonial, Teoria *queer,* Teoria crítica da raça e feminismo interseccional. O Capítulo 7 analisará os recém-chegados à cena: estudos sobre deficiência e estudos sobre o corpo gordo, que se baseiam em todas essas Teorias.

No Capítulo 8, investigaremos a segunda evolução dessas ideias pós-modernas, começando por volta de 2010, que reivindicavam a verdade absoluta dos princípios e temas pós-modernos. Chamamos essa abordagem de *pós-modernismo reificado,* pois considera que as suposições do pós-modernismo são verdades reais e objetivas – A Verdade Segundo a Justiça Social. Essa mudança ocorreu quando os acadêmicos e os ativistas uniram as Teorias e os Estudos existentes em uma metodologia simples e dogmática, mais conhecida simplesmente como "estudo acadêmico sobre Justiça Social".

Este livro tem por objetivo contar a história de como o pós-modernismo aplicou as suas Teorias cínicas para desconstruir o que poderíamos concordar em chamar de "as velhas religiões" do pensamento humano – que incluem crenças religiosas convencionais como o cristianismo e ideologias seculares como o marxismo, assim como sistemas coesos modernos como a ciência, o liberalismo filosófico e o "progresso" – e substituí-las por uma nova religião própria, denominada "Justiça Social". Este livro é uma história sobre como a desesperança encontrou uma nova confiança, que então se tornou um tipo de convicção firme associada à adesão religiosa. A fé que emergiu é completamente pós-moderna, o que significa que, em vez de interpretar o mundo em termos de forças espirituais sutis como pecado e magia, concentra-se em forças materiais sutis, como a intolerância sistêmica, e em sistemas de poder e privilégio difusos, mas onipresentes.

Embora essa convicção recém-adquirida tenha causado problemas significativos, também é útil que a Teoria tenha se tornado cada vez mais confiante e clara sobre as suas crenças e os seus objetivos. Torna mais fácil para os liberais – de esquerda, direita ou centro político – chegar a essas ideias e contestá-las. Por outro lado, esse desenvolvimento é alarmante, pois tornou a Teoria muito mais fácil de ser compreendida e posta em prática

TEORIAS CÍNICAS ~~CRÍTICAS~~

por adeptos que desejam remodelar a sociedade. Podemos ver o seu impacto no mundo nos seus ataques à ciência e à razão. Também é evidente nas suas asserções que a sociedade é dividida de forma simplista em identidades dominantes e marginalizadas, e sustentada por sistemas invisíveis de supremacia branca, patriarcado, heteronormatividade, cisnormatividade*, capacitismo e gordofobia. Nós nos deparamos com o desmantelamento contínuo de categorias como conhecimento e crença, razão e emoção, e homens e mulheres, e com pressões crescentes para censurar a nossa linguagem em conformidade com A Verdade Segundo a Justiça Social. Vemos o relativismo radical tanto sob a forma de padrões duplos – como, por exemplo, asserções de que apenas os homens podem ser sexistas ou apenas os brancos podem ser racistas – quanto na rejeição indiscriminada de princípios consistentes de não discriminação. Diante disso, torna-se cada vez mais difícil e até perigoso sustentar que as pessoas devem ser tratadas como indivíduos ou preconizar o reconhecimento da nossa humanidade compartilhada diante de políticas identitárias desagregadoras e coercitivas.

Embora muitos de nós agora reconheçam esses problemas e sintam intuitivamente que essas ideias são irracionais e iliberais, pode ser difícil articular respostas a elas, já que objeções ao irracionalismo e ao iliberalismo costumam ser incompreendidas ou deturpadas, sendo consideradas como oposição à justiça social genuína – uma filosofia legítima que defende uma sociedade mais justa. Isso dissuade muitas pessoas bem-intencionadas de sequer tentar. Além do perigo de ser rotulado de inimigo da justiça social resultante da crítica aos métodos do Movimento pela Justiça Social, há dois outros obstáculos para enfrentá-lo de forma eficaz. Primeiro, os valores subjacentes da Justiça Social são tão contraintuitivos que são difíceis de entender. Segundo, poucos de nós já tiveram que defender a ética, a razão e a evidência universalmente liberal contra aqueles que alegam defender a justiça social. Até muito recentemente, elas foram entendidas como o melhor caminho de trabalhar *pela* justiça social. Assim, uma vez que tenhamos terminado de tornar compreensíveis os princípios subjacentes da Teoria da Justiça Social, passamos a discutir como reconhecê-los e contestá-los. No

---

* Cisgênero é o indivíduo que se identifica com o sexo biológico. Assim, cisnormatividade é o sistema que coloca os cisgêneros em posição privilegiada e faz deles a norma social.

INTRODUÇÃO

Capítulo 9, analisaremos as maneiras pelas quais essas ideias escaparam dos limites do mundo acadêmico e estão impactando o mundo real. Finalmente, no Capítulo 10, argumentaremos que devemos contestar essas ideias por meio de um compromisso coletivo claramente articulado com os princípios universalmente liberais e o estudo acadêmico rigoroso e baseado em evidências que definem a modernidade. Com alguma sorte, os últimos dois capítulos mostrarão como podemos escrever o último capítulo da história da Teoria: o seu final esperançosamente silencioso e inglório.

Portanto, este livro foi escrito para o leigo que não tem conhecimentos desse tipo de estudo acadêmico, mas percebe a sua influência na sociedade e quer entender como funciona. É para o liberal para quem uma sociedade justa é muito importante, mas que não consegue deixar de notar que o movimento pela Justiça Social não parece facilitar isso, e quer ser capaz de dar uma resposta liberal a ele com consistência e integridade. Este livro foi escrito para qualquer pessoa de qualquer parte do espectro político que acredita no mercado de ideias como uma maneira de examinar e desafiar reflexões e promover a sociedade, e quer ser capaz de dialogar com os conceitos da Justiça Social como realmente são.

Este não é um livro que procura solapar o feminismo liberal, o ativismo contra o racismo ou as campanhas pela igualdade LGBT. Ao contrário, este livro nasce do nosso compromisso com a igualdade de gênero, raça e LGBT e com a nossa preocupação de que a validade e a importância disso estejam sendo hoje minadas de forma preocupante pelas abordagens da Justiça Social. Este livro tampouco atacará o mundo acadêmico ou a universidade em geral. Muito pelo contrário, buscamos defender o estudo acadêmico rigoroso e baseado em evidências e a função essencial da universidade como centro de produção de conhecimento contra as correntes antiempíricas, antirracionais e iliberais da esquerda, que ameaçam dar poder às correntes anti--intelectuais, anti-igualdade e iliberais da direita.

Então, em última análise, este livro procura apresentar uma crítica filosoficamente liberal do estudo acadêmico e do ativismo referentes à Justiça Social, sustentando que esse academicismo-ativismo não promove os objetivos da justiça social e igualdade. Há alguns acadêmicos nas áreas que criticamos que escarnecerão disso e insistirão que somos realmente reacionários de direita que se opõem aos estudos da injustiça social experimentada pelas

TEORIAS CÍNICAS ~~CRÍTICAS~~

pessoas marginalizadas. Essa visão das nossas motivações não sobreviverá a uma leitura honesta do nosso livro. Outros acadêmicos dessas áreas aceitarão a nossa postura liberal, empírica e racional sobre as questões, mas a rejeitarão, considerando-a uma ilusão modernista que põe no centro a construção de conhecimento branca, masculina, ocidental e heterossexual, e mantém um *status quo* injusto com tentativas inadequadas de melhorar a sociedade gradualmente. "As ferramentas do mestre nunca desmantelarão a casa do mestre",[3] eles nos dirão. Para eles, admitiremos que estamos muito menos interessados em desmantelar as sociedades liberais e os conceitos empíricos e racionais do conhecimento e muito mais interessados em levar adiante os avanços notáveis em favor da justiça social que eles trouxeram. A casa do mestre é boa, e o problema tem sido o acesso limitado a ela. O liberalismo aumenta o acesso a uma estrutura sólida, que pode abrigar e capacitar todos. O acesso igual aos escombros não é um objetivo digno. Então, haverá alguns acadêmicos nessas áreas que acreditarão que as nossas críticas aos estudos sobre Justiça Social têm alguns méritos e dialogarão conosco de boa-fé a respeito delas. Esses são os intercâmbios que aguardamos ansiosamente e que podem nos recolocar no caminho de ter conversas produtivas e ideologicamente diversas sobre justiça social.

Capítulo 1

PÓS-MODERNISMO

UMA REVOLUÇÃO NO CONHECIMENTO E NO PODER

Na década de 1960, ocorreu uma mudança fundamental no pensamento humano, que está associada a diversos Teóricos franceses que, embora não sejam nomes muito familiares, flutuam nas bordas da imaginação popular; entre eles, incluem-se Michel Foucault, Jacques Derrida e Jean-François Lyotard. Assumindo uma concepção radicalmente nova do mundo e de nossa relação com ele, essa mudança revolucionou a filosofia social e talvez *todas as coisas* sociais. Ao longo das décadas, alterou drasticamente não só o que e como pensamos, mas também como pensamos sobre o pensar. Esotérica, acadêmica e aparentemente distante das realidades da existência diária, essa revolução, porém, teve implicações profundas na maneira pela qual interagimos com o mundo e uns com os outros. Em seu cerne está uma visão de mundo radical que veio a ser conhecida como "pós-modernismo".

O pós-modernismo é difícil de definir, talvez intencionalmente. Ele representa um conjunto de ideias e modos de pensamento que se reuniram em resposta a condições históricas específicas, incluindo o impacto cultural das Guerras Mundiais e como elas terminaram, a desilusão generalizada com o marxismo, a credibilidade em declínio das visões de mundo religiosas em ambientes pós-industriais e o avanço acelerado da tecnologia. É provável que seja mais útil entender o pós-modernismo como uma rejeição tanto do moder*nismo* – um movimento intelectual predominante ao longo do final

TEORIAS CÍNICAS ~~CRÍTICAS~~

do século XIX e a primeira metade do século XX – como da modern*idade* – a época conhecida como Idade Moderna, que começou após o final da Idade Média e na qual (provavelmente) ainda vivemos. Esse novo tipo de ceticismo radical à própria possibilidade de obter conhecimento objetivo se propagou, desde então, para fora da academia, desafiando nosso pensamento social, cultural e político de maneiras deliberadamente disruptivas.

Os pensadores pós-modernos reagiram ao modern*ismo* negando os fundamentos de alguns aspectos do pensamento moderno, enquanto alegavam que outros aspectos do pensamento moderno não foram longe o suficiente. Em particular, eles rejeitaram o desejo modernista subjacente de autenticidade, unificando narrativas, universalismo e progresso, alcançado principalmente por meio do conhecimento científico e da tecnologia. Ao mesmo tempo, levaram o ceticismo relativamente calculado, embora pessimista, dos modernistas a respeito da tradição, religião e certeza da era do Iluminismo – junto com sua confiança na autoconsciência, no niilismo e nas formas irônicas de crítica – a extremos.[1] O pós-modernismo levantou dúvidas tão radicais sobre a estrutura do pensamento e da sociedade que é, em última análise, uma forma de cinismo.

O pós-modernismo também é uma reação e rejeição em relação à modern*idade*, significando

> (...) a profunda transformação cultural que assistiu à ascensão da democracia representativa, à era da ciência, à substituição da superstição pela razão e ao estabelecimento das liberdades individuais para uma vida de acordo com os próprios valores.[2]

Embora o pós-modernismo rejeite abertamente a possibilidade das bases que construíram a modernidade, ele teve um profundo impacto no pensamento, na cultura e na política das sociedades construídas pela modernidade. Como assinala o Teórico literário Brian McHale, o pós-modernismo se tornou

> (...) a tendência cultural dominante (pode ser mais seguro dizer uma tendência dominante) durante a segunda metade do século XX nas sociedades industriais avançadas do Ocidente, que se alastrou posteriormente para outras regiões do mundo.[3]

PÓS-MODERNISMO

Desde seu início revolucionário, o pós-modernismo evoluiu para novas formas, que preservaram seus princípios e temas originais, enquanto ganhava influência crescente sobre a cultura, o ativismo e o estudo acadêmico, principalmente nas ciências humanas e sociais. Portanto, compreender o pós-modernismo é uma questão de alguma urgência, porque ele rejeita radicalmente as bases sobre as quais as civilizações avançadas de hoje são construídas e, por consequência, tem o potencial de solapá-las.

O pós-modernismo não é só difícil de definir, mas também é reconhecidamente difícil de resumir. Foi e é um fenômeno multifacetado, que abrange vastas extensões de terreno intelectual, artístico e cultural. Para dificultar ainda mais as coisas, as suas fronteiras, a sua natureza, a sua forma, o seu propósito, os seus valores e os seus defensores sempre foram contestados. Isso parece adequado para um modo de pensamento que se orgulha da pluralidade, contradição e ambiguidade, mas não é muito útil quando estamos tentando entendê-lo ou entender os seus descendentes filosóficos e culturais.

As dificuldades de definir o pós-modernismo não são apenas filosóficas, mas também espaciais e temporais porque esse não foi um movimento unitário. As primeiras manifestações do fenômeno cultural denominado "pós-modernismo" foram artísticas e apareceram por volta de 1940, mas no final da década de 1960 era muito mais proeminente em diversas áreas das ciências humanas e sociais, incluindo psicanálise, linguística, filosofia, história e sociologia. Além disso, o pós-modernismo se manifestou de maneira distinta nessas diferentes áreas e em diferentes momentos. Em consequência, nada do pensamento pós-moderno é inteiramente novo, e seus pensadores originais se baseiam em seus precursores nos âmbitos da arte surrealista, da filosofia antirrealista e da política revolucionária. O pós-modernismo também se manifestou diferentemente de país para país, produzindo variações distintas em relação a temas comuns. Os pós-modernos italianos tenderam a priorizar os elementos estéticos, e os enxergavam como uma continuação do modernismo, ao passo que os pós-modernos norte-americanos penderam a abordagens mais diretas e pragmáticas. De modo geral, os pós-modernos franceses se concentraram mais no social e nas abordagens revolucionárias e *desconstrutivas* do modernismo.[4] É a abordagem francesa que nos interessará mais, porque foram

TEORIAS CÍNICAS ~~CRÍTICAS~~

sobretudo algumas das ideias francesas, em especial sobre conhecimento e poder, que evoluíram ao longo de sucessivas variantes da ocupação central do pós-modernismo, que muitas vezes é simplesmente denominada *Teoria*. Nas formas mais simples, acionáveis e concretas, essas ideias foram incorporadas ao estudo acadêmico e ao ativismo referentes à Justiça Social e à consciência social predominante – embora, curiosamente, isso tenha ocorrido mais no mundo anglófono do que na própria França.

Como nosso foco central está nos derivados aplicados do pensamento pós-moderno que hoje se tornaram social e culturalmente influentes – até mesmo poderosos –, este capítulo não tentará examinar o vasto terreno do pós-modernismo.[5] Nem abordará a discussão permanente a respeito de quais pensadores podemos chamar de "pós-modernos", se o "pós-modernismo" é um termo significativo ou se seria melhor separar os críticos da pós-modernidade dos pós-estruturalistas e daqueles cujo trabalho é centrado no método da *desconstrução*. Com certeza, há distinções a serem feitas, mas tais taxonomias são principalmente de interesse dos acadêmicos. Em vez disso, vamos destacar alguns temas subjacentes consistentes do pós-modernismo que passaram a impulsionar o ativismo contemporâneo, moldar a teoria e a prática educacional e permear as nossas conversas nacionais correntes. Entre esses temas, incluem-se o ceticismo em relação à realidade objetiva, a percepção da linguagem como construtora do conhecimento, a "criação" do indivíduo e o papel desempenhado pelo poder em tudo isso. Esses fatores são subjacentes à "virada pós-moderna", que é acima de tudo um produto das décadas de 1960 e 1970. Dentro dessa ampla mudança, desejamos explicar mais especificamente como essas ideias basilares ganharam popularidade e legitimidade cultural por meio da academia, criando um cisma conceitual que está por trás de muitas das nossas atuais divisões sociais, culturais e políticas.

Raízes, princípios e temas do pós-modernismo

Provavelmente, o pós-modernismo surgiu entre 1950 e 1970 – as datas exatas dependem de se estar interessado principalmente em seus aspectos artísticos ou sociais. As primeiras mudanças começaram na arte – podemos localizá-las já na década de 1940, na obra de artistas como o escritor argentino Jorge Luis Borges –, mas, para nossos propósitos, o final dos anos 1960 é fundamental, pois testemunhou o surgimento dos Teóricos sociais franceses, como Michel Foucault, Jacques Derrida e Jean-François Lyotard, que foram os arquitetos originais do que mais tarde passou a ser conhecido simplesmente como "Teoria".

Na Europa, em meados do século XX, uma série de mudanças sociais profundas aconteceram ao mesmo tempo. A Primeira e a Segunda Guerras Mundiais abalaram a confiança europeia na noção de progresso e deixaram as pessoas ansiosas quanto ao poder da tecnologia. Desse modo, intelectuais de esquerda em toda a Europa passaram a desconfiar do liberalismo e da civilização ocidental, que tinha permitido a ascensão do fascismo, muitas vezes pela vontade de eleitorados ressentidos, com resultados cataclísmicos. Impérios entraram em colapso e o colonialismo deixou de ser moralmente defensável para a maioria das pessoas. Os ex-súditos imperiais começaram a migrar para o Ocidente, o que induziu a intelectualidade de esquerda a prestar mais atenção às desigualdades raciais e culturais e, em particular, às maneiras pelas quais as estruturas de poder contribuíram para tais desigualdades. O ativismo em nome de mulheres e LGBT e, nos Estados Unidos, o Movimento pelos Direitos Civis vinha conquistando amplo apoio cultural, enquanto a desilusão com o marxismo – até então, a principal e mais antiga causa de justiça social de esquerda – se espalhava pela esquerda política e cultural. Devido aos resultados catastróficos do comunismo em todos os lugares em que foi posto em prática, essa desilusão era bem fundamentada e alterou radicalmente as visões de mundo das elites culturais de esquerda. Como consequência, a confiança na ciência, que ainda era ascendente em todos os aspectos significativos, foi questionada por seu papel em possibilitar, produzir e justificar os horrores anteriormente impossíveis do século precedente. Enquanto isso, uma vibrante cultura jovem começava a se formar, produzindo uma poderosa cultura popular, competindo com a "alta

TEORIAS CÍNICAS ~~CRÍTICAS~~

cultura" pelo domínio. A tecnologia também começou a avançar com rapidez, que, junto com a produção em massa de bens de consumo, permitiu que essa "cultura média" alimentasse um novo desejo pós-racionamento por arte, música e entretenimento. Isso, por sua vez, desencadeou temores de que a sociedade estivesse degenerando em um mundo artificial, hedonista, capitalista e consumista de fantasia e diversão.

Essa reação costumava assumir a forma do pessimismo generalizado característico do pensamento pós-moderno, alimentando receios a respeito do húbris humano por um lado e da perda de significado e autenticidade por outro. Essa desesperança era tão acentuada que o próprio pós-modernismo poderia ser caracterizado como uma profunda crise cultural de confiança e autenticidade, ao lado de uma crescente desconfiança em relação às ordens sociais liberais. O medo crescente da perda de significado provocada pelas aceleradas melhorias na tecnologia definiu a época.

O pós-modernismo era especialmente cético em relação à ciência e a outras formas culturalmente dominantes de legitimação de alegações como "verdades" e das grandes e abrangentes explicações que as apoiavam. Ele as chamava de *metanarrativas*,[6] que eram vistas como uma espécie de mitologia cultural e uma forma significativa de miopia e arrogância humanas. O pós-modernismo postulou um ceticismo radical e total a respeito dessas narrativas – tão profundo a ponto de ser mais bem entendido como um tipo de cinismo que se relacionava a toda a história do progresso humano, e, como tal, era uma perversão de uma corrente cultural abrangente de ceticismo que o precedera havia muito. O ceticismo em relação a narrativas abrangentes – embora não o cinismo a respeito delas – era proeminente no pensamento iluminista e no modernismo, e vinha ganhando força nas sociedades ocidentais por vários séculos no momento em que o pós-modernismo apareceu na década de 1960.

Em suas formas anteriores, o ceticismo cultural amplo, mas razoável, foi crucial para o desenvolvimento do pensamento científico e de outras formas de pensamento iluminista, que tiveram que romper com as metanarrativas dominantes precedentes (principalmente de natureza religiosa). Por exemplo, durante o século XVI, o cristianismo foi reavaliado como resultado da Reforma (durante a qual a religião se fragmentou, formando numerosas seitas protestantes, todas desafiando tanto a ortodoxia anterior

22

POS-MODERNISMO

como umas às outras). No final do século XVI, tratados contra o ateísmo também começaram a aparecer, o que sugere claramente que a descrença em Deus havia começado a circular. Ao longo do século XVII, a medicina e a anatomia, que anteriormente tinham se inspirado no conhecimento dos antigos gregos, passaram por uma revolução, e o conhecimento do corpo avançou rapidamente. A Revolução Científica foi o resultado de um questionamento amplo do saber recebido e da rápida proliferação de diferentes tipos de produção de conhecimento. No século XIX, o desenvolvimento do método científico foi centrado no ceticismo e na necessidade de testes e refutações cada vez mais rigorosos.

Além do "ceticismo cínico", os pós-modernos tinham preocupações a respeito das mortes da autenticidade e do significado na sociedade moderna, que também tinham um peso considerável, sobretudo entre os Teóricos franceses. Essas preocupações foram manifestadas de maneira especialmente aguda por Jean Baudrillard. Para ele, cuja desesperança niilista com a perda do "real" se baseava fortemente na obra do psicanalista francês Jacques Lacan, todas as realidades se tornaram meras simulações (imitações de fenômenos e sistemas do mundo real) e simulacros ("cópias" de coisas em um original).[7] Baudrillard descreveu três níveis de simulacros: associados ao pré-moderno, ao moderno e ao pós-moderno. No período pré-moderno – aquele antes de o pensamento iluminista revolucionar nosso relacionamento com o conhecimento –, ele disse, as realidades únicas existiam, e as pessoas tentavam representá-las. No período moderno, esse vínculo se rompeu, porque os itens começaram a ser produzidos em massa, e cada original podia, portanto, ter muitas cópias idênticas. No período pós-moderno, ele concluiu, não há original e tudo são simulacros, que são imitações e imagens insatisfatórias do real. Baudrillard referiu-se a tal estado como *hiper-real*.[8] Isso evidencia a tendência dos pós-modernos de buscar as raízes do significado na linguagem, e de se preocupar excessivamente com as maneiras pelas quais ela molda a realidade social por meio da sua capacidade de restringir e moldar o conhecimento – aquilo que representa o que é verdade.

Esses mesmos fenômenos que ameaçam a autenticidade também eram o centro das preocupações de outros pensadores pós-modernos. Os filósofos franceses Gilles Deleuze e Félix Guattari, por exemplo, sustentaram que o *self* estava sendo restringido pela sociedade de consumo e capitalista.[9]

TEORIAS CÍNICAS ~~CRÍTICAS~~

Na mesma linha, o acadêmico marxista norte-americano Frederic Jameson deplorou especialmente a superficialidade da pós-modernidade, julgando-a sem nenhum significado mais profundo. Como Baudrillard, ele considerou o estado pós-moderno como uma condição de *simulação* – tudo é artificial e constituído de meras cópias, e não de originais. Em uma típica expressão de desesperança no cerne do pós-modernismo, ele diagnosticou uma *diminuição do afeto* – a ideia de que já não há coração para nada. Para Jameson, a estética da superfície importuna a nossa atenção e distancia e distrai as pessoas de se importarem muito profundamente. Dessa maneira, ele também se queixou abertamente do cinismo no cerne da pós-modernidade. "A morte do sujeito", como ele denomina isso, refere-se a uma perda de individualidade e confiança em um *self* estável. "O pastiche", ele afirmou, tinha substituído a paródia: não havia propósito ou profundidade para o mimetismo, apenas uma apropriação e reciclagem implacáveis. A saciedade proporcionada por experiências disponíveis a baixo custo evocara um *sublime* constante – uma euforia artificial perpétua. Em geral, essa falta de objetivo e perda de propósito e fundamentação resultara em *nostalgia*, ou seja, um constante olhar para trás em busca do nosso presente.[10] Fundamentalmente, toda essa profunda desesperança no centro das críticas à pós-modernidade era amplamente descritiva, em vez de prescritiva. As prescrições viriam depois.

O ceticismo reacionário relacionado ao modernismo e à modernidade que caracteriza o pensamento pós-moderno encontrou expressão especialmente aguçada na insatisfação e ansiedade referentes à tecnologia e às sociedades de consumo. Isso produziu, pelo menos nos acadêmicos focados na crítica cultural, o que o filósofo, sociólogo e crítico literário Jean-François Lyotard sintetizaria, em 1979, como "a condição pós-moderna", que ele caracterizou como um profundo ceticismo quanto à possibilidade de qualquer estrutura ampla de criação de significado que sirva de base para a vida das pessoas. O antropólogo e geógrafo David Harvey refere-se a essa situação como "a condição da pós-modernidade", que ele percebe como resultante do "colapso do projeto iluminista".[11] Em última análise, esses pensadores estão se referindo a um sentimento geral de que as certezas científicas e éticas que caracterizaram grande parte do pensamento sobre a modernidade se tornaram insustentáveis, e a perda das suas ferramentas analíticas preferidas tornava a situação completamente desesperançada. O resumo deles em relação a esse estado assumiu a forma de um ceticismo extremamente radical e um cinismo profundo, especialmente quanto à linguagem, ao conhecimento, ao poder e ao indivíduo.[12]

Mas o que é pós-modernismo? A *Encyclopedia Britannica on-line* o define deste modo:

> (...) um movimento do final do século XX caracterizado por amplo ceticismo, subjetivismo ou relativismo; uma desconfiança geral da razão, e uma sensibilidade aguçada quanto ao papel da ideologia na afirmação e manutenção do poder político e econômico.[13]

O cientista político Walter Truett Anderson, em um texto de 1996, descreve os quatro pilares do pós-modernismo:

1. A construção social do conceito do *self*: a identidade é construída por diversas forças culturais e não é dada a uma pessoa pela tradição;
2. Relativismo do discurso moral e ético: a moralidade não é encontrada, mas feita. Isto é, a moralidade não se baseia na tradição cultural ou religiosa, nem é mandato do céu, mas é construída pelo diálogo e pela escolha. Isso é relativismo, não no sentido de ser sem julgamentos, mas no sentido de acreditar que todas as formas de moralidade são visões de mundo culturais socialmente construídas;
3. Desconstrução em arte e cultura: o foco reside em intermináveis improvisações lúdicas e variações sobre temas, e uma mistura de "alta" e "baixa" cultura;
4. Globalização: as pessoas enxergam as fronteiras de todos os tipos como construções sociais que podem ser cruzadas e reconstruídas e tendem a levar menos a sério as suas normas tribais.[14]

Muitos concordam que o pós-modernismo está centrado em uma série de temas primários, por mais que os pós-modernos possam resistir a tal caracterização. (Podemos descrever esses temas como a base de uma "metanarrativa pós-moderna".) Para o pesquisador Steinar Kvale, entre os temas centrais do pós-modernismo incluem-se a dúvida de que qualquer verdade

TEORIAS CÍNICAS ~~CRÍTICAS~~

humana propicia uma representação objetiva da realidade, o foco na linguagem e na maneira pela qual as sociedades a usam para criar as suas próprias realidades, e a negação do universal.[15] Isso, ele explica, resultou em um maior interesse na narrativa e no ato de contar histórias, especialmente quando "verdades" estão situadas dentro de constructos culturais específicos, e em um relativismo que assume que diferentes descrições da realidade não podem ser avaliadas umas em relação às outras de forma definitiva, isto é, de forma objetiva.[16]

A observação principal, segundo Kvale,[17] é que a virada pós-moderna provocou tanto um afastamento importante da dicotomia modernista entre o universal objetivo e o individual subjetivo quanto uma mudança em direção a narrativas locais (e a experiências vividas por seus narradores). Em outras palavras, a fronteira entre o que é objetivamente verdadeiro e o que é subjetivamente experimentado deixou de ser aceita. A percepção da sociedade enquanto formada por indivíduos interagindo com a realidade universal de maneiras únicas – subjacente aos princípios liberais de liberdade individual, humanidade compartilhada e oportunidades iguais – foi substituída por múltiplos conhecimentos e verdades suposta e igualmente válidos, concebidos por grupos de pessoas com marcadores de identidade comuns relacionados às suas posições na sociedade. Portanto, conhecimento, verdade, significado e moralidade são, de acordo com o pensamento pós-moderno, culturalmente construídos e produtos relativos de culturas individuais, nenhum dos quais possui as ferramentas ou termos necessários para avaliar os outros.

No cerne da virada pós-moderna está uma reação e uma rejeição em relação ao modernismo e à modernidade.[18] De acordo com o pensamento iluminista, a realidade objetiva pode ser conhecida por métodos mais ou menos confiáveis. O conhecimento da realidade objetiva produzido pelo método científico nos permitiu construir a modernidade e nos permite continuar fazendo isso. Para o pós-modernismo, em contraste, a realidade é, em última análise, o produto da nossa socialização e das nossas experiências vividas, como construídas por sistemas de linguagem.

Em 1994, o sociólogo Steven Seidman, que cunhou o termo "a virada pós-moderna", reconheceu a profundidade dessa mudança: "Uma ampla mudança social e cultural está ocorrendo nas sociedades ocidentais. O conceito de 'pós-moderno' capta pelo menos certos aspectos dessa mudança social".[19] Em 1996, Walter Truett Anderson expressa isso de maneira mais forte:

> Estamos no meio de uma transição histórica ampla, confusa, tensa e muitíssimo promissora, e tem a ver com uma mudança não tanto no *em que* acreditamos, mas no *como* acreditamos. (...) Em todo o mundo, as pessoas vêm realizando tais mudanças nas crenças – para ser mais preciso, mudanças nas crenças a respeito das crenças.[20]

O que Seidman e Anderson estão descrevendo aqui são mudanças na *epistemologia* – isto é, em como obtemos e entendemos o conhecimento. A virada pós-moderna é caracterizada principalmente pela rejeição dos valores iluministas, sobretudo os valores relativos à produção de conhecimento, associados ao poder e sua aplicação injusta. Portanto, a visão pós-moderna do Iluminismo é tão estreita que, consequentemente, é com facilidade cínica.[21] No final das contas, o Iluminismo que os pós-modernos rejeitaram é definido por uma crença no conhecimento objetivo, na verdade universal, na ciência (ou evidência de forma mais ampla) como método para obtenção de conhecimento objetivo, no poder da razão, na capacidade de comunicação diretamente por meio da linguagem, na natureza humana universal e no individualismo. Eles também rejeitaram a crença de que o Ocidente experimentou um progresso significativo devido ao Iluminismo, e continuará a experimentar se preservar esses valores.[22]

Dois princípios e quatro temas

Os pensadores pós-modernos abordaram a rejeição do modernismo e do pensamento iluminista, sobretudo no que se refere às verdades universais, ao conhecimento objetivo e à individualidade, de maneiras surpreendentemente diferentes. Porém, podemos identificar alguns temas constantes. A virada pós-moderna envolve dois princípios fundamentais inextricavelmente ligados

TEORIAS CÍNICAS ~~CRÍTICAS~~

– um com respeito ao conhecimento, e outro com respeito à política – que atuam como a base de quatro temas significativos. Esses princípios são:

- **O princípio do conhecimento pós-moderno:** Ceticismo radical sobre se o conhecimento objetivo ou a verdade objetiva pode ser obtenível, e um compromisso com o construtivismo cultural.
- **O princípio político pós-moderno:** A crença de que a sociedade é formada por sistemas de poder e hierarquias, que decidem o que pode ser conhecido e como.

Os quatro temas principais do pós-modernismo são:

1. A indefinição de fronteiras.
2. O poder da linguagem.
3. O relativismo cultural.
4. A perda do individual e do universal.

Juntos, esses seis conceitos principais nos permitem identificar o pensamento pós-moderno e entender como ele funciona. São os princípios fundamentais da Teoria, que permaneceram praticamente inalterados mesmo quando o pós-modernismo e as suas aplicações evoluíram do seu início desconstrutivo e desesperançado para o ativismo estridente e quase religioso de hoje. Este é o fenômeno que desejamos examinar, que surgiu de diversas abordagens teóricas nas ciências humanas, em particular aquela conhecida pelo termo "estudos culturais", sobretudo ao longo do século passado, e que deram origem ao estudo acadêmico, ao ativismo e à cultura referentes à Justiça Social pós-moderna que vemos hoje.

O PRINCÍPIO DO CONHECIMENTO PÓS-MODERNO

*Ceticismo radical sobre se o conhecimento objetivo
ou a verdade objetiva pode ser obtenível, e um
compromisso com o construtivismo cultural*

O pós-modernismo é definido por um ceticismo radical a respeito da acessibilidade da verdade objetiva. Em vez de vislumbrar a verdade objetiva como algo que existe e que pode ser provisoriamente conhecido (ou aproximado) por meio de processos como experimentação, refutação e anulabilidade – como o pensamento iluminista, modernista e científico afirmam –, as abordagens pós-modernas do conhecimento acentuam um núcleo pequeno e quase banal da verdade – que somos limitados na nossa capacidade de saber e devemos expressar conhecimento por meio da linguagem, dos conceitos e das categorias –, insistindo que *todas* as alegações de verdade são constructos de cultura plenos de valor. Isso é chamado de *construtivismo cultural* ou *construtivismo social*. O método científico, em particular, não é visto como uma maneira melhor de produzir e legitimar o conhecimento do que qualquer outra, mas como uma abordagem cultural, entre muitas, que é tão corrompida pelo raciocínio tendencioso quanto qualquer outra.

O construtivismo cultural não é a crença de que a realidade é *literalmente* criada por crenças culturais. Ele não afirma, por exemplo, que, quando acreditávamos erroneamente que o Sol girava em torno da Terra, as nossas crenças tinham qualquer influência sobre o sistema solar e a sua dinâmica. Em vez disso, a posição é que os seres humanos estão tão ligados às suas estruturas culturais que todas as alegações de verdade ou conhecimento são meramente representações dessas estruturas – decidimos que "é verdade" ou "sabe-se" que a Terra gira em torno do Sol *por causa da maneira pela qual estabelecemos a verdade na nossa cultura atual*. Isto é, embora a realidade não mude de acordo com as nossas crenças, o que muda é o que somos capazes de considerar como verdadeiro (ou falso – ou "louco") a respeito da realidade. Se pertencêssemos a uma cultura que produzisse e legitimasse o conhecimento de maneira diferente, dentro desse paradigma cultural poderia ser "verdade" que, por exemplo, o Sol gira em torno da Terra. Aqueles que seriam considerados "loucos" por discordar mudariam em conformidade.

TEORIAS CÍNICAS ~~CRÍTICAS~~

Embora a afirmação de que "criamos realidade com nossas normas culturais" não seja igual à afirmação de que "decidimos o que é verdadeiro/o que se sabe conforme as nossas normas culturais", na prática essa é uma distinção sem diferença. A abordagem pós-moderna do conhecimento nega que a verdade ou o conhecimento objetivo seja aquele que corresponde à realidade como determinado pela evidência – independentemente da época ou cultura em questão e independentemente do fato de essa cultura acreditar que a evidência é a melhor maneira de determinar a verdade ou o conhecimento. Em vez disso, a abordagem pós-moderna pode admitir a existência da realidade objetiva, mas ela se concentra nas barreiras para conhecer essa realidade, examinando os vieses e as suposições culturais e teorizando a respeito de como funcionam.[23]

O filósofo pós-moderno norte-americano Richard Rorty se refere a isso quando escreve: "Precisamos fazer uma distinção entre a afirmação de que o mundo está por aí e a afirmação de que a verdade está por aí".[24] Nesse sentido, o pós-modernismo se baseia em uma ampla rejeição da *teoria da verdade por correspondência*: ou seja, a posição de que existem verdades objetivas e que elas podem ser estabelecidas como verdadeiras pela sua correspondência com a maneira pela qual as coisas realmente são no mundo.[25] O fato de que existem verdades reais a respeito de uma realidade objetiva "por aí" e que podemos vir a conhecê-las está, naturalmente, na raiz do pensamento iluminista e é fundamental para o desenvolvimento da ciência. O ceticismo profundamente radical quanto a essa ideia é básico para o pensamento pós-moderno sobre o conhecimento.

O filósofo francês Michel Foucault – figura central do pós-modernismo – expressa essa mesma dúvida quando sustenta que

> (...) em qualquer cultura e em qualquer momento, há sempre apenas uma episteme que define as condições de possibilidade de todo conhecimento, quer expressa em uma teoria ou silenciosamente investida em uma prática.[26]

Foucault estava interessado principalmente na relação entre linguagem ou, mais especificamente, *discurso* (maneiras de falar sobre as coisas), produção de conhecimento e poder. Ele investigou essas ideias detalhadamente ao longo da década de 1960, em obras influentes como *Madness and Civilization* [*História da loucura*] (1961), *The Birth of the Clinic* [*O nascimento da clínica*] (1963), *The Order of Things* [*As palavras e as coisas*] (1966) e *The Archaeology of Knowledge* [*A arqueologia do saber*] (1969).[27] Para Foucault, um enunciado revela não apenas informações, mas também as regras e condições de um discurso. Então, estas determinam a construção das afirmações da verdade e do conhecimento. Os discursos dominantes são bastante poderosos, porque determinam o que pode ser considerado verdadeiro, portanto aplicável, em um determinado tempo e lugar. Assim, o poder sociopolítico é o determinante último do que é verdade na análise de Foucault, e não a correspondência com a realidade. Foucault estava tão interessado no conceito de como o poder influencia o que é considerado conhecimento que, em 1981, cunhou o termo "poder-saber" para transmitir a ligação inextricável entre discursos poderosos e o que se sabe. Foucault chamou de *episteme* um conjunto dominante de ideias e valores por que esse paradigma molda a maneira pela qual identificamos e interagimos com o conhecimento.

Em *As palavras e as coisas*, Foucault argumenta contra noções objetivas de verdade e sugere que pensemos em termos de "regimes de verdade", que mudam conforme a episteme específica de cada cultura e época. Em consequência, Foucault adotou a posição de que não existem princípios fundamentais para descobrir a verdade e de que todo conhecimento é "local" para o conhecedor[28] – ideias que formam a base do princípio do conhecimento pós-moderno. Foucault não negou a existência da realidade, mas duvidou da capacidade dos seres humanos de transcenderem o suficiente os vieses culturais para alcançá-la.

A principal conclusão disso é que o ceticismo pós-moderno não é um ceticismo comum, que também pode ser chamado de "dúvida razoável". O tipo de ceticismo empregado nas ciências e em outros meios rigorosos de produzir conhecimento pergunta "Como posso ter certeza de que essa proposição é verdadeira?", e aceitará apenas temporariamente como verdade provisória aquela que sobrevive a repetidas tentativas de refutá-la. Essas proposições são apresentadas em modelos, que são entendidos como constructos conceituais provisórios, que são usados para explicar e prever fenômenos, e são julgados de acordo com a sua capacidade de fazer isso. O princípio do ceticismo comum entre os pós-modernos costuma ser referido como "ceticismo *radical*", que diz: "Todo conhecimento é construído: o interessante é teorizar a respeito do motivo pelo qual o conhecimento foi construído dessa forma". Assim, o ceticismo radical é significativamente diferente do ceticismo científico que caracterizou o Iluminismo. A visão pós-moderna insiste erroneamente que o pensamento científico é incapaz de se reconhecer como especialmente confiável e rigoroso na determinação do que é ou não verdadeiro.[29] O raciocínio científico é interpretado como uma *metanarrativa* – uma explicação abrangente de como as coisas funcionam –, e o pós-modernismo é radicalmente cético em relação a todas essas explicações. No pensamento pós-moderno, o que se sabe só se sabe dentro do paradigma cultural que produziu o conhecimento e é, portanto, representativo dos seus sistemas de poder. Em consequência, o pós-modernismo considera o conhecimento como provincial e intrinsecamente político.

Essa visão é amplamente atribuída ao filósofo francês Jean-François Lyotard, que criticou a ciência, o Iluminismo e o marxismo. Cada um desses projetos era, para Lyotard, um exemplo excelente de uma metanarrativa modernista ou iluminista. Em última análise, Lyotard temia que a ciência e a tecnologia fossem apenas um "jogo de linguagem" – uma maneira de legitimar as afirmações da verdade – e que estivessem assumindo o controle de todos os outros jogos de linguagem. Ele lamentou o desaparecimento dos pequenos "conhecimentos" locais transmitidos sob a forma de narrativa e considerou a perda da criação de significado intrínseca ao distanciamento científico como uma perda de narrativas valiosas. A conhecida caracterização do pós-modernismo por Lyotard como um "ceticismo em relação às metanarrativas" foi bastante influente no desenvolvimento do pós-modernismo como escola de pensamento, ferramenta analítica e visão de mundo.[30]

Essa foi a grande contribuição pós-moderna ao conhecimento e à produção do conhecimento. O pós-modernismo não inventou a reavaliação cética das crenças bem estabelecidas. No entanto, deixou de reconhecer que as formas científicas e outras formas de raciocínio liberal (por exemplo, argumentos em favor da democracia e do capitalismo) não são sequer metanarrativas (embora possam adotá-las), mas sim processos imperfeitos, porém autocorretivos, que aplicam uma forma produtiva e acionável de ceticismo para tudo, incluindo a si mesmos. Esse erro levou o pós-modernismo ao seu projeto político igualmente equivocado.

O PRINCÍPIO POLÍTICO PÓS-MODERNO

*A crença de que a sociedade é formada por sistemas de poder
e hierarquias, que decidem o que pode ser conhecido e como*

O pós-modernismo se caracteriza politicamente pelo seu foco intenso no poder como força orientadora e estruturante da sociedade, um foco que é codependente da negação do conhecimento objetivo. O poder e o conhecimento são vistos como inextricavelmente entrelaçados – mais explicitamente no trabalho de Foucault, que se refere ao conhecimento como "poder-saber". Lyotard também descreve uma "interligação estrita"[31] entre as linguagens da ciência, da política e da ética, e Derrida estava profundamente interessado na dinâmica de poder entranhada em binários hierárquicos de superioridade e subordinação que acreditava existirem dentro da linguagem. Do mesmo modo, Gilles Deleuze e Félix Guattari enxergavam os seres humanos como *codificados* em vários sistemas de poder e coerção, e livres para agir apenas dentro do capitalismo e do fluxo monetário. Nesse sentido, para a Teoria pós-moderna, o poder decide não só o que é factualmente correto, mas também o que é moralmente bom – poder implica dominação, o que é mau como subjugação implica opressão, ou seja, a disrupção do que é bom. Essas atitudes eram o estado de espírito prevalecente na Sorbonne, em Paris, durante a década de 1960, onde muitos dos primeiros Teóricos foram bastante influenciados intelectualmente.

Por causa de seu foco na dinâmica de poder, esses pensadores sustentaram que os poderosos têm, tanto intencional quanto inadvertidamente, a sociedade organizada para beneficiá-los e perpetuar seu poder. Eles fizeram isso legitimando como verdadeiras certas maneiras de falar sobre as coisas, que então se espalharam por toda a sociedade, criando regras sociais que são vistas como senso comum e perpetuadas em todos os níveis. Portanto, o poder é constantemente reforçado por meio de discursos legitimados ou obrigatórios na sociedade, incluindo expectativas de civilidade e discurso fundamentado, apelos a evidências objetivas e até mesmo a regras de gramática e sintaxe. Em consequência, a visão pós-moderna é difícil de ser plenamente apreciada de fora porque se parece muito com uma teoria da conspiração. De fato, as conspirações a que ela alude são

TEORIAS CÍNICAS ~~CRÍTICAS~~

sutis e, de certa forma, não são *conspirações*, já que não existem atores coordenados dando as cartas; em vez disso, somos todos participantes. Então, a Teoria é uma teoria da conspiração sem conspiradores em particular. Na Teoria pós-moderna, o poder não é exercido direta e visivelmente de cima, como na estrutura marxista, mas permeia todos os níveis da sociedade e é imposta por todos, mediante interações rotineiras, expectativas, condicionamento social e discursos culturalmente construídos que expressam uma compreensão específica do mundo. Isso controla as hierarquias que são preservadas – por meio, por exemplo, do devido processo legal ou do mecanismo de legitimação das publicações científicas – e os sistemas dentro dos quais as pessoas são posicionadas ou codificadas. Em cada um desses exemplos, percebe-se que é o *sistema social* e sua dinâmica de poder inerente que são vistos como causas da opressão, e não necessariamente agentes individuais intencionais. Portanto, pode-se ver uma sociedade, uma instituição ou um sistema social como opressor de alguma forma, sem que nenhum indivíduo envolvido com ele precise ser mostrado para possuir até mesmo uma única visão opressora.

Os pós-modernos não necessariamente enxergam o sistema de opressão como resultado de uma conspiração heteronormativa, supremacista branca, patriarcal e conscientemente coordenada. Em vez disso, eles consideram tal sistema o resultado inevitável de sistemas autoperpetuadores que privilegiam alguns grupos em detrimento de outros, o que constitui uma conspiração *in*consciente e *sem* coordenação inerente aos sistemas que envolvem poder. No entanto, acreditam que esses sistemas são patriarcais, supremacistas brancos e heteronormativos e, portanto, necessariamente concedem acesso injusto a homens ocidentais, brancos e heterossexuais e trabalham para manter esse *status quo*, excluindo as perspectivas das mulheres e das minorias raciais e sexuais.

Em resumo, uma crença fundamental no pensamento político pós-moderno é que, basicamente, forças poderosas da sociedade ordenam a sociedade em categorias e hierarquias, que são organizadas para servir aos próprios interesses. Elas fazem isso impondo como a sociedade e as suas características podem ser abordadas e o que pode ser aceito como verdadeiro. Por exemplo, uma exigência de que alguém forneça evidências e raciocínios para as suas afirmações será vista através das lentes Teóricas pós-modernas como um pedido para participar de um sistema de discursos e produção de conhecimento que foi construído por pessoas poderosas que valorizaram essas abordagens e as projetaram para excluir meios alternativos de comunicação e produção de "conhecimento". Em outras palavras, a Teoria vê a ciência como tendo sido organizada de uma maneira que serve aos interesses de pessoas poderosas que a estabeleceram – homens brancos ocidentais –, ao passo que cria obstáculos contra a participação de outros. Assim, o cinismo no cerne da Teoria é evidente.

Por se concentrarem em sistemas de poder autoperpetuadores, poucos dos Teóricos pós-modernos originais defenderam quaisquer ações políticas específicas, preferindo, em vez disso, envolver-se na disrupção lúdica ou na desesperança niilista. De fato, a mudança significativa era considerada praticamente impossível no pós-modernismo original, devido à falta de sentido inerente a tudo e à natureza culturalmente relativa da moralidade. Não obstante, em toda a Teoria pós-moderna circula a ideia abertamente esquerdista de que as estruturas de poder opressoras restringem a humanidade e devem ser deploradas. Isso resulta em um imperativo ético de desconstruir, desafiar, problematizar (encontrar e exagerar os problemas internos) e resistir a todas as formas de pensamento que apoiam estruturas de poder opressoras, as categorias de interesse para as estruturas de poder e a linguagem que as perpetuam – incorporando assim um sistema de valores no que poderia ter sido uma teoria descritiva moderadamente útil.

Esse impulso gera uma energia para priorizar as narrativas, os sistemas e os conhecimentos de grupos marginalizados. Foucault é o mais explícito a respeito do perigo constante dos sistemas opressores:

> Na minha opinião, não é que tudo seja ruim, mas que tudo é perigoso, o que não é exatamente o mesmo que ruim. Se tudo é perigoso, então sempre temos algo a fazer. Assim, a minha posição não leva à apatia, mas sim a um hiperativismo pessimista. Acho que a escolha ético-política que devemos fazer todos os dias é determinar qual é o principal perigo.[32]

Frequentemente, os Teóricos pós-modernos apresentam essa percepção como inovadora, porém, mais uma vez, ela não é, exceto em seus objetivos para a revolução (ao estilo francês). A formação gradual da democracia liberal

TEORIAS CÍNICAS ~~CRÍTICAS~~

e secular ao longo do Iluminismo e da Idade Moderna caracterizou-se por lutas contra forças opressoras e pela busca da liberdade. A batalha contra a hegemonia da Igreja Católica foi acima de tudo um conflito ético e político. A Revolução Francesa se opôs tanto à Igreja quanto à monarquia. A Revolução Americana se opôs ao domínio colonial britânico e ao governo não representativo. Ao longo desses períodos anteriores, instituições – como, a princípio, o governo monárquico e a escravidão, depois o patriarcado e os sistemas de classe e, finalmente, a heterossexualidade imposta, o colonialismo e a segregação racial – foram desafiadas pelo *liberalismo* – e superadas. Nas décadas de 1960 e 1970, o progresso ocorreu de maneira mais rápida do que nunca, quando a discriminação racial e de gênero se tornou ilegal e a homossexualidade foi descriminalizada. Isso tudo aconteceu *antes* de o pós-modernismo se tornar influente. O pós-modernismo não inventou a oposição ética aos sistemas de poder e às hierarquias opressoras. Na verdade, grande parte do progresso social e ético mais significativo ocorreu durante os períodos precedentes, que o pós-modernismo rejeita, e continua a ser realizado pela aplicação dos métodos do liberalismo.

A abordagem pós-moderna da crítica social eticamente orientada é intangível e irrefutável. Como mostra a ideia do ceticismo radical, o pensamento pós-moderno se baseia nos princípios Teóricos e nas maneiras de ver o mundo, em vez de afirmações da verdade. Por causa da sua rejeição da razão e da verdade objetiva, o pós-modernismo se recusa a se fundamentar, e não pode, portanto, ser contestado. A percepção pós-moderna, escreve Lyotard, não afirma ser verdadeira: "As nossas hipóteses, portanto, não devem receber valor preditivo em relação à realidade, mas sim valor estratégico em relação à questão levantada".[33] Em outras palavras, a Teoria pós-moderna não procura ser factualmente verdadeira, mas sim ser estrategicamente útil: a fim de cumprir os próprios objetivos, moralmente virtuosos e politicamente úteis pelas próprias definições.

Esse ceticismo generalizado a respeito da objetividade da verdade e do conhecimento – e o compromisso de considerar ambas como culturalmente construídas – leva a uma preocupação com os quatro temas principais: a indefinição de fronteiras, o poder da linguagem, o relativismo cultural e a perda do individual e do universal em favor da identidade grupal.

1. A INDEFINIÇÃO DE FRONTEIRAS

O ceticismo radical em relação à possibilidade da verdade e do conhecimento objetivos, em combinação com uma crença no construtivismo cultural a serviço do poder, resulta em uma suspeição de todas as fronteiras e categorias que pensadores anteriores aceitaram amplamente como verdadeiras. Isso inclui não só as fronteiras entre objetivo e subjetivo e entre verdade e crença, mas também aquelas entre ciência e artes (sobretudo para Lyotard), o natural e o artificial (especialmente para Baudrillard e Jameson), alta e baixa culturas (ver Jameson), homem e outros animais, e homem e máquina (em Deleuze), e entre diferentes entendimentos de sexualidade e gênero, assim como de saúde e doença (ver, sobretudo, Foucault). Quase todas as categorias socialmente significativas foram envolvidas de modo intencional e problematizadas pelos Teóricos pós-modernos a fim de negar a tais categorias qualquer validade objetiva e romper os sistemas de poder capazes de existir em todas elas.

2. O PODER DA LINGUAGEM

No pós-modernismo, muitas ideias que antes eram consideradas objetivamente verdadeiras passaram a ser vistas como meras construções de linguagem. Foucault refere-se a elas como "discursos" que constroem o saber; Lyotard, expandindo-se a partir de Wittgenstein, chama essas construções de "jogos de linguagem" que legitimam conhecimentos. No pensamento pós-moderno, acredita-se que a linguagem tem um enorme poder de controlar a sociedade e a maneira pela qual pensamos, e, portanto, é inerentemente perigosa. Também é vista como uma forma duvidosa de produzir e transmitir conhecimento.

A obsessão com a linguagem está no cerne do pensamento pós-moderno e é a chave dos seus métodos. Poucos pensadores exibem mais explicitamente a fixação neurótica pós-moderna acerca das palavras do que Jacques Derrida, que em 1967 publicou três textos – *Of Grammatology* [*Gramatologia*], *Writing and Difference* [*A escritura e a diferença*] e *Speech and Phenomena* [*A voz e o fenômeno*] –, nos quais introduziu o conceito que se tornaria muito

TEORIAS CÍNICAS ~~CRÍTICAS~~

influente no pós-modernismo: *desconstrução*. Nessas obras, Derrida rejeita a ideia do senso comum de que as palavras se referem diretamente às coisas do mundo real.[34] Em vez disso, ele insiste que as palavras se referem apenas a outras palavras e às maneiras pelas quais elas diferem umas das outras, formando cadeias de "significantes", que podem partir em todas as direções sem âncora – sendo esse o significado da sua conhecida e frequentemente mal traduzida frase "não há nada (leia-se: nenhum significado) fora do texto".[35] Para Derrida, o significado é sempre relacional e diferido, nunca pode ser alcançado, e existe apenas em relação ao discurso em que está inserido. Derrida sustenta que essa falta de confiabilidade da linguagem significa que ela não pode representar a realidade ou comunicá-la aos outros.

Nesse entendimento, a linguagem opera hierarquicamente por meio de binários, sempre colocando um elemento acima do outro para fazer sentido. Por exemplo, "homem" é definido em oposição a "mulher" e é considerado superior. Além disso, para Derrida, o significado do falante não tem mais autoridade do que a interpretação do ouvinte e, assim, a intenção não pode superar o impacto. Dessa forma, se alguém diz que existem certas características de uma cultura que podem gerar problemas, e eu escolho interpretar essa afirmação como uma *dog whistle* [linguagem política codificada] acerca da inferioridade dessa cultura e me ofender, não há espaço na análise derridiana para insistir que o meu ultraje resultou de um mal-entendido do que havia sido dito. As intenções do autor são irrelevantes, quando essas podem ser conhecidas devido à adaptação de Derrida do conceito de Roland Barthes a respeito de "a morte do autor".[36] Por consequência, uma vez que se acredita que os discursos criam e mantêm a opressão, eles devem ser cuidadosamente monitorados e desconstruídos. Isso possui implicações óbvias para a ação política e moral. A resposta pós-moderna mais comum a isso deriva da solução proposta por Derrida: ler "desconstrutivamente", procurando inconsistências internas (aporias), em que um texto contradiz e solapa a si mesmo e seus próprios objetivos quando as palavras são examinadas com suficiente atenção (ou seja, com demasiada atenção e, sobretudo desde a década de 1990, com uma agenda: a agenda normativa da Teoria). Na prática, portanto, as abordagens desconstrutivas da linguagem dão muito a impressão de picuinhas com as palavras para deliberadamente desencaminhar a discussão.

3. O RELATIVISMO CULTURAL

Como na Teoria pós-moderna, acredita-se que a verdade e o conhecimento foram construídos pelos discursos dominantes e jogos de linguagem que operam no interior de uma sociedade, e como não podemos sair do nosso próprio sistema e das nossas categorias e, portanto, não temos nenhuma posição favorável para examiná-los, a Teoria insiste que nenhum conjunto de normas culturais pode ser considerado melhor do que outro. Para os pós-modernos, qualquer crítica significativa dos valores e da ética de uma cultura desde o interior de uma cultura diferente é impossível, pois cada cultura opera sob diferentes conceitos de conhecimento, e fala apenas de seus próprios vieses. Portanto, todas essas críticas são errôneas, na melhor das hipóteses, e uma infração moral, na pior, já que pressupõe que a sua própria cultura seja objetivamente superior. Além disso, a Teoria insiste que, embora possamos criticar a nossa própria cultura desde dentro do sistema, só podemos fazer isso usando discursos disponíveis nesse sistema, o que limita a sua capacidade de mudança. Os discursos que podemos usar dependem em grande medida da nossa posição dentro do sistema. Assim, as críticas podem ser aceitas ou rejeitadas dependendo de uma avaliação política do *status* da posição do crítico. Em particular, a crítica de qualquer posição considerada poderosa tende a ser rejeitada porque é considerada ou ignorante (ou desdenhosa) em relação às realidades da opressão, por definição, ou uma tentativa cínica de servir aos próprios interesses do crítico. A crença pós-moderna de que os indivíduos são veículos de discursos de poder, dependendo de onde eles se situam em relação ao poder, torna a crítica cultural completamente desesperançada, exceto como uma arma nas mãos daqueles Teorizados como marginalizados ou oprimidos.

4. A PERDA DO INDIVIDUAL E DO UNIVERSAL

Consequentemente, para os Teóricos pós-modernos, a noção de indivíduo autônomo é em grande medida um mito. O indivíduo, como tudo mais, é um produto de discursos poderosos e de conhecimentos culturalmente construídos. Do mesmo modo, o conceito de universal – seja um universal biológico

TEORIAS CÍNICAS ~~CRÍTICAS~~

acerca da natureza humana; ou um universal ético, como direitos, liberdades e oportunidades iguais para todos os indivíduos, independentemente de classe, raça, gênero ou sexualidade – é, na melhor das hipóteses, ingênuo. Na pior, é apenas mais um exercício de poder-saber, uma tentativa de impor discursos dominantes sobre todos. Em grande parte, a visão pós-moderna rejeita tanto a menor unidade da sociedade – o indivíduo – quanto a maior – a humanidade – e, antes, concentra-se em pequenos grupos locais como produtores de conhecimento, valores e discursos. Portanto, o pós-modernismo se concentra em conjuntos de pessoas que se entende que estão posicionadas da mesma maneira – por raça, sexo ou classe, por exemplo – e têm as mesmas experiências e percepções devido a esse posicionamento.

O pós-modernismo não está morto?

No momento atual, a visão predominante entre muitos pensadores é que o pós-modernismo morreu. Não concordamos com isso. Na nossa opinião, ele simplesmente amadureceu, modificou-se e evoluiu (pelo menos duas vezes desde as suas origens na década de 1960), e os dois princípios característicos e os quatro temas detalhados acima permanecem dominantes e culturalmente influentes. A teoria está intacta, embora as maneiras pelas quais os seus princípios fundamentais e temas são apresentados, usados e interagidos mudaram significativamente no último meio século. É a Teoria, como está sendo aplicada atualmente, que mais nos preocupa, e constitui o assunto do restante deste livro. Porém, antes de explicar como a Teoria evoluiu, devemos sepultar o mito comum de que o pós-modernismo morreu há duas ou três décadas.

Existem muito argumentos sobre quando exatamente o pós-modernismo supostamente morreu. Alguns sustentam que terminou na década de 1990, dando lugar ao pós-colonialismo; outros afirmam que terminou em 11 de setembro de 2001, quando ingressamos em uma nova era cujo caráter ainda não foi determinado. Sem dúvida, é verdade que a proliferação de textos pós-modernos na segunda metade da década de 1960, na década de 1970 e em grande parte da década de 1980 não continuou na década de 1990. As formas iniciais do pós-modernismo – com a sua absoluta falta de sentido, falta de direção e preocupação apenas em desconstruir, romper e problematizar sem fornecer quaisquer recursos para reconstrução – só poderiam sobreviver durante algum tempo. Nesse sentido, a *fase altamente desconstrutiva* da Teoria pós-moderna se extinguiu em meados da década de 1980. Mas o pós-modernismo e a Teoria acabaram aí? Não. Longe de morrer, as ideias expostas neste capítulo evoluíram e se diversificaram em vertentes distintas – as Teorias cínicas com as quais temos de conviver hoje em dia – e se tornaram mais orientadas por objetivos e mais acionáveis. Por isso, chamamos a próxima onda de ativismo-academicismo de *pós-modernismo aplicado*, e é para esse desenvolvimento que agora dirigimos a nossa atenção.

Capítulo 2

VIRADA PARA O PÓS-MODERNISMO APLICADO

TORNANDO A OPRESSÃO REAL

No final da década de 1960, o pós-modernismo irrompeu na cena intelectual e logo se tornou extremamente badalado entre acadêmicos de esquerda. À medida que o modismo intelectual crescia, os seus prosélitos foram começando a trabalhar, produzindo resmas de Teoria radicalmente cética, em que o conhecimento existente e as maneiras de obtenção de conhecimento entendidas como pertencentes à modernidade ocidental foram indiscriminadamente criticadas e desmontadas. As velhas religiões – no sentido mais amplo da palavra – tinham que ser postas abaixo. Assim, as ideias de que podemos vir a conhecer a realidade objetiva e de que aquilo que chamamos de "verdade" de alguma maneira corresponde a ela foram colocadas na berlinda, junto com os pressupostos sobre os quais a modernidade fora construída. Os pós-modernos procuraram tornar absurdas as nossas maneiras de compreender, abordar e viver no mundo e nas sociedades. Porém, apesar de se mostrar tanto na moda quanto influente, essa abordagem tinha os seus limites. O desmantelamento e a disrupção sem fim – ou, como chamam, a *desconstrução* – não estão apenas destinados a se consumir, mas também estão fadados a consumir tudo de interessante e, assim, a se tornar *enfadonhos*.[1]

Em outras palavras, a Teoria não poderia se contentar com a desesperança niilista. Precisava de algo para fazer, algo acionável. Por causa do próprio cerne moral e politicamente carregado, teve que se dedicar ao

VIRADA PARA O PÓS-MODERNISMO APLICADO

problema que viu no cerne da sociedade: o acesso injusto ao poder. Depois do seu primeiro *big bang* no final da década de 1960, a fase altamente desconstrutiva do pós-modernismo se extinguiu no início da década de 1980. Mas o pós-modernismo não morreu. Das cinzas, surgiu um novo conjunto de Teóricos cuja missão era criar alguns pressupostos básicos aplicáveis do pós-modernismo e *reconstruir* um mundo melhor.

Entre os acadêmicos, o senso comum é que, na década de 1990, o pós-modernismo havia morrido.[2] Mas, na verdade, ele simplesmente sofreu mutação de sua fase inicial altamente desconstrutiva para uma nova forma. Um conjunto diversificado de Teorias altamente politizadas e acionáveis desenvolveu-se a partir do pós-modernismo propriamente dito. Vamos chamar esse desenvolvimento mais recente de *pós-modernismo aplicado*. Essa mudança ocorreu quando uma nova onda de Teóricos emergiu no final da década de 1980 e no início da década de 1990. Esses novos pós-modernos também vieram de áreas diferentes, mas, em muitos aspectos, as suas ideias eram muito mais parecidas do que as de seus predecessores e ofereciam uma abordagem mais amigável. Nessa virada, a Teoria se transformou em um punhado de Teorias – pós-colonial, *queer* e crítica de raça –, que foram postas em prática no mundo para desconstruir a injustiça social.

Portanto, podemos pensar no pós-modernismo como uma espécie de vírus de rápida evolução. A sua forma original e mais pura era insustentável: despedaçou os seus hospedeiros e se destruiu. Não se propagou da academia para a população em geral porque era muito difícil de entender, e parecia muito distante das realidades sociais. Na sua forma evoluída, propagou-se, dando um salto entre "espécies", passando de acadêmicos para ativistas e, em seguida, para as pessoas comuns, à medida que se tornou cada vez mais compreensível e acionável e, portanto, mais contagioso. Ele sofreu uma mutação em torno do cerne da Teoria, formando diversas novas linhagens, que são muito menos divertidas e muito mais certas das suas próprias (meta) narrativas. Elas estão concentradas em um objetivo prático que estava ausente antes: reconstruir a sociedade à imagem de uma ideologia que passou a se referir a si mesma como "Justiça Social".

TEORIAS CÍNICAS ~~CRÍTICAS~~

A mutação da Teoria

Para os pós-modernos, a Teoria se refere a um conjunto específico de crenças, que postulam que o mundo e a nossa capacidade de reunir conhecimento sobre ele funcionam de acordo com o conhecimento e os princípios políticos pós-modernos. A Teoria presume que a realidade objetiva não pode ser conhecida, a "verdade" é socialmente construída por meio da linguagem e dos "jogos de linguagem", é local para uma cultura específica, e o conhecimento age para proteger e promover os interesses dos privilegiados. Portanto, a Teoria visa explicitamente examinar *criticamente* os discursos. Isso significa algo específico. Significa examiná-los rigorosamente para desmascarar e romper a dinâmica de poder político que supõe estar contido neles, para que as pessoas sejam convencidas a rejeitá-lo e desencadear uma revolução ideológica.

Nesse sentido, a Teoria não desapareceu, tampouco permaneceu a mesma. Entre o final da década de 1980 e aproximadamente 2010, ela desenvolveu a aplicabilidade dos seus conceitos subjacentes e veio a formar a base de áreas acadêmicas inteiramente novas, que desde então se tornaram bastante influentes. Essas novas disciplinas, que passaram a ser conhecidas vagamente como "estudo acadêmico sobre Justiça Social", cooptaram a noção de justiça social dos movimentos pelos direitos civis e de outras teorias liberais e progressistas. Não por coincidência, tudo isso começou efetivamente após a igualdade legal ter sido alcançada em grande medida e o ativismo antirracista, feminista e LGBT ter começado a produzir retornos decrescentes. No momento em que a discriminação racial e sexual nos locais de trabalho tornou-se ilegal e a homossexualidade foi descriminalizada em todo o Ocidente, as principais barreiras à igualdade social no Ocidente passaram a ser os preconceitos persistentes, incorporados em atitudes, suposições, expectativas e linguagem. Para aqueles que lidam com esses problemas menos tangíveis, a Teoria, com o seu foco em sistemas de poder e em privilégios perpetuados por meio de discursos, pode ter sido uma ferramenta ideal, exceto que, como era totalmente desconstrutiva, indiscriminada e radicalmente cética e desagradavelmente niilista, não era de fato adequada para nenhuma finalidade produtiva.

As novas formas da Teoria surgiram dentro do pós-colonialismo, do feminismo negro (um ramo do feminismo criado por acadêmicas

VIRADA PARA O PÓS-MODERNISMO APLICADO

afro-americanas que se concentraram tanto em raça quanto em gênero[3]), do feminismo interseccional, da Teoria crítica da raça (legal) e da Teoria *queer*, que buscaram descrever o mundo criticamente *a fim de mudá-lo*. Cada vez mais, os acadêmicos dessas áreas alegavam que, embora o pós-modernismo pudesse ajudar a revelar a natureza socialmente construída do conhecimento e as "problemáticas" associadas, o ativismo simplesmente não era compatível com o ceticismo totalmente radical. Era necessário aceitar que certos grupos de pessoas enfrentavam desvantagens e injustiças com base em quem eram – um conceito que o pensamento pós-moderno radicalmente cético prontamente desconstruiu. Portanto, alguns dos novos Teóricos criticaram os seus predecessores pelo seu privilégio, que eles sustentavam ter sido demonstrado pela sua capacidade de desconstruir identidades e a opressão baseada em identidades. Alguns acusaram os seus antecessores de serem brancos, do sexo masculino, ricos e ocidentais o suficiente para se darem ao luxo de ser lúdicos, irônicos e radicalmente céticos, porque a sociedade já foi criada para o seu benefício. Em consequência, embora os novos Teóricos mantivessem boa parte da Teoria, não prescindiram inteiramente da identidade estável e da verdade objetiva. Em vez disso, reivindicaram uma quantidade limitada de ambas, afirmando que algumas identidades eram privilegiadas em detrimento de outras e que essa injustiça era objetivamente verdadeira.

Enquanto os pensadores pós-modernos originais desmantelaram a nossa compreensão a respeito do conhecimento, da verdade e das estruturas sociais, os novos Teóricos os reconstruíram a partir do zero, de acordo com as próprias narrativas, muitas das quais derivadas dos meios e valores do ativismo político da Nova Esquerda, que, por sua vez, tinha sido produto da Teoria Crítica da Escola de Frankfurt. Portanto, enquanto os Teóricos originais (pós-modernos) eram demasiadamente sem objetivo, usando ironias e ludicidade para reverter hierarquias e romper o que consideravam como estruturas injustas de poder e conhecimento (ou poder-saber), a segunda onda de pós-modernos (*aplicados*) se concentrou em desmantelar hierarquias e fazer afirmações da verdade sobre poder, linguagem e opressão. Nessa virada para o pós-modernismo aplicado, a Teoria passou por uma mutação *moral*: adotou uma série de crenças acerca dos erros e acertos do poder e do privilégio. Os Teóricos originais contentavam-se em observar,

TEORIAS CÍNICAS ~~CRÍTICAS~~

deplorar e jogar com tais fenômenos; os novos queriam reordenar a sociedade. Se a injustiça social é causada pela legitimação de discursos ruins, eles raciocinaram, a justiça social pode ser alcançada deslegitimando-os e os substituindo por outros melhores. Esses acadêmicos das ciências sociais e humanas que adotaram as abordagens Teóricas começaram a formar uma comunidade moral de esquerda, em vez de uma comunidade puramente acadêmica: um órgão intelectual mais interessado em defender um *deve* específico do que tentar uma avaliação imparcial de um *é* – uma atitude que, em geral, associamos a igrejas, em vez de universidades.

Uma nova visão padrão

Surgiram novas Teorias, que analisavam sobretudo raça, gênero e sexualidade, e eram explicitamente críticas, orientadas por objetivos e moralistas. No entanto, elas mantiveram as ideias pós-modernas básicas: o conhecimento é um constructo do poder, as categorias nas quais organizamos as pessoas e os fenômenos eram falsamente idealizadas a serviço desse poder, a linguagem é inerentemente perigosa e não confiável, as afirmações de conhecimento e os valores de todas as culturas são igualmente válidos e inteligíveis apenas nos próprios termos, e a experiência coletiva fala mais alto que a individualidade e a universalidade. Eles se concentraram no poder cultural, considerando como objetivamente verdadeiro que o poder e o privilégio são forças insidiosas e corruptoras, que agem para se perpetuar de maneiras quase misteriosas. Declararam de forma explícita que estavam fazendo isso com o propósito de recriar a sociedade de acordo com a sua visão moral, ao mesmo tempo que citavam os Teóricos pós-modernos originais.[4]

Brian McHale, Teórico literário norte-americano, cujo trabalho enfoca o pós-modernismo, observa essa mudança quando escreve:

Com a chegada do pós-estruturalismo na América do Norte, a "teoria" nasceu, no sentido autossuficiente do termo que se tornou tão familiar nas décadas subsequentes: não uma teoria disso ou daquilo – não, por exemplo,

VIRADA PARA O PÓS-MODERNISMO APLICADO

teoria da narrativa, como a narratologia estruturalista aspirava ser –, mas uma teoria geral, o que, em outras épocas, poderia ter sido chamada de especulação ou mesmo de filosofia.[5]

Em outro lugar, McHale observa:

A própria Teoria, no sentido especial que o termo começou a adquirir desde meados da década de 1960, é um fenômeno pós-moderno, e o sucesso e a proliferação da "teoria" em si é um sintoma do pós-modernismo.[6]

Em outras palavras, no final da década de 1990, o pós-modernismo na sua forma mais pura e original tinha saído de moda, mas a Teoria não. Ela propiciou a ativistas radicais, incluindo ativistas acadêmicos, uma maneira superabrangente de pensar sobre o mundo e a sociedade, que ainda permeia muito o estudo acadêmico em ciências humanas, e fez incursões consideráveis nas ciências sociais, sobretudo em sociologia, antropologia e psicologia.[7] O pós-modernismo tinha sido reformulado e, desde então, tornou-se a espinha dorsal de formas dominantes de estudo acadêmico, ativismo e prática profissional em torno de identidade, cultura e Justiça Social.

No entanto, não é incomum que acadêmicos que trabalham de acordo com o conhecimento e os princípios políticos pós-modernos depreciem o pós-modernismo e insistam que não o utilizam no seu trabalho. Jonathan Gottschall, respeitado acadêmico de literatura e evolução, oferece uma explicação para esse estranho fenômeno. Ele sustenta que o que chama de "paradigma liberacionista" – um entendimento da sociedade que procura separar a natureza humana da biologia – tornou-se tão difundido entre os acadêmicos de esquerda que é simplesmente o padrão em muitas áreas. "Rumores a respeito da morte da Teoria são claramente prematuros", Gottschall nos diz.[8]

Talvez, ironicamente, a Teoria tenha sido internalizada – e, portanto, tornada invisível – por muitos acadêmicos, mesmo aqueles que consideram ter evitado a Teoria e alegam trabalhar com dados empíricos.[9] Como Brian McHale sustenta:

A Teoria em si sobreviveu ao longo do novo milênio. Se é menos visível agora do que nos anos de pico do pós-modernismo nas décadas de 1970 e 1980, é

TEORIAS CÍNICAS ~~CRÍTICAS~~

porque se tornou tão difundida que passa despercebida em grande medida. Desde o final da década de 1980, a "Teoria" inspirou especialmente os discursos do feminismo, dos estudos de gênero e dos estudos de sexualidade, e subscreve o que se convencionou designar como "estudos culturais".[10]

Quer chamemos isso de "pós-modernismo", "pós-modernismo aplicado", "Teoria" ou qualquer outra coisa, a concepção de sociedade baseada no conhecimento e nos princípios políticos pós-modernos – o conjunto de ideias radicalmente céticas, em que conhecimento, poder e linguagem são simplesmente constructos sociais opressores a serem explorados pelos poderosos – não só sobreviveu mais ou menos intacta como também floresceu em muitas áreas de "estudos" baseadas em identidade e cultura, sobretudo nas chamadas "ciências humanas Teóricas". Essas, por sua vez, influenciam e muitas vezes dominam as ciências sociais e os programas profissionais como educação, direito, psicologia e serviço de assistência social, e foram transmitidas por ativistas e pela mídia para a cultura mais ampla. Como resultado da aceitação acadêmica geral da Teoria, o pós-modernismo se tornou aplicável e, portanto, acessível tanto aos ativistas quanto ao público em geral.

Aplicando o inaplicável

No início do século XVII, quando o Iluminismo começou a se consolidar e revolucionar o pensamento humano na Europa, diversos pensadores da época começaram a enfrentar um novo problema: a dúvida radical – ou seja, uma crença de que não há base racional para acreditar em *nada*. Entre os pensadores mais notórios, incluía-se o matemático, cientista e filósofo francês René Descartes, que articulou o que era, para ele, algo do alicerce filosófico sobre o qual a crença e a filosofia podiam se apoiar. Em 1637, ele escreveu pela primeira vez a frase *"Je pense, donc je suis"*, em *Discourse on the Method* [*Discurso sobre o método*],[11] que foi reescrita em latim posteriormente e se tornou muito mais famosa: *"Cogito, ergo sum"* (Penso, logo existo).

48

VIRADA PARA O PÓS-MODERNISMO APLICADO

Essa foi a resposta de Descartes ao poder desconstrutivo que o ceticismo iluminista introduziu no mundo.

Algo semelhante ocorreu cerca de três séculos e meio depois, na década de 1980. Diante do poder desconstrutivo muito mais intenso do ceticismo radical pós-moderno, um grupo emergente de Teóricos culturais viu-se em uma crise similar. O ativismo liberal tinha alcançado enorme sucesso, o ativismo radical da Nova Esquerda das décadas anteriores caíra em desgraça, e o antirrealismo e a desesperança niilista do pós-modernismo não estavam funcionando e não conseguiam gerar mudanças. A correção desse problema exigia agarrar-se a algo radicalmente acionável e real, e a Teoria e o ativismo, portanto, começaram a se aglutinar em torno de uma nova ideia, em paralelo à reflexão mais famosa de Descartes. Para ele, a capacidade de pensar implicava existência – que *algo* deve ser real. Para os acadêmicos ativistas da década de 1980, o sofrimento associado à opressão implicava a existência de algo que poderia sofrer e um mecanismo pelo qual esse sofrimento pudesse ocorrer. "Penso, logo existo" ganhou nova vida sob a aceitação axiomática do novo alicerce existencial: "Experimento a opressão, logo existo... E também existem o domínio e a opressão".

Com o progresso do pós-modernismo, forjando-se sobre essa nova pedra filosófica, surgiram diversos novos enclaves acadêmicos, que se basearam na Teoria, muitas vezes com força, focalizando aspectos específicos dos modos pelos quais a linguagem e o poder influenciam a sociedade. Cada uma dessas áreas – Teorias pós-colonial, *queer* e crítica da raça, juntamente com estudos de gênero, estudos sobre deficiência e os estudos sobre o corpo gordo – receberá tratamento detalhado no seu próprio capítulo. Entre elas, a Teoria *queer* é a única área que aplica exclusivamente abordagens teóricas pós-modernas, mas todas essas áreas de estudo passaram a ser dominadas pelo pensamento do pós-modernismo aplicado. Os Teóricos que pegaram elementos do pós-modernismo e procuraram aplicá-los de maneiras específicas foram os progenitores da virada para o pós-modernismo aplicado e, portanto, do estudo acadêmico sobre Justiça Social.

A primeira disciplina do pós-modernismo aplicado a surgir foram os estudos pós-coloniais. Embora existam outras abordagens para o estudo das consequências do colonialismo, a Teoria pós-moderna moldou tanto a base dessa disciplina que o pós-modernismo e o pós-colonialismo são muitas

TEORIAS CÍNICAS ~~CRÍTICAS~~

vezes ensinados juntos. Edward Said, o pai fundador da Teoria pós-colonial, baseou-se bastante em Michel Foucault, e sua obra, portanto, concentrou-se em como os discursos constroem a realidade.[12] Para Said, não bastava simplesmente desconstruir as estruturas de poder e mostrar como as percepções do Oriente foram construídas pelo Ocidente. Impunha-se revisar e reescrever a história. Em *Orientalism* [*Orientalismo*], seu livro inovador, ele sustenta que "a história é feita por homens e mulheres, assim como também pode ser desfeita e reescrita (...) para que o 'nosso' Nascente, o 'nosso' Oriente se torne 'nosso' em posse e direção".[13]

Os sucessores de Said, Homi K. Bhabha e Gayatri Chakravorty Spivak, também valorizaram Foucault, mas recorreram mais a Derrida. Ambos desconfiam da capacidade de transmissão de significado pela linguagem, mas também acreditam que ela oculta em si uma dinâmica de poder injusta. Por causa desse foco no poder transmitido mediante a linguagem, a Teoria pós-colonial desenvolveu um propósito explicitamente político: desconstruir narrativas ocidentais a respeito do Oriente a fim de descobrir e amplificar as vozes dos povos colonizados. Como a acadêmica de estudos pós-coloniais Linda Hutcheon afirma:

> O pós-colonial, como o feminista, é uma iniciativa política de desmantelamento, mas também construtiva, na medida em que implica uma teoria de agência e de mudança social que falta ao impulso desconstrutivo pós-moderno. Embora ambos os "pós" usem a ironia, o pós-colonial não pode parar na ironia.[14]

Outra nova Teoria se desenvolveu dentro dos estudos sobre as mulheres – e, posteriormente, nos estudos de gênero –, originando-se da sobreposição do pensamento feminista e da teoria literária. No entanto, os estudos sobre as mulheres não começaram como pós-modernos. Na maior parte, acompanharam outras formas de teoria feminista, muitas das quais analisaram o *status* das mulheres através de uma lente marxista crítica, segundo a qual o patriarcado ocidental é em grande medida uma extensão do capitalismo, por meio do qual as mulheres são exclusivamente exploradas e marginalizadas. De maneira memorável, Foucault rejeitou esse entendimento de cima para baixo do poder, em favor de uma rede que permeia a sociedade,

VIRADA PARA O PÓS-MODERNISMO APLICADO

produzida por discursos. Os Teóricos foucaultianos que criaram a Teoria *queer* o seguiram nisso.

No final da década de 1980, essa distinção havia começado a cavar um fosso entre os diversos tipos de feministas, que discordaram quanto a quão longe levar os métodos desconstrutivos,[15] uma discordância que persiste até hoje. Mary Poovey, feminista materialista – feminista que se concentra sobretudo em como os pressupostos patriarcais e capitalistas impõem às mulheres papéis de gênero socialmente construídos –, descreve isso claramente. Poovey foi atraída por técnicas desconstrutivas pela capacidade delas de solapar o que ela via como estereótipos de gênero socialmente construídos (a crença de que tais estereótipos refletem a natureza humana intrínseca é muitas vezes chamada de "essencialismo"), mas, como materialista, a sua preocupação era que a desconstrução em sua forma mais pura não permitia que a categoria "mulher" existisse.[16] Isso era novo.

Como os Teóricos pós-coloniais, Poovey queria adaptar as técnicas pós-modernas para os fins do ativismo. Assim, ela defendeu uma abordagem do tipo "caixa de ferramentas" para o feminismo, em que técnicas desconstrutivas poderiam ser usadas para desmantelar papéis de gênero, mas não o sexo. Para Poovey, devemos aceitar como verdadeira a opressão de uma classe de pessoas – as mulheres – por outra – os homens – a fim de combatê-la. Isso requer dar um senso de realidade estável e objetiva às classes de "mulheres" e "homens" e à dinâmica de poder entre elas. Poovey introduziu alguns aspectos da Teoria no feminismo e nos estudos de gênero.

Judith Butler, feminista e acadêmica LGBT, que foi fundamental para o desenvolvimento da Teoria *queer*, representa a abordagem oposta a esse dilema. Em sua obra mais influente, *Gender Trouble: Feminism and the Subversion of Identity* [*Problemas de gênero: Feminismo e subversão da identidade*],[17] publicada em 1990, Butler enfoca a natureza socialmente construída de gênero *e* sexo. Para Butler, "mulher" não é uma classe de pessoas, mas uma performance que constrói uma realidade "generificada". O conceito de *performatividade de gênero* de Butler – comportamentos e falas que tornam real o gênero – permitiu que ela fosse totalmente pós-moderna, desconstruísse tudo e rejeitasse a noção de essências estáveis e verdades objetivas sobre sexo, gênero e sexualidade, tudo enquanto permanecia politicamente ativa. Isso funcionou em dois níveis. Em primeiro lugar, ao se referir a "efeitos da

51

realidade" e "ficções" sociais ou culturais, Butler é capaz de abordar o que ela enxerga como a realidade das construções sociais de gênero, sexo e sexualidade. Para Butler, as próprias construções específicas não são reais, mas a existência de construções é verdadeira. Em segundo lugar, porque o *"queer"* é entendido como aquilo que está fora das categorias, sobretudo aquelas usadas para definir homem e mulher, masculino e feminino, heterossexual e homossexual, romper e desmantelar essas categorias é essencial para o ativismo. Portanto, a palavra *"queer"* pode ser usada como verbo no sentido butleriano, e o *"queering"* de algo que se refere à desestabilização de categorias e à disrupção de normas ou verdades aceitas associadas a ele. A finalidade disso é liberar o *"queer"* da opressão de ser categorizado.

Apesar de se basear bastante em Foucault e Derrida, Butler não se considera pós-moderna. Na verdade, ela não considera "pós-modernismo" um termo coerente. No entanto, isso não é uma depreciação do pós-modernismo, já que a incoerência e indefinibilidade são centrais na Teoria *queer* de Butler. Em seu ensaio "Contingent Foundations: Feminism and the Question of 'Postmodernism'", de 1995, Butler escreve, em sua prosa semi-incompreensível habitual, que a intenção do pós-modernismo é entender que as estruturas de poder opressoras se formam como resultado de definições firmes e categorias estáveis, e que reconhecer isso habilita o ativismo político *queer*.[18] Portanto, em vez de negar as suposições ou os métodos pós-modernos, Butler sustenta que – assim como é melhor não definir sexos, gêneros ou sexualidades – é melhor não definir pós-modernismo. Fazer isso permitiria ou mesmo faria com que ele se tornasse mais uma força opressora poderosa – uma violência de categorização, que é uma ideia que deriva de Jacques Derrida.

Butler evitou a falta de objetivo que prejudicava o pós-modernismo original, tornando a indefinibilidade e ambiguidade partes integrantes das suas próprias filosofias. Ela explica que "a tarefa é interrogar o que autoriza o movimento Teórico que estabelece os fundamentos e o que exatamente ele exclui ou impede".[19] No pensamento butleriano, o exame e a desconstrução intermináveis das categorias podem nos permitir libertar aquelas que não se encaixam perfeitamente em categorias.

Em uma linha teórica diferente, outra feminista muito influente, cujo trabalho começou no final da década de 1980 e que percebeu a necessidade de modificar a Teoria, é bell hooks (pseudônimo de Gloria Watkins, que o escreve intencionalmente em letras minúsculas). Acadêmica e ativista afro-americana, hooks discordou do pós-modernismo – principalmente da Teoria e do feminismo pós-modernos – por sua exclusão de negros, mulheres e classe trabalhadora, achando limitada a capacidade de o pós-modernismo alcançar mudanças sociais e políticas. Ela criticou o pós-modernismo não por suas suposições ou pensamento, mas por sua associação, desenvolvimento e popularidade entre os pensadores brancos da elite e do sexo masculino. Seu ensaio "Postmodern Blackness", de 1990, critica o pós-modernismo por ser dominado por intelectuais e pelas elites acadêmicas brancas e do sexo masculino, mesmo quando chama a atenção proveitosamente para a diferença e a diversidade. Particularmente crítica da sua rejeição à identidade estável, hooks afirmou que o pós-modernismo deveria adotar a política identitária:

> A crítica pós-moderna em relação à "identidade", ainda que pertinente para a luta renovada de libertação dos negros, costuma ser apresentada de maneiras que são problemáticas. Dada uma política generalizada de supremacia branca, que procura impedir a formação da subjetividade negra radical, não podemos dispensar soberbamente uma preocupação com a política identitária.[20]

Ela pergunta:

> Não devemos desconfiar das críticas pós-modernas em relação ao "sujeito" quando elas emergem em um momento histórico em que muitas pessoas subjugadas sentem que estão se manifestando pela primeira vez?[21]

Para hooks, o problema não era que o pós-modernismo fosse inútil, era que ele era feito sob medida para as experiências dos intelectuais brancos do sexo masculino e não permitia políticas identitárias. Ela alegou que o pensamento pós-moderno errou ao desestabilizar o conceito de identidade, o que o levou a excluir as vozes e experiências unificadas dos negros norte-americanos – em particular, as mulheres negras – e suas aspirações de romper as narrativas dominantes com o objetivo de buscar a igualdade racial. Hooks até insinuou que o pós-modernismo tinha silenciado as vozes negras que surgiram na década de 1960, que haviam conquistado os direitos civis adotando

TEORIAS CÍNICAS ~~CRÍTICAS~~

uma agenda modernista universalizante.[22] Para ter valor, ela sustentou, o pós-modernismo precisava sair das universidades e chegar ao mundo; questionar a perspectiva do homem branco, que podia de dar ao luxo de duvidar da importância da identidade por causa do seu privilégio; e atender ao ativismo diário sendo praticado pelo leigo negro politicamente radical. Ela escreve:

> A cultura pós-moderna com o seu sujeito descentrado pode ser o espaço onde os laços são rompidos ou pode propiciar a ocasião para novas e variadas formas de ligação. Até certo ponto, rupturas, superfícies, contextualidades e uma série de outros acontecimentos criam lacunas que abrem espaço para práticas de oposição, que já não exigem que os intelectuais sejam confinados por esferas estreitas e separadas sem nenhuma conexão significativa com o mundo de todos os dias.[23]

As ideias de hooks surgiram em paralelo com a Teoria crítica da raça, que foi criada por acadêmicos de direito críticos, principalmente Derrick Bell. Kimberlé Crenshaw, uma das alunas de Bell – uma acadêmica de direito muito influenciada por feministas negras como hooks – fez uma crítica semelhante ao pós-modernismo no seu ensaio inovador "Mapping the Margins: Intersectionality, Identity Politics, and Violence Against Women of Color",[24] de 1991, que desenvolveu a base para o conceito muito influente de *interseccionalidade*, que ela havia apresentado dois anos antes, em uma obra ainda mais polêmica (ver o Capítulo 5).

A interseccionalidade reconhece com precisão que é possível discriminar singularmente alguém que se enquadra em uma "intersecção" de identidades oprimidas – por exemplo, negra e feminina –, e que a legislação contemporânea contra a discriminação não era suficientemente sensível para enfrentar isso. Crenshaw percebeu que seria possível, por exemplo, discriminar legalmente as mulheres negras em um local de trabalho que contratava muitos homens negros e mulheres brancas, mas quase nenhuma mulher negra. Ela também reconheceu corretamente que os preconceitos enfrentados por grupos identitários interseccionais podem incluir não só aqueles dirigidos contra ambos, mas também preconceitos únicos. Por exemplo, uma mulher negra pode enfrentar os preconceitos habituais contra ela pelo fato de ser negra e ser mulher, e ao mesmo tempo também enfrentar

VIRADA PARA O PÓS-MODERNISMO APLICADO

preconceitos adicionais que se aplicam especificamente às mulheres negras. Crenshaw apresenta alguns argumentos importantes. Simultaneamente, via de regra, ela foi positiva a respeito do potencial desconstrutivo da Teoria pós-moderna e a centrou na sua nova estrutura "interseccional" para lidar com a discriminação contra as mulheres negras. Ela escreveu: "Considero a interseccionalidade um conceito provisório que liga a política contemporânea com a teoria pós-moderna",[25] e expõe uma forma mais politizada de pós-modernismo que seria acionável por ativistas raciais.[26]

Como Poovey, Butler e hooks, Crenshaw queria manter o entendimento Téorico de raça e gênero como constructos sociais e utilizar métodos desconstrutivos para criticá-los, *além de* asseverar uma afirmação da verdade estável: que algumas pessoas foram discriminadas com base em suas identidades raciais ou sexuais; uma discriminação que ela planejava abordar legalmente, usando políticas identitárias. Ela escreve:

> Embora o projeto descritivo do pós-modernismo de questionar as maneiras pelas quais o significado é socialmente construído seja geralmente correto, essa crítica às vezes interpreta mal o significado da construção social e distorce a sua aplicação política. (...) Mas dizer que uma categoria como raça ou gênero é socialmente construída não significa que essa categoria não tenha significado no nosso mundo. Pelo contrário, um projeto grande e contínuo para pessoas subordinadas – e de fato, um dos projetos para os quais as teorias pós-modernas têm sido muito úteis em pensar – é a maneira pela qual o poder se agrupou em torno de certas categorias e é exercido contra outras.[27]

Crenshaw sustenta que categorias (identitárias) "possuem significado e consequências";[28] em outras palavras, são objetivamente reais. Ela faz distinção entre uma "pessoa negra" e uma "pessoa que por acaso é negra",[29] e toma partido da primeira, afirmando que essa distinção é parte integrante da política identitária e se diferencia das abordagens liberais universais que caracterizam os movimentos pelos direitos civis. Esses são temas comuns dentro da virada para o pós-modernismo aplicado.

Uma vez que a identidade e o poder se tornaram objetivamente reais e foram analisados por meio de métodos pós-modernos, o conceito de interseccionalidade rompeu muito rapidamente os limites da teoria jurídica

55

TEORIAS CÍNICAS ~~CRÍTICAS~~

e se converteu em uma ferramenta poderosa para a crítica cultural e o ativismo social e político. Como a Teoria do pós-modernismo aplicado empregou explicitamente o pós-modernismo na política identitária, ela começou a ser usada por acadêmicos interessados em uma miríade de aspectos identitários, incluindo raça, sexo, gênero, sexualidade, classe, religião, *status* de imigração, capacidade física ou mental e tamanho corporal. Seguindo a recomendação de Crenshaw, essas áreas rapidamente emergentes de estudos críticos da cultura dependem fortemente do construtivismo social para explicar por que algumas identidades são marginalizadas, enquanto sustentam que essas construções sociais são elas mesmas objetivamente reais.

Por exemplo, recentemente, áreas como estudos sobre deficiência[30] e estudos sobre o corpo gordo[31] se tornaram presenças importantes no cenário do estudo acadêmico sobre Justiça Social. Embora os estudos sobre deficiência e o feminismo referente ao corpo gordo já existissem e enfocassem o preconceito e a discriminação contra os deficientes e os obesos, esses movimentos adotaram uma abordagem radical e socialmente construtivista nos últimos anos, aplicando de forma explícita os princípios e os temas pós-modernos, em especial aqueles da Teoria *queer*. Eles se tornaram parte da estrutura interseccional e adotaram grande parte da abordagem Teórica pós-moderna, em que se acredita que os deficientes e os gordos têm o próprio conhecimento corporificado da deficiência e da gordura, que vale mais que o conhecimento científico. Não se trata simplesmente da verdade óbvia de que pessoas com deficiência e pessoas gordas sabem o que é ser deficiente ou gordo de uma maneira que os fisicamente não deficientes e magros não sabem. Os acadêmicos e os ativistas nessas áreas insistem, em vez disso, que o entendimento da deficiência ou da obesidade como problema físico a ser tratado e corrigido quando possível é em si um constructo social nascido da aversão sistêmica contra pessoas com deficiência e gordas.

OS PRINCÍPIOS E TEMAS PÓS-MODERNOS EM APLICAÇÃO

Apesar da mutação para se tornar acionável para a política identitária, o pós-modernismo aplicado manteve os dois princípios pós-modernos no seu cerne.

VIRADA PARA O PÓS-MODERNISMO APLICADO

- **O princípio do conhecimento pós-moderno:** Ceticismo radical quanto ao fato de o conhecimento objetivo ou da verdade objetiva ser obtenível e do compromisso com o construtivismo cultural.

Essa negação do conhecimento objetivo ou da verdade objetiva, o compromisso com o construtivismo cultural e a crença de que tudo o que chamamos de verdade não passa de um constructo da cultura que invoca isso foram em grande medida mantidos, com uma condição importante: sob o pensamento do pós-modernismo aplicado, a identidade è a opressão baseadas na identidade são tratadas como características conhecidas da realidade objetiva. Ou seja, a concepção da sociedade como composta por sistemas de poder e privilégios que constroem o conhecimento é assumida como sendo objetivamente verdadeira e intrinsecamente ligada às construções sociais de identidade.

- **O princípio político pós-moderno:** A crença de que a sociedade é formada por sistemas de poder e hierarquias, que decidem o que pode ser conhecido e como.

Isso também foi mantido. Na verdade, isso é central para a defesa de políticas identitárias, cujo imperativo politicamente acionável é desmantelar esse sistema em nome da Justiça Social.

Os quatro temas principais do pensamento pós-moderno também sobreviveram à morte da fase altamente desconstrutiva e à subsequente virada para o pós-modernismo aplicado.

1. A INDEFINIÇÃO DE FRONTEIRAS

Esse tema é mais evidente nas Teorias pós-colonial e *queer*, ambas explicitamente centradas em ideias de fluidez, ambiguidade, indefinibilidade e hibridez – todas as quais obscurecem ou até mesmo demolem as fronteiras entre as categorias. A sua preocupação comum com o que chamam de "binários disruptivos" deriva do trabalho de Derrida sobre a natureza hierárquica e a falta de sentido nas construções linguísticas. Esse tema é menos evidente na

TEORIAS CÍNICAS ~~CRÍTICAS~~

Teoria crítica da raça, que pode ser muito preto no branco (duplo sentido intencional), mas, na prática, o elemento feminista interseccional da Teoria crítica da raça abrange muitas categorias identitárias simultaneamente e procura incluir "diferentes maneiras de saber". Isso resulta em uma mistura confusa do evidenciado com o experiencial, em que a interpretação pessoal da experiência vivida (muitas vezes fundamentada – ou mal fundamentada – pela Teoria) é elevada ao *status* de evidência (em geral da Teoria).

2. O PODER DA LINGUAGEM

O poder e o perigo da linguagem estão em primeiro plano em todas as Teorias do pós-modernismo aplicado mais recentes. A "análise do discurso" desempenha um papel central em todas essas áreas; os acadêmicos examinam a linguagem atentamente e a interpretam de acordo com os sistemas de referência Teóricos. Por exemplo, muitos filmes são assistidos "atentamente" em busca de retratos problemáticos e, em seguida, depreciados, mesmo que os seus temas estejam amplamente em consonância com a Justiça Social.[32] Além disso, hoje em dia, a ideia de que as palavras são poderosas e perigosas se espalhou e fundamenta grande parte do estudo acadêmico e do ativismo referentes à violência discursiva (ou verbal), aos espaços seguros, às microagressões e aos alertas de gatilho.

3. O RELATIVISMO CULTURAL

É claro que o relativismo é mais acentuado na Teoria pós-colonial, mas o uso generalizado da interseccionalidade no estudo acadêmico e no ativismo referentes à Justiça Social e o entendimento do Ocidente como o ápice da estrutura de poder opressora tornaram o relativismo cultural uma norma em todas as Teorias do pós-modernismo aplicado. Isso se aplica tanto em termos de como o conhecimento é produzido, reconhecido e transmitido – um artefato cultural – quanto em termos dos princípios morais e éticos – outro artefato cultural.

4. A PERDA DO INDIVIDUAL E DO UNIVERSAL

O intenso foco em categorias de identidade e em políticas de identidade significa que o individual e o universal são desvalorizados em grande medida. Enquanto o liberalismo convencional se concentra em alcançar direitos humanos universais e acesso a oportunidades, para permitir que cada indivíduo realize o seu potencial, o estudo acadêmico e o ativismo do pós--modernismo aplicado são profundamente céticos em relação a esses valores e até francamente hostis a eles. A Teoria do pós-modernismo aplicado tende a considerar o liberalismo convencional como complacente, ingênuo ou indiferente em relação a preconceitos, pressupostos e vieses profundamente enraizados, que limitam e restringem as pessoas com identidades marginalizadas. No pós-modernismo aplicado, o "indivíduo" é algo como a soma total dos grupos de identidade aos quais a pessoa em questão pertence simultaneamente.

O surgimento do estudo acadêmico sobre Justiça Social

Essas mudanças podem parecer muito pequenas para considerarmos a Teoria como um afastamento sério do pós-modernismo, mas são significativas. Ao perderem a ludicidade irônica e a desesperança em relação ao significado, características do pós-modernismo altamente desconstrutivo, e ao se tornarem orientados por objetivos, os Teóricos das décadas de 1980 e 1990 tornaram o pós-modernismo aplicável às instituições e à política. Ao recuperarem a ideia de identidade como algo que – embora construída culturalmente – propiciou conhecimento e empoderamento de grupo, eles possibilitaram o desenvolvimento de formas mais específicas de ativismo--academicismo. Portanto, a Teoria deixou de ser amplamente descritiva e passou a ser altamente prescritiva – uma mudança de um *é* para um *deve*. Após a virada para o pós-modernismo aplicado, o pós-modernismo não era mais um modo de descrever a sociedade e solapar a confiança em modelos de realidade estabelecidos havia muito tempo: agora aspirava a ser uma

TEORIAS CÍNICAS ~~CRÍTICAS~~

ferramenta da Justiça Social. Essa ambição se concretizaria no início da década de 2010, quando ocorreu uma segunda mutação evolucionária significativa no pós-modernismo.

As novas Teorias que emergiram da virada para o pós-modernismo aplicado possibilitaram que os acadêmicos e os ativistas *fizessem* algo em relação à concepção pós-moderna de sociedade. Se o conhecimento é um constructo do poder, que funciona por meio das maneiras de falar sobre as coisas, o conhecimento pode ser mudado e as estruturas de poder podem ser derrubadas mudando a maneira pela qual falamos sobre as coisas. Desse modo, o pós-modernismo aplicado concentra-se em controlar os discursos, sobretudo ao *problematizar* a linguagem e a imagística que considera Teoricamente prejudicial. Isso significa que procura realçar as maneiras pelas quais se manifestam os problemas opressores que presumem existentes na sociedade, às vezes de forma bastante sutil, a fim de "tornar visível a opressão". O intenso escrutínio da linguagem e o desenvolvimento de regras cada vez mais rígidas para a terminologia relativa à identidade, muitas vezes conhecida como o *politicamente correto*, vieram à tona na década de 1990 e voltaram a se tornar pertinentes desde meados da década de 2010.

Isso traz conclusões politicamente acionáveis. Se o que aceitamos como verdadeiro é apenas aceito como tal porque os discursos dos homens ocidentais, ricos, brancos e heterossexuais foram privilegiados, a Teoria do pós-modernismo aplicado indica que isso pode ser desafiado fortalecendo grupos identitários marginalizados e insistindo que as suas vozes tenham prioridade. Essa crença aumentou a agressividade das políticas identitárias a tal ponto que até levou a conceitos como "justiça em pesquisa". Essa proposta alarmante exige que os acadêmicos citem preferencialmente mulheres e minorias – e reduzam ao mínimo as citações de homens brancos ocidentais –, porque a pesquisa empírica que valoriza a produção de conhecimento baseada em evidências e argumentos fundamentados é um constructo cultural injustamente privilegiado de brancos ocidentais. Portanto, de acordo com essa visão, é uma obrigação moral compartilhar o prestígio da pesquisa rigorosa com "outras formas de pesquisa", incluindo superstição, crenças espirituais, tradições e crenças culturais, experiências baseadas na identidade e respostas emocionais.[33]

VIRADA PARA O PÓS-MODERNISMO APLICADO

Como esses métodos podem ser aplicados a quase tudo, um vasto conjunto de obras referente a qualquer área baseada em identidade (ou todas as áreas) emergiu desde 2010, aproximadamente. Ele reafirma com certeza absoluta a verdade objetiva do conhecimento socialmente construído e das hierarquias de poder. Isso representa uma evolução que começou com a virada para o pós-modernismo aplicado à medida que os seus novos pressupostos se tornaram contextos óbvios – ou seja, aquilo que as pessoas dão como certo porque se sabe que é "sabido". Essas obras incorporam metodologias conhecidas como "epistemologia feminista", "epistemologia crítica da raça", "epistemologia pós-colonial" e "epistemologia *queer*", juntamente com o estudo de "injustiça epistêmica",[34] "opressão epistêmica",[35] "exploração epistêmica"[36] e "violência epistêmica".[37] ("Epistemologia" é o termo para as formas pelas quais o conhecimento é produzido, enquanto "epistêmico" significa "relacionado ao conhecimento".) Frequentemente, todas essas abordagens são combinadas para produzir o que costuma ser conhecido como "estudo acadêmico sobre Justiça Social". Embora aparentemente diversas, essas abordagens de "outros conhecimentos" têm como premissa a ideia de que as pessoas com diferentes identidades marginalizadas possuem diferentes conhecimentos, resultantes de suas experiências compartilhadas, incorporadas e vividas como membros desses grupos identitários, especialmente da opressão sistêmica. Essas pessoas tanto podem estar em desvantagem como conhecedoras, quando são forçadas a agir dentro de um sistema "dominante" que não é o seu, como também podem desfrutar de vantagens únicas, por causa da sua familiaridade com múltiplos sistemas epistêmicos. Alternadamente, elas podem ser vítimas de "violência epistêmica", quando o seu conhecimento não é incluído ou reconhecido, ou de "exploração epistêmica", quando são solicitadas a compartilhá-lo.

Essas mudanças vêm erodindo a barreira entre o estudo acadêmico e o ativismo. Costumava ser considerado uma falha de ensino ou acadêmica o trabalho de um ponto de vista ideológico específico. Esperava-se que o professor ou acadêmico deixasse de lado os seus próprios vieses e crenças a fim de abordar a sua disciplina da maneira mais objetiva possível. Os acadêmicos eram incentivados a fazer isso sabendo que os outros acadêmicos poderiam apontar – ou apontariam – evidências de vieses ou de raciocínios motivados, e os contestariam com evidências e argumentos. Os professores

TEORIAS CÍNICAS ~~CRÍTICAS~~

podiam considerar as suas tentativas de objetividade bem-sucedidas se seus alunos não soubessem quais eram as suas posições políticas ou ideológicas.

Não é assim que o estudo acadêmico sobre Justiça Social funciona ou é aplicado à educação. Atualmente, o ensino deve ser um ato político, e apenas um tipo de política é aceitável: a política identitária, como definida pela Justiça Social e pela Teoria. Em assuntos que vão de estudos de gênero à literatura inglesa, agora é perfeitamente aceitável expressar uma posição teórica ou ideológica e, em seguida, utilizar essa lente para examinar o material, sem nenhuma tentativa de refutar essa interpretação incluindo evidências que a desmentem ou explicações alternativas. Hoje em dia, os acadêmicos podem se declarar abertamente ativistas e lecionar o ativismo em cursos que exigem que os alunos aceitem a base ideológica da Justiça Social como verdadeira e produzam trabalhos que a apoiem.[38] Em 2016, um artigo particularmente infame publicado em *Géneros: Multidisciplinary Journal of Gender Studies* até comparou *favoravelmente* os estudos sobre as mulheres ao HIV e ao ebola, defendendo que tais estudos disseminavam a sua versão do feminismo como um vírus imunossupressor, usando alunos convertidos em ativistas como portadores.[39] Por mais surpreendentes ou preocupantes que essas mudanças possam ser, elas não são o resultado de uma agenda secreta. A agenda é aberta e explícita, e sempre foi. Por exemplo, em 2013, como a ativista e acadêmica Sandra Grey insistiu:

> Parte de ser cidadão acadêmico ativo envolve desafiar os nossos alunos a fazer mais e ser mais. Nas primeiras universidades, eram os estudantes que levavam as ideias das universidades para os iletrados, atuando como missionários, ensinando novas ideias aos camponeses, espalhando assim movimentos como o luteranismo pelo campo. Embora sem sugerir que os nossos alunos devam estar na sociedade professando ideais luteranos, eu gostaria de pensar que fornecemos as ferramentas da crítica, do debate e da pesquisa aos alunos, para possibilitar a cidadania ativa e até inspirar alguns a assumir papéis ativistas. Finalmente, é necessário que os acadêmicos, como parte das suas vidas profissionais normais, formem alianças e conexões e, às vezes, até se tornem membros de organizações políticas e de amparo. A pesquisa rigorosa realizada "por uma causa" deve novamente ser aceita como geração de conhecimento legítimo.[40]

VIRADA PARA O PÓS-MODERNISMO APLICADO

Em 2018, acadêmicos-ativistas publicaram uma coletânea de ensaios intitulada *Taking It to the Streets: The Role of Scholarship in Advocacy and Advocacy in Scholarship.*[41] Embora os acadêmicos possam, é claro, ser ativistas, e vice-versa, a combinação desses dois papéis é passível de criar problemas e, quando uma posição política é ensinada na universidade, está apta a se tornar uma ortodoxia, que não pode ser questionada. O ativismo e a educação existem em tensão fundamental – o ativismo presume saber a verdade com suficiente certeza para agir em conformidade, enquanto a educação tem consciência de que não sabe com certeza o que é verdade e, portanto, procura aprender mais.[42]

Os caminhos pelos quais as ideias do pós-modernismo aplicado escaparam dos limites da universidade não foram os mesmos trilhados pela Teoria pós-moderna original, e isso se deu, pelo menos em parte, pela capacidade dessas ideias de serem postas em prática. Fora, no mundo, elas ganharam influência. O conhecimento pós-moderno e os princípios políticos são agora rotineiramente evocados por ativistas e cada vez mais também por empresas, mídia, figuras públicas e o público em geral.

Nós, cidadãos comuns, que estamos cada vez mais perplexos com o que aconteceu à sociedade e com que rapidez, ouvimos regularmente demandas para "descolonizar" tudo, incluindo currículos acadêmicos, cortes de cabelo e matemática. Ouvimos lamentações sobre apropriação cultural e, ao mesmo tempo, ouvimos reclamações sobre a falta de representação de certos grupos identitários nas artes. Ouvimos que só os brancos podem ser racistas e que sempre o são, por definição. Os políticos, atores e artistas se orgulham de serem interseccionais.* As empresas ostentam o seu respeito pela "diversidade", mas deixando claro que estão interessadas apenas em uma diversidade identitária superficial (não de opiniões). As organizações e os grupos ativistas de todos os tipos divulgam que são inclusivos, mas apenas de pessoas que concordam com eles. Engenheiros norte-americanos foram demitidos de empresas como o Google por dizerem que existem diferenças de gênero,[43] e comediantes britânicos foram despedidos da BBC

---

* Conceito criado na Sociologia que estuda as interações e os marcadores sociais na vida das minorias.

por repetirem piadas que poderiam ser interpretadas como racistas pelos norte-americanos.[44]

Para a maioria de nós, isso é confuso e alarmante. Muitos vêm se perguntando o que está acontecendo, como chegamos até aqui, o que tudo isso significa, e como (e em quanto tempo) podemos corrigir isso e restaurar o consenso, a caridade e a razão. São perguntas difíceis. O que aconteceu é que o pós-modernismo aplicado se consolidou, foi *reificado* – assumido como real, como A Verdade segundo a Justiça Social – e amplamente difundido por ativistas, e (ironicamente) se transformou em uma metanarrativa dominante por si só. Tornou-se um artigo de fé ou uma mitologia operacional para uma ampla parte da sociedade, sobretudo na esquerda. Deixar de prestar reverência ao pós-modernismo aplicado pode ser literalmente – ou com mais frequência figurativamente – fatal. Não se desafia a ortodoxia dominante.

Felizmente, é improvável que a maioria das pessoas – e muito menos as empresas, organizações e figuras públicas – seja de fato construtivista cultural radical, com concepções pós-modernas da sociedade e um compromisso com entendimentos interseccionais de Justiça Social. No entanto, como essas ideias oferecem a aparência de explicações profundas para problemas complicados e funcionam dentro da Teoria, transformaram-se com sucesso de teorias acadêmicas obscuras – o tipo de coisas em que somente os intelectuais podem acreditar – em uma parte da "sabedoria" geral a respeito do funcionamento do mundo. Como essas ideias estão tão difundidas, as coisas não vão melhorar até que mostremos para o que elas são e resistamos a elas, de preferência usando princípios e ética liberais consistentes.

Para entender como o estudo sobre Justiça Social se desenvolveu a partir da Teoria pós-moderna por meio da virada para o pós-modernismo aplicado, temos que investigar as novas Teorias com maior profundidade e especificidade. São essas Teorias – pós-colonial, de gênero, *queer*, crítica da raça e assim por diante –, e não o pós-modernismo em si, que se espalharam pelo mundo e se manifestaram no estudo acadêmico, no ativismo e nas nossas instituições. Nos próximos cinco capítulos, esperamos explicar como essas Teorias do pós-modernismo aplicado se desenvolveram. Então, no Capítulo 8, explicaremos como elas passaram a ser dadas como Verdade, com V maiúsculo, por meio da ideologia da Justiça Social.

Capítulo 3

TEORIA PÓS-COLONIAL

DESCONSTRUINDO O OCIDENTE PARA SALVAR O OUTRO

A Teoria pós-colonial procura desconstruir o Ocidente, como o vê, e esse ambicioso projeto de demolição foi, sem dúvida, a primeira emanação do pós-modernismo aplicado. Ao contrário das Teorias de raça e gênero, que já tinham desenvolvido linhas de pensamento razoavelmente maduras antes de o pós-modernismo se estabelecer nos estudos culturais, a Teoria pós-colonial derivou diretamente do pensamento pós-moderno. Além disso, a Teoria pós-colonial surgiu para alcançar um propósito específico, a *descolonização*, ou seja: a destruição sistemática do colonialismo em todas as suas manifestações e impactos.

Ao passo que o pós-modernismo se via indo além e desmantelando as principais características da modernidade, o pós-colonialismo restringe esse projeto a questões que envolvem o colonialismo. Proeminentes na Teoria pós-colonial, em particular, são tanto o princípio do conhecimento pós-moderno, que rejeita a verdade objetiva em favor do construtivismo cultural, quanto o princípio político pós-moderno, que percebe o mundo como construído a partir de sistemas de poder e privilégio que determinam o que pode ser conhecido. Os quatro temas principais do pensamento pós-moderno – a indefinição de fronteiras, a crença no grande poder da linguagem, o relativismo cultural e a perda do individual e a negação do universal – são encontrados em todo o pós-colonialismo. Embora nem todos os acadêmicos

TEORIAS CÍNICAS ~~CRÍTICAS~~

pós-coloniais sejam pós-modernos nas suas perspectivas, as principais figuras certamente eram e são, e essa abordagem domina atualmente o estudo acadêmico e o ativismo referentes à Justiça Social pós-colonial.[1]

O pós-colonialismo e a Teoria afim surgiram em um contexto histórico específico: o colapso moral e político do colonialismo europeu, que dominara a política mundial por mais de cinco séculos. O colonialismo europeu começou efetivamente por volta do século XV e continuou até meados do século XX, e partiu do pressuposto de que as potências europeias tinham o direito de expandir os seus territórios e exercer a sua autoridade política e cultural sobre outros povos e regiões. Embora esse tipo de atitude associada à construção de impérios fosse um padrão típico de muitas culturas, se não da maioria, antes do século XX, o colonialismo europeu foi equipado de explicações, histórias e justificativas abrangentes de si mesmo – ou metanarrativas –, que proclamavam e buscavam legitimar esse direito nos próprios termos. Entre essas metanarrativas, incluíram-se *la mission civilisatrice* [a missão civilizadora] no colonialismo francês e o Manifest Destiny [destino manifesto] na América do Norte – conceitos centrais para a produção de conhecimento e organização política desde antes do Iluminismo até a Idade Moderna.[2]

Então, com surpreendente rapidez, o colonialismo europeu vacilou e entrou em colapso em meados do século XX. Após a Segunda Guerra Mundial, principalmente, os esforços de descolonização avançaram rápido nos níveis material e político e, no início da década de 1960, as preocupações morais sobre o colonialismo eram relevantes tanto na academia quanto entre o público em geral, sobretudo na esquerda radical. Portanto, o colapso do colonialismo estava no cerne do meio social e político em que surgiu o pós-modernismo, sobretudo nas academias da Europa continental. Com o tempo, Teóricos pós-coloniais se estabeleceram rejeitando as metanarrativas colonialistas, concentrando-se nos discursos (maneiras de falar sobre as coisas) do colonialismo. Portanto, o pós-colonialismo é acima de tudo um estreitamento do pós-modernismo para enfocar um elemento específico da modernidade – o colonialismo –, e a ferramenta que ele utiliza é a *Teoria pós-colonial*, que é a Teoria adaptada a esse problema. Os Teóricos pós-coloniais estudaram os discursos do colonialismo, que procuravam proteger os interesses dos poderosos e privilegiados, especialmente o chamado direito de dominar outras culturas que discursos ocidentais (e cristãos) "civilizados" hegemônicos interpretaram como "incivilizadas" e "bárbaras".

TEORIA PÓS-COLONIAL

O pós-colonialismo como projeto do pós-modernismo aplicado

Com o aumento das preocupações acerca do colonialismo em meados do século XX, a obra do psiquiatra Frantz Fanon rapidamente ganhou influência. Fanon, que nasceu na Martinica sob o domínio colonial francês, costuma ser considerado fundamental para a Teoria pós-colonial. Seu livro *Black Skins, White Masks* [*Pele negra, máscaras brancas*],[3] de 1952, apresenta uma crítica poderosa do racismo e do colonialismo. *A Dying Colonialism*,[4] de 1959, narra as mudanças na cultura e na política durante a Guerra da Argélia pela independência da França. Então, *The Wretched of the Earth* [*Os condenados da Terra*],[5] de 1961, preparou o terreno para o pós-colonialismo e a Teoria pós-colonial. A sua tese marcou uma profunda mudança no pensamento sobre o assunto. Para Fanon, em 1961, o colonialismo representou, acima de tudo, uma negação sistemática da humanidade dos povos colonizados: esse tema é tão central para a análise de Fanon que ele fala o tempo todo a respeito do apagamento literal da identidade e da dignidade das pessoas. Ele insiste que esse povo colonizado deve resistir violentamente a fim de manter a saúde mental e o respeito próprio. O livro de Fanon foi, ao mesmo tempo, profundamente crítico e francamente revolucionário – atitudes que permearam o pós-colonialismo e os aspectos mais radicais do ativismo de esquerda desde então.

No entanto, ao escrever o livro em 1961, Fanon estava longe de ser um pós-moderno. Em geral, a sua abordagem é considerada modernista porque, embora seja extremamente cética e claramente crítica e radical, as suas críticas se baseiam nas críticas marxistas de Lênin ao capitalismo, as suas análises recorrem muito à teoria psicanalítica, e a sua filosofia é basicamente humanista. No entanto, pensadores posteriores, incluindo Edward Said, o pai da Teoria pós-colonial, inspiraram-se da descrição de Fanon dos impactos psicológicos provocados pelo fato de uma cultura, língua e religião serem subordinadas a outras. Fanon sustentou que a *mentalidade* colonialista tinha que ser rompida e, se possível, revertida nas pessoas que haviam sido submetidas ao domínio colonial e à visão de mundo colonialista que o justificou.

Esse foco em atitudes, vieses e discurso se encaixa muito bem no pós--modernismo. Os acadêmicos que analisam o pós-colonialismo de uma maneira pós-moderna – os Teóricos pós-coloniais – também enxergam o

TEORIAS CÍNICAS ~~CRÍTICAS~~

seu trabalho como um projeto voltado para a superação de certas *mentalidades* associadas ao colonialismo e presumidamente legitimadoras dele (em vez de se concentrar nos seus efeitos práticos e materiais). Eles se baseiam principalmente nas ideias pós-modernas de conhecimento como um constructo de poder perpetuado por discursos. A ideia principal da Teoria pós--colonial é que o Ocidente se constrói em oposição ao Oriente por meio da maneira como fala. "Nós somos racionais, e eles são supersticiosos." "Nós somos honestos, e eles são enganadores." "Nós somos normais, e eles são exóticos." "Nós somos avançados, e eles são primitivos." "Nós somos liberais, e eles são bárbaros." O Oriente é construído como o contraste ao qual o Ocidente pode se comparar. O termo *o outro* ou *alterização* é usado para descrever essa depreciação de outras pessoas para se sentir superior. Said chamou essa mentalidade de "orientalismo" – um movimento que lhe permitiu atribuir um poderoso pejorativo aos orientalistas, ou seja, acadêmicos contemporâneos que estudavam o Extremo Oriente, o Sul da Ásia e, sobretudo, o Oriente Médio a partir de outras perspectivas.

Said apresentou as suas novas ideias no livro *Orientalism*, publicado em 1978.[6] Esse livro não só lançou as bases para o desenvolvimento da Teoria pós-colonial como também trouxe o conceito de Teoria do pós-modernismo aplicado para o público norte-americano. Teórico palestino-norte-americano, Said se baseou principalmente em Fanon e Foucault,[7] sobretudo nas noções deste último a respeito de "poder-saber". Embora tivesse muitas críticas à abordagem de Foucault, Said considerava a noção de poder-saber instrumental para entender o orientalismo. De importância fundamental para Said foram os argumentos de Foucault de que o modo como falamos constrói conhecimento e que, portanto, grupos poderosos na sociedade conseguem dirigir o discurso e, assim, definem o que constitui o conhecimento. Por exemplo, Said escreve:

> Achei útil aqui empregar a noção de discurso de Michel Foucault, como descrito por ele em *A arqueologia do saber* e em *Discipline and Punish* [Vigiar e punir], para identificar o orientalismo. A minha alegação é que, sem examinar o orientalismo como um discurso, não é possível entender a disciplina enormemente sistemática pela qual a cultura europeia foi capaz de gerenciar

TEORIA PÓS-COLONIAL

– e até produzir – o Oriente política, sociológica, ideológica, científica e imaginativamente durante o período do pós-Iluminismo.[8]

Said sustenta que no cerne do orientalismo está um discurso ocidental, e foi esse discurso que construiu o Oriente, impondo-lhe um caráter que o degradou e lhe deu uma feição exótica. A influência do pós-modernismo em Said seria impossível de não ser percebida, mesmo se ele não tivesse insistido que o orientalismo "não pode" ser entendido sem as ideias de Foucault.

Esse desejo de desconstruir o Ocidente supostamente hegemônico dominou a Teoria pós-colonial desde então: muitos estudos acadêmicos pós-coloniais são constituídos pela leitura do orientalismo em textos. Em parte, isso ocorre porque o projeto de Said foi um empreendimento totalmente literário. Ele se ressentiu especialmente com o romance *Heart of Darkness* [*Coração das trevas*],[9] de Joseph Conrad, publicado em 1899, uma alegoria que suscita questões significativas sobre o racismo e o colonialismo. Em vez de defender uma compreensão ampla dos elementos temáticos do texto, Said preferiu examiná-lo por meio de uma "leitura atenta", a fim de descobrir as diversas maneiras pelas quais os discursos ocidentais constroem, perpetuam e impõem o binário orientalista.

Em Said, vemos a análise do discurso do pós-modernismo aplicado, que estuda os desequilíbrios de poder nas interações entre grupos culturais dominantes e marginalizados (regionais) e almeja reescrever a história da perspectiva dos oprimidos. Essa reescrita costuma assumir a forma altamente produtiva de recuperar vozes e perspectivas perdidas para dar uma imagem mais completa e precisa da história, mas também costuma ser usada para reescrever a história de acordo com narrativas locais ou políticas ou, simultaneamente, promover várias histórias irreconciliáveis e, assim, rejeitar implicitamente qualquer reivindicação de conhecimento objetivo.

Na introdução de *Orientalism*, vemos também a ideia pós-moderna de que o conhecimento não é encontrado, mas feito. Nessa introdução, Said escreve:

O meu argumento é que a história é feita por homens e mulheres, assim como também pode ser desfeita e reescrita, sempre com vários silêncios e

TEORIAS CÍNICAS ~~CRÍTICAS~~

elisões, sempre com formas impostas e desfigurações toleradas, para que o "nosso" Nascente, o "nosso" Oriente se torne "nosso" em posse e direção.[10]

Isso, então, não é meramente desconstrução, mas um apelo à reconstrução. A Teoria pós-colonial abrange uma agenda política (tipicamente radical) de que o pós-modernismo original carecia. Linda Hutcheon, importante acadêmica feminista pós-colonial, também deixa isso claro.[11] Falando de estudos acadêmicos feministas e pós-coloniais, ela escreve: "Ambos possuem agendas políticas distintas e frequentemente uma teoria de agência que lhes permite ir além dos limites pós-modernos de desconstruir ortodoxias existentes nos âmbitos da ação social e política".[12] Como muitos dos Teóricos críticos que seguiram os pós-modernos e procuraram aplicar as suas ideias, Hutcheon defende a adaptação da Teoria pós-moderna para apoiar o ativismo político. Orientada explicitamente pelo ativismo, a Teoria pós-colonial é, portanto, a primeira categoria a surgir na escola de pensamento do pós-*modernismo aplicado*.

Dois outros acadêmicos são, junto com Said, considerados fundamentais para a Teoria pós-colonial: Gayatri Chakravorty Spivak e Homi K. Bhabha. A obra deles, como a de Said, é completa e explicitamente pós-moderna, tanto na derivação quanto na orientação, mas, devido a um maior foco na desconstrução da linguagem de Jacques Derrida, é linguística e conceitualmente difícil até o ponto da obscuridade. A contribuição mais significativa de Spivak para a Teoria pós-colonial é, provavelmente, o seu ensaio "Can the Subaltern Speak?",[13] de 1988, que se concentra intensamente na linguagem e manifesta preocupação com o papel que as estruturas de poder desempenham em restringi-la.

Spivak sustenta que os *subalternos* – povos colonizados com *status* subordinado – não têm acesso à fala, mesmo que aparentemente representem a si mesmos. Ela afirma que isso é o resultado direto da maneira pela qual o poder impregnou o discurso e criou barreiras instransponíveis de comunicação para aqueles que existem fora dos discursos dominantes. Baseando-se em Said e Foucault, Spivak desenvolveu o conceito de *violência epistêmica* em "Can the Subaltern Speak?" para descrever o dano causado ao colonizado quando o seu conhecimento e o seu *status* como conhecedor são marginalizados por discursos dominantes.

O pós-modernismo de Spivak fica evidente quando ela adota a ideia desconstrutiva de Derrida de que há poder subversivo em manter estereótipos dentro dos binários carregados de poder, embora invertendo a sua hierarquia. Ela chama isso de "essencialismo estratégico".[14] Para Spivak, *essencialismo* é uma ferramenta linguística de dominação. Os colonizadores justificam a sua opressão ao grupo subordinado considerando-o como um "outro" monolítico que pode ser estereotipado e depreciado. O *essencialismo estratégico* aplica esse mesmo senso de identidade monolítica de grupo como ato de resistência, suspendendo a individualidade e a diversidade dentro do grupo subordinado com o propósito de promover objetivos comuns mediante uma identidade comum. Em outras palavras, define um tipo específico de política identitária, construída em torno de duplos padrões intencionais.

Isso é típico na Teoria de Spivak. Ela recorre mais a Derrida do que a Said e Foucault, porque Foucault é muito politicamente orientado. Por causa do foco de Derrida na ambiguidade e na fluidez da linguagem, e o seu uso de uma prosa profundamente incompreensível – que resiste a dizer qualquer coisa concreta por princípio –, a obra de Spivak é profundamente ambígua e obscura. Por exemplo, ela escreve:

> Acho a morfologia [de Derrida] muito mais meticulosa e útil do que o envolvimento imediato e substantivo de Foucault e Deleuze com questões mais "políticas" – o convite deste último para "se tornar mulher" – podendo tornar a influência deles mais perigosa para o acadêmico norte-americano como radical empolgado. Derrida marca a crítica radical com o perigo de apropriação do outro por assimilação. Ele lê a catacrese na origem. Derrida pede uma reescrita do impulso estrutural utópico como "interpretação delirante daquela voz interior que é a voz do outro em nós".[15]

Na época, impenetrabilidade e impraticabilidade eram a moda Teórica, sobretudo entre os Teóricos pós-coloniais. Homi K. Bhabha, outro exemplo de Teórico pós-moderno importante que teve grande influência na área durante a década de 1990, ofusca Spivak na sua capacidade de produzir uma

TEORIAS CÍNICAS CRÍTICAS

prosa quase incompreensível. Bhabha deve ser o mais desconstrutivo entre os acadêmicos pós-coloniais proeminentes, tendo sido influenciado principalmente por Lacan e Derrida. Ele se concentra basicamente no papel desempenhado pela linguagem na construção do conhecimento.[16]

Como convém a alguém radicalmente cético quanto à capacidade da linguagem transmitir significado, a escrita de Bhabha é reconhecidamente difícil de ler. Em 1998, ele ficou em segundo lugar no Torneio do Texto mais Mal Escrito em Filosofia e Literatura* da revista *Philosophy and Literature* – cujo primeiro lugar na ocasião ficou com Judith Butler – pela seguinte frase:

> Se, durante algum tempo, o ardil do desejo é calculável para os usos da disciplina, logo a repetição da culpa, da justificativa, das teorias pseudocientíficas, da superstição, das autoridades espúrias e das classificações pode ser vista como o esforço desesperado de "normalizar" formalmente a perturbação de um discurso de divisão que viola as reivindicações racionais e iluminadas da sua modalidade enunciativa.[17]

Essa frase desconcertante tem um significado que é completamente pós-moderno. Decomposta, significa que piadas racistas e sexuais são contadas pelos colonizadores inicialmente para controlar um grupo subordinado, mas que, em última análise, são tentativas dos colonizadores de se convencerem de que as suas próprias maneiras de falar sobre as coisas fazem sentido porque no fundo eles têm muito medo de que não façam. Essa alegação específica de leitura de mentes impregna a obra de Bhabha, sendo subjacente à sua crença de que a rejeição de categorias descritivas estáveis pode subverter o domínio colonial.[18] Claro que isso é inteiramente irrefutável e, quando expresso como acima, incompreensível.[19]

A obra de Bhabha costuma ser criticada por ser desnecessariamente obscura e, portanto, difícil de ser posta em prática para tratar de questões

---

* Bad Writing Contest, evento realizado no final dos anos 1990 pela revista *Philosophy and Literature*, com o objetivo de ridicularizar as piores amostras da prosa acadêmica. Os "vencedores" do primeiro prêmio eram todos famosos nas humanidades teóricas: Fredric Jameson em 1995 e 1997, Roy Bhaskar em 1996 e Judith Butler em 1998.

pós-coloniais. Ao contrário de outros acadêmicos pós-colonialistas, ele também rejeita explicitamente a abordagem materialista e política dos estudos pós-coloniais, assim como o marxismo e o nacionalismo. Bhabha até acha potencialmente problemática a linguagem da Teoria pós-moderna que ele utiliza, ao perguntar: "A linguagem da teoria é simplesmente outro estratagema do poder da elite ocidental culturalmente privilegiada para produzir um discurso do Outro que reforça a própria equação de poder-saber?".[20] Aqui, ele consegue citar Foucault de forma explícita e Derrida de modo implícito, ao mesmo tempo que invalida ambos e, consequentemente, a si mesmo.

Os progenitores mais notáveis da Teoria pós-colonial formaram o primeiro ramo da árvore do pós-modernismo aplicado, enquanto ele crescia a partir do seu tronco Teórico. Esse foco pós-moderno tem consequências. Ele não é uma investigação das realidades materiais que afetam países e pessoas que estavam previamente sob o poder colonial e as consequências disso, mas sim uma análise das atitudes, crenças, falas e mentalidade, que são sacralizadas ou problematizadas. Essa análise é construída de forma simplista a partir de suposições que postulam brancos ocidentais (e o conhecimento que é entendido como "branco" e "ocidental") como superiores às pessoas orientais, negras e pardas (e os "conhecimentos" associados a culturas não ocidentais), apesar de serem exatamente o estereótipo que alegam querer combater.[21]

Mentalidades comparadas

É claro que as narrativas colonialistas existiram – há muitas evidências delas na história colonial (não só europeia). Por exemplo, consideremos esse parágrafo repulsivo de 1871:

> A regeneração das raças inferiores ou degeneradas pelas raças superiores faz
> parte da providencial ordem das coisas para a humanidade. (...) A natureza
> criou uma raça de trabalhadores, a raça chinesa, que possui uma habilidade

TEORIAS CÍNICAS ~~CRÍTICAS~~

manual maravilhosa e quase nenhum senso de honra; governemos esses indivíduos com justiça, cobrando deles, em troca da bênção de tal governo, um amplo subsídio para a raça conquistadora, e eles ficarão satisfeitos; uma raça de cultivadores do solo, a negra; trate os negros com bondade e humanidade, e tudo será como deve ser; uma raça de mestres e soldados, a raça europeia. (...) Que cada um faça aquilo para o que é feito e tudo ficará bem.[22]

Porém, essa não é uma atitude que encontramos muito hoje em dia. Aos poucos, ela foi se tornando cada vez menos moralmente sustentável ao longo do século XX, com a queda do colonialismo e a ascensão dos movimentos pelos direitos civis. Hoje, seria reconhecida corretamente como extremismo de extrema direita. No entanto, essas atitudes são citadas na Teoria pós-colonial como se a sua existência passada produzisse uma marca indelével em como as pessoas discutem e enxergam agora as questões. A Teoria pós-colonial alicerça grande parte da sua pretensão de importância assumindo que deve haver problemas permanentes que foram transmitidos para nós por meio da linguagem construída há séculos.

As mudanças sociais reais que tornaram as atitudes descritas no parágrafo acima quase universalmente censuráveis não foram baseadas na análise pós-moderna ou na orientação pós-moderna. Elas precederam esses desenvolvimentos e precederam e funcionaram por meio do liberalismo universal e individual. Essa forma de liberalismo considera que a ciência, a razão e os direitos humanos são propriedade de cada indivíduo e não pertencem exclusivamente a nenhum grupo de pessoas, sejam eles homens, brancos ocidentais ou qualquer outro indivíduo. As abordagens pós-coloniais pós-modernas diferem radicalmente dessa abordagem liberal e são frequentemente criticadas por perpetuar os binários orientalistas, em vez de tentar superá-los.

Uma mentalidade colonial (ocidental) diz: "Os ocidentais são racionais e científicos, enquanto os asiáticos são irracionais e supersticiosos. Portanto, os europeus devem governar a Ásia para o seu próprio bem".

Uma mentalidade liberal diz: "Todos os seres humanos têm a capacidade de ser racionais e científicos, mas os indivíduos variam muito.

Portanto, todos os seres humanos devem ter todas as oportunidades e liberdades".

Uma mentalidade pós-moderna diz: "O Ocidente construiu a ideia de que a racionalidade e a ciência são boas para perpetuar o próprio poder e marginalizar formas não racionais e não científicas de produção de conhecimento de outros lugares".

Assim, enquanto a mentalidade liberal rejeita a arrogante alegação colonial de que a razão e a ciência pertencem aos brancos ocidentais, a mentalidade pós-moderna a aceita, mas considera a razão e a ciência em si como apenas uma maneira de saber e oprimir – uma opressão que tenta corrigir aplicando os pressupostos fundamentais do pós-modernismo. A mentalidade do pós-modernismo aplicado em relação ao colonialismo é semelhante à mentalidade do pós-modernismo, mas acrescenta uma conclusão ativista.

Uma mentalidade do pós-modernismo aplicado diz: "O Ocidente construiu a ideia de que a racionalidade e a ciência são boas para perpetuar o próprio poder e marginalizar formas não racionais e não científicas de produção de conhecimento de outros lugares. Portanto, devemos agora desvalorizar as formas brancas ocidentais de saber por pertencerem aos brancos ocidentais e promover as orientais (a fim de equalizar o desequilíbrio de poder)".

Essa prática costuma ser referida como *descolonização* e busca a *justiça em pesquisa*.

Descolonizar tudo

Embora inicialmente o estudo acadêmico da Teoria pós-colonial tenha assumido sobretudo a forma de crítica literária e análise discursiva da escrita sobre o colonialismo – e muitas vezes expressa em linguagem altamente

TEORIAS CÍNICAS CRÍTICAS

obscura da Teoria pós-moderna –, gradualmente a área se expandiu e se simplificou. No início da década de 2000, o conceito de *descolonizar* tudo tinha começado a dominar o estudo acadêmico e o ativismo, com os novos acadêmicos usando e desenvolvendo os conceitos de maneiras diferentes, incluindo elementos mais acionáveis. Eles mantiveram os princípios e o temas pós-modernos e ampliaram o foco, passando das ideias e falas a respeito do colonialismo literal para atitudes perceptíveis de superioridade em relação a pessoas com certo *status* de identidade. Entre essas pessoas, incluíam-se grupos indígenas deslocados e pessoas de minorias raciais e étnicas que podiam ser consideradas subalternas, diaspóricas ou híbridas, ou cujas crenças, culturas ou costumes não ocidentais tinham sido desvalorizados. Os objetivos da Teoria pós-colonial também se tornaram mais concretos: focar menos nos discursos disruptivos que consideravam colonialistas da maneira bastante pessimista típica do pós-modernismo e focar mais na tomada de medidas ativas para descolonizá-los, usando a abordagem militante da Justiça Social que se estabeleceu desde 2010. Isso ocorreu principalmente por meio de diversos movimentos de *descolonização*, que podem ser considerados como o produto de Teóricos mais recentes que reificaram os pressupostos da Teoria pós-colonial e os colocaram em prática.

O que significa descolonizar algo que não é literalmente colonizado varia de forma considerável. Pode referir-se simplesmente à inclusão de acadêmicos de todas as nacionalidades e raças: esse é o foco principal das campanhas da National Union of Students (NUS) do Reino Unido – "Why is My Curriculum White?" (2015) e #LiberateMyDegree (2016).[23] Essas campanhas se concentram em reduzir a dependência de acadêmicos brancos de antigas potências colonizadoras e substituí-los por acadêmicos de cor de regiões anteriormente colonizadas. No entanto, também vemos um impulso para uma diversidade de "conhecimentos" e epistemologias – maneiras de decidir o que é verdadeiro – de acordo com a Teoria, muitas vezes descrita como "(outras) maneiras de saber". Isso vem acompanhado de uma forte tendência para criticar, problematizar e depreciar o conhecimento entendido como ocidental.

Isso pode assumir a forma de leitura de espaços físicos como se fossem "textos" que precisam de desconstrução – um exemplo de como a Teoria pós-moderna obscurece as fronteiras e se concentra no poder da "linguagem". Em 2015, o movimento Rhodes Must Fall, que começou na Universidade da Cidade do Cabo como uma iniciativa para a remoção da estátua de Cecil Rhodes e depois se espalhou para outras universidades, incluindo Oxford, é um bom exemplo. Como homem de negócios e político britânico no sul da África, Rhodes fora responsável por grande parte do arcabouço legal do *apartheid* sul-africano e, portanto, é perfeitamente razoável se opor às descrições que o retratam com uma luz exclusivamente favorável. No entanto, a retórica em torno desse movimento foi muito além da objeção às práticas exploradoras e iliberais do *apartheid* e do colonialismo. Em Oxford, por exemplo, demandas por mudanças simbólicas, como a remoção de estátuas e imagens colonialistas "ofensivas", foram embrulhadas com outras demandas ativistas.[24] Entre elas, incluíam-se ainda outro impulso para aumentar a representação de minorias étnicas e raciais que concordam com a Teoria no *campus* e um maior foco em *o que* era estudado no currículo e em *como* estava sendo estudado.

Para explicar melhor, na introdução de *Decolonising the University*, Gurminder K. Bhambra, Dalia Gebrial e Kerem Nişancıoğlu, os editores da obra, afirmam que a descolonização pode se referir ao estudo do colonialismo tanto nas suas manifestações materiais quanto por meio de discursos, e também pode oferecer *maneiras alternativas de pensamento*.[25] Esta é uma forma de *teoria do ponto de vista* – ou seja, a crença de que o conhecimento vem da experiência vivida de diferentes grupos de identidade, que estão posicionados de maneira diferente na sociedade e, portanto, enxergam diferentes aspectos dela.[26] Para os acadêmicos descoloniais, tanto as "formas eurocêntricas de conhecimento" como "a autoridade epistemológica atribuída exclusivamente à universidade ocidental como local privilegiado de produção de conhecimento"[27] são problemas, e "a questão não é simplesmente desconstruir tais entendimentos, mas transformá-los".[28] Em outras palavras, ao usar o ativismo para atingir um objetivo "textual" simbólico, afetando a estatuária do *campus*, os ativistas da descolonização também tentaram reforçar suas fileiras, "corrigindo" a educação para depender mais explicitamente das aplicações da Teoria.

Assim, dois pontos focais da Teoria pós-colonial são evidentes no esforço de descolonizar tudo: a origem nacional e a raça.[29] Bhambra e colegas, por exemplo, influenciados por Said, enxergam o conhecimento como

TEORIAS CÍNICAS ~~CRÍTICAS~~

situado geograficamente: "O conteúdo do conhecimento universitário permanece principalmente governado pelo Ocidente e para o Ocidente".[30] Para o Teórico Kehinde Andrews, a Teoria crítica da raça é mais influente, e o conhecimento está mais intimamente relacionado com a cor da pele: "O desprezo do conhecimento negro pela sociedade não é um acidente, mas resultado direto do racismo". Segundo Andrews, devemos "deixar para trás para sempre a ideia de que o conhecimento pode ser produzido isento de valor. A nossa política molda a nossa compreensão do mundo, e a pretensão de neutralidade ironicamente torna os nossos esforços menos válidos".[31]

Observe a asserção de que o conhecimento "isento de valor" e "neutro" é impossível de ser obtido e deve ser abandonado para sempre. A Teoria sustenta que o conhecimento objetivo – aquele que é verdadeiro para todos, independentemente da sua identidade – é impossível de ser obtido, porque o conhecimento está sempre ligado a valores culturais. Esse é o princípio do conhecimento pós-moderno. Para a Teoria, o conhecimento que é mais valorizado hoje é intrinsecamente branco e ocidental, e ela interpreta isso como uma injustiça, por mais confiável que tenha sido a forma como esse conhecimento foi produzido. Esse é o princípio político pós-moderno. Essa crença comum é representada pela palavra "universal" nos "Objetivos" do movimento Rhodes Must Fall, em Oxford, que buscava

> (...) corrigir a narrativa altamente seletiva do mundo acadêmico tradicional – que enquadra o Ocidente como único produtor do conhecimento universal –, integrando epistemologias subjugadas e locais (...) [e criando] uma academia completa e mais rigorosa intelectualmente.[32]

Então, em todas as aplicações mais recentes da Teoria, vemos o ceticismo radical de que o conhecimento pode ser verdadeiro de maneira objetiva, universal ou neutra. Isso leva a uma crença de que o rigor e a integridade resultam não de um bom ceticismo, metodologia, e evidência, mas de "pontos de vista" baseados em identidade e de múltiplas "maneiras de saber".[33] Que tal abordagem tenda a não funcionar é considerado irrelevante porque é julgada mais *justa*. Ou seja, essa crença provém de um *deve* que não necessariamente está preocupado com um *é*.

TEORIA PÓS-COLONIAL

Essa visão é usada para defender e se envolver em um revisionismo histórico – reescrever a história, muitas vezes a serviço de uma agenda política –, acusando métodos rigorosos de serem "positivistas" e, portanto, tendenciosos. Como afirma Dalia Gebrial em *Decolonising the University*:

> A sensação pública do que é a história permanece influenciada pelas tendências positivistas, pelas quais o papel do historiador é simplesmente "revelar" fatos acerca do passado que valem a pena ser revelados, em um processo distante do poder. Essa insistência epistemológica na história como um empreendimento positivista funciona como uma ferramenta útil da colonialidade na instituição, pois apaga as relações de poder que sustentam o que a "produção da história" tem parecido até agora.[34]

Efetivamente, a reclamação aqui é que a história não é confiável porque foi "escrita pelos vencedores". Embora haja alguma verdade por trás dessa consideração, os historiadores empíricos mais rigorosos procuram mitigar a tendência da história de ser escrita a partir do viés dos vencedores, procurando evidências que desmintam as suas afirmações, para ajudá-los a chegar à verdade, que eles, ao contrário dos Teóricos acreditam que existe. Por exemplo, os historiadores das guerras medievais costumam aconselhar os leitores ingênuos de relatos de batalhas a dividir por dez o número de soldados que se afirmava terem estado presentes para obter um número mais realista. Essa tendência de exagerar os números (provavelmente para tornar a história mais empolgante) foi descoberta por historiadores empíricos que procuravam registros do pagamento dos soldados. Da mesma forma, acadêmicas feministas empíricas utilizaram registros jurídicos e financeiros para revelar que as mulheres desempenharam um papel muito mais ativo na sociedade, no direito e nos negócios do que se supunha há muito tempo. O nosso conhecimento da história é distorcido pelos registros tendenciosos que sobrevivem, mas a maneira de mitigar isso é investigar tais afirmações empiricamente e revelar a falsidade das narrativas tendenciosas, em vez de incluir uma maior gama de vieses e declarar alguns deles imunes a críticas.

Além de criticar os estudos acadêmicos empíricos, as narrativas descoloniais costumam atacar a racionalidade, que os acadêmicos pós-coloniais consideram um modo ocidental de pensar. Por exemplo, o ensaio

"Decolonising Philosophy", de 2018, que aparece no livro *Decolonising the University*, nos diz:

> (...) será difícil contestar a ideia de que, de modo geral, a filosofia como área ou disciplina nas universidades ocidentais modernas permanece um bastião de eurocentrismo e de branquitude, em geral, e de privilégio e superioridade estrutural branca, heteronormativa e masculina, em particular.[35]

Os acadêmicos pós-coloniais relacionam o valor dos conceitos filosóficos ao gênero, raça, sexualidade e geografia dos seus autores – no estilo típico de teoria do ponto de vista. Ironicamente, fazem isso introduzindo a ideia de Foucault de "poder-saber", apesar da evidência de que Foucault era, de fato, um homem branco ocidental, cuja influência foi sentida mais fortemente no Ocidente.

O conceito de conhecimento de Foucault e a maneira como é utilizado para desconstruir categorias aceitas como reais influenciam toda essa linha de pensamento Teórico. Aparece, por exemplo, nessa descrição da missão de descolonização:

> Nenhuma iniciativa séria de descolonizar a filosofia pode se contentar em simplesmente adicionar novas áreas a um arranjo existente de poder-saber, deixando em vigor as normas eurocêntricas que definem o campo em geral, ou reproduzindo elas mesmas tais normas. Por exemplo, ao nos envolvermos em filosofias não europeias, é importante evitar a reprodução de concepções problemáticas de tempo, espaço e subjetividade que estão incorporadas na definição eurocêntrica da filosofia europeia e os seus muitos avatares.[36]

Em outras palavras, não basta acrescentar outras abordagens filosóficas à área que se quer descolonizar. Os Teóricos pós-coloniais insistem que a filosofia europeia deve ser inteiramente rejeitada – até mesmo ao ponto de desconstruir o *tempo e espaço* como constructos ocidentais. (Como veremos, esse tipo de afirmação também é encontrado na Teoria *queer*, que opera em termos pós-modernos muito semelhantes, derivados de Michel Foucault.)

Nessa Teoria pós-colonial amadurecida, todos os quatro temas pós-modernos são evidentes: a indefinição de fronteiras, o poder da linguagem, o

TEORIA PÓS-COLONIAL

relativismo cultural e a perda do individual e do universal em favor da identidade grupal. Esses temas são explicitamente centrais para a mentalidade da Teoria pós-colonial e para o movimento de descolonização. Podemos encontrá-los todos nessa declaração de propósito da filosofia da descolonização:

> A filosofia parece ter um lugar especial entre os discursos das artes liberais porque se concentra nas raízes da universidade em geral: a razão. Isso inclui fornecer critérios para identificar e demarcar as ciências humanas, as ciências naturais e as ciências sociais, assim como distinguir a razão da fé, o secularismo da religião e o "primitivo" e o antigo do moderno. Essas são as colunas centrais do edifício que sustenta a racionalidade ocidental moderna e a universidade ocidental moderna. Portanto, a universidade de pesquisa ocidental moderna e as artes liberais devem grande parte da sua infraestrutura conceitual básica a formulações filosóficas de racionalidade, universalismo, subjetividade, relação entre sujeito e objeto, verdade e métodos – todas as quais se tornaram alvos relevantes da análise crítica na virada descolonial.[37]

Este é um exemplo clássico de pós-modernismo aplicado, e é, claro, acionável. A ação que defende costuma ser referida como "justiça em pesquisa".

Conseguindo a justiça em pesquisa

A *justiça em pesquisa* age com base na crença de que a ciência, a razão, o empirismo, a objetividade, a universalidade e a subjetividade foram supervalorizados como formas de obtenção de conhecimento, enquanto a emoção, a experiência, as narrativas e os costumes tradicionais e as crenças espirituais foram subvalorizados. Portanto, um sistema mais completo e justo de produção de conhecimento valorizaria estes pelo menos tanto quanto aqueles – na verdade, mais, por causa do longo reinado da ciência e da razão no Ocidente. Nesse caso, o livro *Research Justice: Methodologies for Social Change*, de 2015, editado por Andrew Jolivette, é um texto essencial. Jolivette, professor e ex-chefe do departamento de estudos de indígenas

TEORIAS CÍNICAS ~~CRÍTICAS~~

norte-americanos da Universidade Estadual de San Francisco, define os objetivos desse método em sua introdução:

A "justiça em pesquisa" é um arcabouço estratégico e uma intervenção metodológica que visa transformar desigualdades estruturais em pesquisa. (...) Ela é construída em torno de uma visão de igual poder político e legitimidade para diferentes formas de conhecimento, incluindo as formas cultural, espiritual e experiencial, com o objetivo de maior igualdade em políticas públicas e leis que dependem de dados e pesquisas para produzir mudanças sociais.[38]

Isso é ativismo. Procura não só revolucionar a compreensão do conhecimento e o rigor nos currículos universitários – não necessariamente para aprimorá-los –, mas também para influenciar as políticas públicas, afastando-se do trabalho evidenciado e fundamentado e se voltando para o emocional, religioso, cultural e tradicional, com ênfase na *experiência vivida*. Procura desafiar o entendimento básico de "pesquisa acadêmica" como coleta de dados empíricos para análise, a fim de compreender melhor as questões sociais. Esse tema aparece com mais força no livro *Decolonizing Research in Cross-Cultural Contexts: Critical Personal Narratives*,[39] de 2004, que enfoca os estudos indígenas e é editado por Kagendo Mutua, professora de educação especial na Universidade do Alabama, e Beth Blue Swadener, professora de cultura, sociedade e educação/justiça e investigação social da Universidade do Arizona. Citando Homi Bhabha, as editoras introduzem os ensaios afirmando:

Essas obras estão no centro do "início do presenciar" de um conhecimento desarmônico, inquieto e inaproveitável (portanto, não essencializável), que é produzido no local ex-cêntrico da resistência neo/pós/colonial, "que nunca pode permitir que a história nacional (*leia-se: colonial/ocidental*) se olhe narcisisticamente nos olhos".[40] (grifos no original)

Isso significa que os autores dos ensaios não são obrigados a fazer sentido, produzir argumentos fundamentados, evitar contradições lógicas ou fornecer evidências para as suas afirmações. As expectativas normais da "pesquisa" acadêmica não se aplicam quando se busca justiça na pesquisa. Isso é alarmante e se justifica Teoricamente. Nas palavras da professora de educação indígena da Universidade de Waikato, na Nova Zelândia, Linda Tuhiwai Smith:

> Da perspectiva do colonizado, a posição a partir da qual escrevo e escolho privilegiar, o termo "pesquisa" está inextricavelmente ligado ao imperialismo e ao colonialismo europeus. Provavelmente, a própria palavra "pesquisa" é uma das palavras mais sujas do vocabulário do mundo indígena.[41]

Não está claro como essa atitude vai ajudar as pessoas do "mundo indígena", que, salvo a descolonização do tempo, por acaso também entrou no século XXI.

Em última análise, a "justiça em pesquisa" equivale a julgar as produções acadêmicas não pelo seu rigor ou qualidade, mas pela identidade do seu produtor, e privilegiando aqueles considerados pela teoria pós-colonial como marginalizados, desde que defendam métodos de produção de conhecimento e conclusões que estejam em conformidade com aqueles da teoria pós-colonial. Esse é um movimento compreensível para os pós-modernos, que negam que possa haver qualquer critério objetivo de rigor ou qualidade, existindo apenas aqueles que foram privilegiados e aqueles que foram marginalizados. Contudo, na ciência (incluindo as ciências sociais) existe um critério objetivo de qualidade: a saber, a correspondência com a realidade. Algumas teorias científicas funcionam e outras não. É difícil perceber como teorias científicas que não correspondem à realidade e, consequentemente, não funcionam podem beneficiar pessoas marginalizadas ou qualquer outra.

Mantendo o problema, ao contrário

A posição de que a pesquisa rigorosa e baseada em evidências e argumentos fundamentados e não contraditórios pertencem ao Ocidente, enquanto o

TEORIAS CÍNICAS ~~CRÍTICAS~~

"conhecimento" experiencial, irracional e contraditório pertence aos povos colonizados ou indígenas deslocados, obviamente não é universalmente aceita pelos acadêmicos colonizados ou indígenas. Muitos deles continuam a produzir análises empíricas e materialistas a respeito de questões econômicas, políticas e jurídicas em diversos cenários. Esses acadêmicos criticam a abordagem pós-moderna do pós-colonialismo. Talvez a crítica mais importante seja a acadêmica pós-colonial indiana Meera Nanda. Ela sustenta que, ao atribuir ciência e razão ao Ocidente e crenças tradicionais, espirituais e experienciais à Índia, os acadêmicos pós-modernos perpetuam o orientalismo e tornam muito difícil abordar as inúmeras questões reais que podem ser mais bem enfrentadas por meio da ciência e da razão. Na visão desses críticos, Nanda observa, "a ciência moderna é tanto uma tradição local do Ocidente quanto o conhecimento indígena do subalterno não ocidental é um conhecimento local da sua cultura".[42] Assim, criticar o conhecimento tradicional usando a ciência é entendido a partir da Teoria pós-colonial como sendo, como Nanda afirma,

> (...) o material do Iluminismo "orientalista", uma modernidade colonial que privilegia uma concepção ocidental da razão e da modernidade em detrimento das maneiras de saber e ser não ocidentais. Nós, híbridos pós-coloniais, deveríamos ter visto por meio das reivindicações de "universalidade" e "progresso" da ciência (as aspas são obrigatórias). Não acreditamos mais nos "binários" entre ciência e não ciência, ou verdade e crenças costumeiras, mas os vemos como um pouco de cada um. Portanto, essa condição de hibridez permanente não pressione para resolver qualquer contradição. (...) Que floresçam mil contradições![43]

Nanda reconhece que a abordagem Teórica do pós-colonialismo mantém o problema do orientalismo ao tentar erigir as mesmas categorias e simplesmente reverter as estruturas de poder (o mesmo truque derridiano empregado intencionalmente por Spivak). Enquanto o colonialismo constrói o Oriente como coadjuvante do Ocidente, a Teoria pós-colonial constrói intencionalmente o Oriente em oposição nobremente oprimida ao Ocidente (embora o liberalismo diga que as pessoas são pessoas, onde quer que vivam). Para Nanda, essa abordagem pós-moderna, com seu foco em identidades não pertencentes a classes, impede o progresso tecnológico e social que beneficiaria as pessoas mais pobres da Índia e, portanto, está muito mais de acordo com posições conservadoras do que progressistas.[44] Além disso, Nanda sustenta que é aviltante para o povo indiano que se atribua conhecimento irracional e supersticioso a ele e que se assuma que a ciência é uma tradição pertencente ao Ocidente, e não um desenvolvimento singularmente humano difícil de ser alcançado, mas extremamente benéfico para todas as sociedades.[45]

De fato. A posição pós-moderna de que a sociedade ocidental é dominada por discursos da ciência e da razão não é apoiada pela evidência de que a maioria de nós ainda valoriza as nossas narrativas, culturas e crenças grupais e sabe pouco de ciência. Os ataques à ciência pela direita religiosa e pela esquerda pós-moderna são influências poderosas na sociedade contra os quais sempre se deve lutar.

Uma teoria perigosa e paternalista

Como Teoria do pós-modernismo aplicado, a Teoria pós-colonial é de preocupação considerável para o mundo real e representa ameaças à sociedade que o pós-modernismo original não representava. As iniciativas para descolonizar tudo, de cabelos[46] a currículos de literatura inglesa,[47] destruir pinturas e estátuas e apagar a história e, ao mesmo tempo, abrir discussões revisionistas a respeito dela, são particularmente alarmantes. Quando Winston Churchill, Joseph Conrad e Rudyard Kipling passaram a ser símbolos do imperialismo racista, e as suas realizações e os seus escritos a possuírem máculas demais para ser reconhecidos, perdemos não só a possibilidade para qualquer discussão matizada da história e do progresso como também as contribuições positivas dos próprios homens.

Mais flagrantemente ainda, a Teoria pós-colonial, com a sua depreciação da ciência e da razão como maneiras de saber ocidentais provincianas, não só ameaça os fundamentos das sociedades contemporâneas avançadas, mas também impede o progresso das sociedades em desenvolvimento. Uma vez que muitos países em desenvolvimento se beneficiariam de

TEORIAS CÍNICAS ~~CRÍTICAS~~

infraestrutura tecnológica, o que poderia atenuar algumas das causas mais significativas de sofrimento humano do mundo – malária, escassez de água, saneamento precário em zonas rurais remotas e afins –, essa alegação não só é factualmente errada, moralmente vaga e paternalista, mas também é negligente e perigosa.

Um grande dano prático também é causado pelo relativismo cultural do pós-colonialismo tanto nos estudos acadêmicos como no ativismo. Esse relativismo acredita que o Ocidente, tendo esmagado outras culturas e imposto estruturas morais estranhas sobre elas, deve agora parar de criticar ou, em alguns casos, ajudar mais diretamente qualquer aspecto dessas culturas. Isso resulta em grande inconsistência ética no ativismo pelos direitos humanos, com sérias consequências no mundo real. Por exemplo, quando feministas da Arábia Saudita, liberais seculares do Paquistão e ativistas de direitos LGBT de Uganda tentaram conseguir apoio do mundo anglófono por meio de *hashtags* em inglês nas redes sociais para chamar atenção para os abusos dos direitos humanos, receberam pouca resposta dos acadêmicos e ativistas do pós-modernismo aplicado que normalmente se presumiria que estariam do seu lado. Isso pode parecer desconcertante ou hipócrita, mas faz sentido dentro de uma estrutura teórica que não opera de acordo com os princípios universais dos direitos humanos, mas acredita em sistemas binários de poder, que levam em conta apenas o opressor ocidental e o oprimido oriental (ou mundialmente do sul). Isso resulta em duas alegações comuns.

Em primeiro lugar, a Teoria pós-colonial insiste que fazer com que uma cultura não ocidental aceite que existem abusos de direitos humanos ocorrendo localmente requer colonizar essa cultura com noções ocidentais de direitos humanos e a sua violação. Isso é proibido, porque reforça a dinâmica de poder para cujo desmantelamento a Teoria pós-colonial existe.

Em segundo lugar, a Teoria pós-colonial costuma alegar que quaisquer abusos de direitos humanos que ocorrem em países colonizados são o legado do colonialismo, e a sua análise para por aí. Evidentemente, isso dificulta a abordagem de tais abusos nos seus próprios contextos e com as próprias motivações declaradas, que muitas vezes estão conectadas a crenças religiosas e culturais não ocidentais. Por exemplo, o abuso generalizado de mulheres, secularistas e LGBT em culturas islâmicas estritas não é

86

considerado uma característica das interpretações autoritárias do Islã – como os próprios islâmicos afirmam –, mas interpretado como resultado do colonialismo e imperialismo ocidental, que desvirtuou essa cultura e fez com que se tornasse abusiva. Esse é um obstáculo direto às próprias campanhas de secularização que poderiam ajudar a atenuar esses problemas.

Isso resulta de primeiro considerar a causa de um fenômeno e depois procurar evidências dessa causa. Como olham para a opressão apenas em termos de colonialismo, o colonialismo é tudo que esses acadêmicos e ativistas estão preparados para encontrar. Em consequência, eles não só tolhem a sua capacidade de compreender – e, portanto, atenuar – os problemas que estão procurando resolver, mas também tendem a piorá-los. Isso costuma resultar em uma tendência acentuada de desprezar os direitos das mulheres e das minorias sexuais e religiosas, a menos que sejam ameaçadas por brancos ocidentais. Isso vai contra a consecução da justiça social – mas é parte integrante da ideologia chamada de Justiça Social.

Por verem o conhecimento e a ética como constructos culturais perpetuados na linguagem, pode ser bastante difícil discutir desacordos com Teóricos pós-coloniais. Os argumentos evidenciados e fundamentados são entendidos Teoricamente como constructos ocidentais e, portanto, são considerados inválidos ou até opressores. Aqueles que discordam da Teoria pós-colonial são vistos como confirmadores da Teoria e como defensores de atitudes racistas, colonialistas ou imperialistas em benefício próprio e para excluir os pontos de vista dos outros.

Além disso, esse estudo acadêmico, que parte do pressuposto de que há desequilíbrios de poder a serem descobertos se a linguagem e as interações forem desconstruídas, não pode deixar de "encontrar" exemplos crescentes de "alteridade", "orientalismo" e "apropriação" de maneiras cada vez mais tendenciosas. Isso não é um defeito, mas uma característica. É o que *significa* a abordagem *crítica* na Teoria. Sempre há mais para interpretar e mais para desconstruir e, com bastante motivação e criatividade, tudo pode ser problematizado. A sensibilidade intensa à linguagem e a leitura de desequilíbrios de poder em todas as interações que envolvem um indivíduo com identidade marginalizada e um branco ocidental são comuns a todas as formas de estudo acadêmico sobre Justiça Social relativa ao pós-modernismo aplicado.

TEORIAS CÍNICAS CRÍTICAS

Esse problema não deve ser subestimado. Só podemos aprender com as realidades do colonialismo e as suas consequências estudando-as com rigor. Os acadêmicos e ativistas pós-coloniais que negam a acessibilidade à realidade objetiva e procuram revisar a história ao longo das linhas teóricas não estão fazendo isso. Assim como aqueles que rejeitam o raciocínio lógico, a pesquisa baseada em evidências, a ciência e a medicina, e também aqueles que escrevem uma prosa incompreensível e obscura e negam que a linguagem possa ter significado.

Esses acadêmicos, cuja influência supera em muito o seu número, geralmente estudaram ou trabalham na elite do meio acadêmico ocidental e operam de acordo com a estrutura densamente teórica que se originou na França e proliferou nos Estados Unidos e no Reino Unido. O seu trabalho é de muito pouca aplicação prática para pessoas que vivem em países previamente colonizados, que estão tentando lidar com as consequências políticas e econômicas. Há poucos motivos para acreditar que os povos anteriormente colonizados tenham algum uso para uma Teoria pós-colonial ou descolonialidade que afirma que a matemática é uma ferramenta do imperialismo ocidental,[48] que vê a instrução alfabética como tecnologia colonial e apropriação pós-colonial,[49] que considera a pesquisa como a produção de metatextos totalizantes do conhecimento colonial,[50] e que confronta a França e os Estados Unidos acerca do seu entendimento sobre grandes traseiros negros.[51]

Capítulo 4

TEORIA *QUEER*

LIBERDADE DO NORMAL

A Teoria *queer* tem a ver com a libertação do normal, sobretudo quando se trata de normas de gênero e sexualidade. Isso ocorre porque essa teoria considera opressora a existência de categorias de sexo, gênero e sexualidade. Como a Teoria *queer* resulta diretamente do pós-modernismo, ela é radicalmente cética quanto a essas categorias se basearem em qualquer realidade biológica. Em vez disso, a teoria as percebe de maneira bastante artificial – totalmente como um produto de como falamos sobre essas questões. Assim, ignora a biologia quase completamente (ou a coloca a jusante da socialização) e se concentra nessas categorias como construções sociais perpetuadas na linguagem. Isso pouco contribui para estimular a sua acessibilidade por parte da maioria das pessoas, que justificadamente considera a Teoria como sendo bastante demente.

A Teoria *queer* presume que a opressão resulta da categorização, que surge sempre que a linguagem constrói um sentido do que é "normal", produzindo e mantendo categorias rígidas de sexo (homem e mulher), gênero (masculino e feminino) e sexualidade (heterossexual, gay, lésbica, bissexual, e assim por diante), e "roteirizando" as pessoas nelas. Esses conceitos aparentemente óbvios são considerados opressores, se não violentos, e assim o principal objetivo da Teoria *queer* é examiná-los, questioná-los e subvertê-los, a fim de destruí-los.

TEORIAS CÍNICAS ~~CRÍTICAS~~

Tudo isso é feito de maneiras que dependem explicitamente do princípio do conhecimento pós-moderno – que rejeita a possibilidade de que uma realidade objetiva seja alcançável – e do princípio político pós-moderno – que entende a sociedade como estruturada em sistemas injustos de poder que se reforçam e se perpetuam. A Teoria *queer* faz uso delas para satisfazer o seu propósito máximo, que é identificar e tornar visíveis as maneiras pelas quais a existência linguística dessas categorias cria opressão e as rompe. Ao fazer isso, exibe uma manifestação quase inalterada dos temas pós-modernos referentes ao poder da linguagem – a linguagem cria as categorias, as impõe e roteiriza as pessoas nelas – e à indefinição de fronteiras – as fronteiras são arbitrárias, opressoras, e podem ser apagadas tornando-as indistintas em um aparente absurdo. Junto com o seu objetivo de subverter ou rejeitar qualquer coisa considerada normal e inata em favor do *"queer"*, isso pode tornar a Teoria *queer* frustrantemente difícil de entender, já que ela valoriza a incoerência, a falta de lógica e a ininteligibilidade. Por sua vez, isso torna a Teoria obscura intencionalmente e bastante irrelevante, exceto para si mesma. Não obstante, ela foi profundamente influente no desenvolvimento da Teoria pós-moderna nas suas formas aplicadas mais recentes, sobretudo em domínios como estudos de gênero, ativismo trans, estudos sobre deficiência e estudos sobre o corpo gordo.

Uma breve história da Teoria queer

Como a Teoria pós-colonial, a Teoria *queer* se desenvolveu em resposta a um contexto histórico específico. Ela surgiu de grupos radicais que vinham revolucionando os estudos feministas, gays e lésbicos e o ativismo afim desde a década de 1960. Os movimentos pelos direitos civis também ajudaram a desencadear um novo interesse no estudo da homossexualidade e nas formas como ela havia sido categorizada e estigmatizada, tanto historicamente quanto no presente. A Teoria *queer* foi profundamente influenciada pela crise da AIDS na década de 1980, que tornou as questões dos direitos dos gays uma preocupação social e política central e urgente.

Como a Teoria pós-colonial, a Teoria *queer* possui um ponto subjacente sólido. Nós mudamos profundamente a maneira como enxergamos a sexualidade. Ao longo da história cristã, a homossexualidade masculina foi considerada um pecado abominável. Isso contrasta totalmente com a cultura grega antiga, onde era aceitável que os homens mantivessem relações sexuais com meninos adolescentes até que estivessem prontos para se casar – momento em que se esperava que eles passassem a manter relações sexuais com mulheres. No entanto, em ambos os casos, a homossexualidade se tratava de *algo que as pessoas faziam*, e não de *que elas eram*. A ideia de que alguém poderia *ser* homossexual só começou a ganhar reconhecimento no século XIX, aparecendo primeiro em textos médicos e em subculturas homossexuais. Os textos médicos da época descreviam a homossexualidade como uma perversão. Então, a percepção pública a respeito dos homossexuais começou a mudar gradualmente, devido à ascensão da sexologia no final do século XIX, e em meados do século XX os homossexuais foram considerados menos como pervertidos corruptos que requeriam punição e mais como indivíduos vergonhosamente transtornados que requeriam tratamento psiquiátrico.

Durante a segunda metade do século XX, essa atitude mudou novamente, e um discurso liberal dominante em torno da homossexualidade – que ainda hoje mantém uma posição moral elevada – evoluiu. Essa atitude é mais bem resumida como "Algumas pessoas são gays. Deixe isso para lá". Entretanto, como a Teoria *queer* é uma Teoria do pós-modernismo aplicado, essa ideia liberal universal, que enfatiza a nossa humanidade comum em relação a uma identidade demográfica específica, é considerada problemática. Ela é Teorizada como um problema, porque apresenta identidades LGBT (lésbica, gay, bissexual e trans) como categorias estáveis e porque não coloca em primeiro plano os *status* LGBT como constructos sociais, construídos pelos poderosos a serviço do domínio e da opressão.

Embora mudanças drásticas tenham ocorrido em como encaramos a homossexualidade durante o último século e meio, a nossa compreensão de sexo e gênero mudou muito menos. Em geral, sempre entendemos que a nossa espécie consiste predominantemente de dois sexos, e o gênero está correlacionado principalmente ao sexo. No entanto, os *papéis* de gênero mudaram consideravelmente. Ao longo da maior parte da história cristã, os

TEORIAS CÍNICAS ~~CRÍTICAS~~

homens foram associados à esfera pública e à mente (*sapientia*), e as mulheres à esfera privada e ao corpo (*scientia*), o que levou a analogias do tipo "os homens estão para as mulheres assim como a cultura está para a natureza".[1] Portanto, as mulheres foram consideradas adequadas para funções subservientes, domésticas e protetoras, enquanto os homens foram considerados adequados para funções de liderança, engajamento público e gerência assertiva. Essas atitudes, conhecidas como *essencialismo biológico*, representam um requisito amplamente cultural, que dominou a sociedade até mais ou menos o final do século XIX, quando o pensamento e o ativismo feministas começaram a erodi-las.

Com o esmorecimento do essencialismo biológico, surgiu a necessidade de uma distinção mais clara entre sexo e gênero. Embora a palavra "gênero" não tenha sido usada para descrever os seres humanos até o século XX – algumas línguas ainda não têm uma palavra comparável – a *ideia* de gênero parece ter estado sempre conosco. Sexo está para gênero assim como homem está para masculino ou mulher para feminino. Portanto, gênero aparentemente sempre foi entendido como correlacionado com sexo, mas distinto dele. Se a frase "Ela é uma mulher muito masculina" faz sentido para você, você já diferencia sexo – uma categoria biológica – de gênero – comportamentos e características que costumam se manifestar mais em um sexo. A história está repleta de exemplos de pessoas que se referiram a características e comportamentos "másculos" e "feminis" ou masculinos e femininos, aplicando esses adjetivos com aprovação e reprovação para homens e mulheres.

No entanto, uma mudança profunda ocorreu durante a segunda onda do feminismo ocidental, na segunda metade do século XX, quando as mulheres assumiram o controle da sua função reprodutiva e conquistaram os direitos de acesso a todos os empregos e de remuneração igual à dos homens pelo mesmo trabalho. Atualmente, as mulheres podem ser encontradas em todas as profissões e enfrentam poucas barreiras legais ou culturais para admissão em todo o Ocidente, embora ainda não façam as mesmas escolhas em número igual ao dos homens. Mudanças semelhantes resultaram a partir dos direitos dos homossexuais e, posteriormente, dos movimentos dos direitos dos trans e do Orgulho LGBT, que conseguiram remover diversas barreiras legais e culturais para pessoas LGBT. Mesmo que a maioria dessas mudanças tenha sido o resultado do reconhecimento das raízes biológicas do sexo, gênero e sexualidade, e que as atitudes envolvidas tenham sido amplamente liberais e individualistas – "Ela é uma trans; ok, tudo bem" –, são aceitas como evidência da construtividade social de gênero e sexualidade pelos Teóricos *queer*, sobretudo aqueles com perspectiva feminista. Por exemplo, a lacuna entre sexo e gênero foi aceita como evidência de que gênero – e até sexo – são construções sociais.[2]

Como os Teóricos *queer* acreditam que sexo, gênero e sexualidade são construções sociais, principalmente dependentes da cultura predominante, eles estão menos preocupados com o progresso material do que com a maneira pela qual os discursos dominantes estabelecem e impõem categorias como "masculino", "feminino" e "gay". Para sermos justos, esses acadêmicos e ativistas estão preocupados, com razão, com a dinâmica de poder cultural que naturalmente pega carona quando tais categorias são consideradas reais, significativas e *normativas*. Nesse contexto, surgiu a Teoria *queer*,[3] e as suas idealizadoras, incluindo Gayle Rubin, Judith Butler e Eve Kosofsky Sedgwick, basearam-se significativamente na obra de Michel Foucault e o seu conceito de *biopoder* – o poder dos discursos científicos (biológicos). Infelizmente, tais acadêmicos e ativistas parecem não ter percebido o sentido exato de que legitimar biologicamente os *status* de sexo, gênero e sexualidade tende a levar as pessoas a se tornar mais tolerantes, em vez de menos,[4] e que tais discursos não são mais usados impropriamente para excluir e oprimir. O liberalismo gerou o tipo de progresso cujo crédito as Teorias pós-modernas tendem a reivindicar – sem usar as Teorias pós-modernas.

Queer como verbo; queer como substantivo

A Teoria *queer* é dominada pela problematização dos discursos – como as coisas são faladas –, pela desconstrução das categorias e pelo profundo ceticismo em relação à ciência. Acompanhando Foucault, ela costuma examinar a história e mostra que categorias e discursos que foram aceitos como obviamente sensatos ou verdadeiros no seu próprio tempo não são aceitos

TEORIAS CÍNICAS ~~CRÍTICAS~~

como tais agora. Isso é usado para argumentar que as categorias que parecem tão óbvias para nós hoje – homem/mulher, masculino/feminino, heterossexual/homossexual – também são construídas socialmente pelos discursos dominantes. Para o Téorico *queer*, isso é razão para acreditar que não só seremos capazes de pensar, falar e categorizar sexo, gênero e sexualidade de maneira diferente no futuro, mas também que poderemos considerar tais categorias como amplamente arbitrárias e quase infinitamente maleáveis.

É aqui que entra a palavra *queer*. "*Queer*" se refere tanto a qualquer coisa que se situa fora de binários (como homem/mulher, masculino/feminino e heterossexual/homossexual) como a uma maneira de desafiar as ligações entre sexo, gênero e sexualidade. Por exemplo, questiona as expectativas de que mulheres são femininas e sexualmente atraídas por homens, e também contesta a ideia de que alguém deve cair em uma categoria de homem ou mulher, masculino ou feminino ou qualquer sexualidade específica, ou que qualquer uma dessas categorias deve ser considerada estável. Ser *queer* permite que alguém seja simultaneamente homem, mulher ou nenhum dos dois, apresente-se como masculino, feminino, neutro ou qualquer mistura dos três, e adote qualquer sexualidade – e mude qualquer uma dessas identidades a qualquer momento ou negue que elas significam qualquer coisa. Isso não é apenas um meio de expressão individual, mas também uma declaração política sobre as "realidades" socialmente construídas de sexo, gênero e sexualidade.

Como as outras Teorias pós-modernas, a Teoria *queer* é um projeto político, e o seu objetivo é tanto romper as expectativas de que as pessoas deveriam se encaixar em uma posição binária em relação ao sexo ou gênero quanto solapar as suposições de que sexo ou gênero estão relacionados à sexualidade ou a impõem. Em vez disso, devem desafiar a simples categorização. Em geral, então, a agenda política da Teoria é desafiar o que é chamado de *normatividade* – ou seja, algumas coisas são mais comuns ou regulares à condição humana e, assim, são mais normativas de uma perspectiva social (portanto, moral) do que outras. A principal atividade dos Teóricos *queer* é fundir intencionalmente dois significados de "normativo" e, deliberadamente, fazer uso estratégico do entendimento moral do termo para inventar problemas com o seu significado descritivo. A normatividade é considerada de maneira pejorativa pelos Teóricos *queer* e costuma ser

TEORIA *QUEER*

precedida por um prefixo como *hetero-* (heterossexual), *cis-* (gênero e combinação sexual) ou *magro-* (não obeso). Portanto, ao desafiar a normatividade em todas as suas manifestações, a Teoria *queer* procura unir os grupos minoritários que estão fora das categorias normativas sob uma bandeira única: "*queer*". Esse projeto é entendido como libertador para pessoas que não se enquadram perfeitamente em categorias de sexo, gênero e sexualidade, junto com aquelas que não se enquadrariam se não tivessem sido socializadas nelas e não fossem restringidas pela imposição social. De fato, gera uma coalizão de identidades de gênero e sexual minoritárias sob um conjunto apropriadamente instável de acrônimos que tendem a começar com LGBTQ.[5]

Por se tratar de um projeto político para os ativistas *queer*, nos últimos anos se tornou comum ouvir a palavra "*queer*" ser usada como verbo, que significa pôr em dúvida a estabilidade de algo, romper categorias aparentemente fixas e problematizar quaisquer "binários" dentro disso. Quando os acadêmicos falam em *queering* qualquer coisa, eles querem dizer que pretendem remover isso das categorias nas quais entendemos agora e olhar para isso de maneiras novas e contraintuitivas. *Queering* consiste em desfazer qualquer sentido do normal, a fim de libertar as pessoas das expectativas contidas nas normas. De acordo com a Teoria *queer*, essas expectativas – quer explícitas, quer implícitas – geram um poder cultural e político ("o pessoal é político"), que é chamado de normatividade e que restringe e oprime as pessoas que deixam de se identificar com ela. Esse fenômeno pode não ter nada a ver com gênero ou sexualidade, e até se expandiu para incluir tempo e espaço[6] e a própria Teoria *queer*.[7] Então, a Teoria *queer* trata basicamente da crença de que categorizar gênero e sexualidade (ou qualquer outra coisa) é legitimar um discurso – o normativo – como conhecimento e utilizá-lo para restringir os indivíduos. Ela aborda esse problema de maneiras pós-modernas, que se baseiam sobretudo na teorização de Michel Foucault e Jacques Derrida.

Isso torna a Teoria *queer* notoriamente difícil de definir, talvez em parte porque ser compreensível seria incompatível com a desconfiança radical da Teoria *queer* na linguagem e violaria a sua ambição de evitar todas as categorizações, inclusive de si mesma. No entanto, David Halperin tenta definir "*queer*" no seu livro *Saint Foucault: Towards a Gay Hagiography*, de 1997, em que ele sustenta que a ideia de Foucault de que a sexualidade é um produto do discurso revolucionou o ativismo político gay e lésbico. Ele descreve *"queer"* como *"tudo o que* está em desacordo com o normal, o legítimo, o dominante. *Não há nada em particular a que necessariamente se refere.* É uma identidade sem essência".[8] (grifos no original)

Como a característica central da Teoria *queer* é que ela resiste à categorização e desconfia da linguagem, costuma ser difícil trabalhar com ela. A Teoria *queer* não é apenas resistente à definição no sentido usual, mas também às definições funcionais baseadas no que ela faz. Em geral, os artigos que utilizam a Teoria *queer* começam examinando uma ideia, problematizando-a de maneiras *queer* (ou *"queering"* ou *"genderfucking"*[9]), e, finalmente, concluindo que não pode haver conclusões. Como afirma Annemarie Jagose, autora de *Queer Theory: An Introduction*: "Não se trata simplesmente de que o *queer* ainda tem que se consolidar e assumir um perfil mais consistente, mas sim que sua indeterminação de definição, sua elasticidade, é uma das suas características constituintes".[10] A incoerência da Teoria *queer* é uma característica intencional, e não um defeito.

O legado *queer* da história da sexualidade

Apesar da sua estranheza deliberada – que Jagose lista entre seus "encantos" –, a Teoria *queer* é *principalmente, mas não inteiramente*, irracional nas suas visões construtivistas sociais. Como a maioria das pessoas agora reconhece, muitas das nossas ideias sobre sexo, gênero e sexualidade – e em particular sobre os seus papéis associados – são construções sociais um tanto maleáveis, já que a cultura muda ao longo do tempo. Muito poucas pessoas são essencialistas biológicos estritos – e aqueles que são, os cientistas mostram que estão errados.[11] Quase todo mundo aceita que alguma combinação de biologia humana e cultura é feita para criar expressões de sexo, gênero e sexualidade. Como afirma o biólogo evolucionário E. O. Wilson: "Nenhum acadêmico sério consideraria que o comportamento humano é controlado como é o instinto animal, sem a intervenção da cultura".[12]

No entanto, essa não é a visão predominante dos Teóricos *queer*. Por ser tipicamente pós-moderna, a Teoria *queer* é *radical e socialmente* construtivista. Pode não haver clemência alguma para nenhum discurso – mesmo questões de fato científico – que possa ser interpretado como promotor ou legitimador do essencialismo biológico. Em consequência, se a biologia faz uma aparição em estudos Teóricos *queer*, em geral é por um de dois propósitos: problematizá-la como apenas uma maneira de saber – uma maneira chauvinista que codificou os vieses de grupos poderosos, como homens heterossexuais que se identificam como homens; ou para demonstrar algo que ninguém nega – que pessoas intersexuais existem. A existência de pessoas intersexuais é assinalada apenas para ofuscar o fato de que uma proporção esmagadora de *Homo sapiens* é sexuada masculina ou feminina, e que a expressão de gênero em seres humanos é predominantemente bimodal por natureza e fortemente correlacionada ao sexo. Esses fatos inegáveis são sumariamente problematizados como corroborativos da normatividade e, portanto, são suprimidos pela Teoria *queer*.

Esse desprezo radical pela biologia limita a capacidade não só da Teoria *queer* como também de *todos os estudos acadêmicos sobre esses tópicos* de investigar com rigor os aspectos socializados da apresentação e das expectativas de gênero – ao mesmo tempo que torna *insights* potencialmente valiosos da Teoria *queer* quase completamente irrelevantes para aqueles sérios acerca de tais questões. Existem biólogos e psicólogos progredindo no conhecimento de como os sexos diferem (ou não diferem) biológica e psicologicamente em média, como a sexualidade funciona e por que algumas pessoas são gays, lésbicas, bissexuais ou transgêneros – mas seu trabalho não é bem-vindo na Teoria *queer*. Pelo contrário, em geral, tal conhecimento é considerado com extrema suspeita, como uma forma inerentemente perigosa ou até "violenta" de categorizar e restringir aqueles que não se encaixam perfeitamente em uma destas duas categorias: "homem masculino atraído por mulheres" e "mulher feminina atraída por homens".[13]

Em grande medida, esse entendimento do papel opressor da ciência pode remontar a Michel Foucault. Foucault estudou a produção do "poder-saber" – como o conhecimento é socialmente construído por discursos a serviço do poder – e se preocupou em particular com o "biopoder" – como as ciências biológicas legitimam o conhecimento que os poderosos utilizam

TEORIAS CÍNICAS ~~CRÍTICAS~~

para manter o seu domínio. No seu estudo de quatro volumes, *The History of Sexuality* [*História da sexualidade*],[14] Foucault sustenta que, desde o final do século XVII, longe de suprimir o discurso sobre sexo (como pensadores neomarxistas como Marcuse alegaram), houve uma explosão de conversas sobre sexo, tanto o ato sexual quanto o conceito biológico. Segundo Foucault, quando os cientistas começaram a estudar e categorizar a sexualidade, eles simultaneamente a construíram, e criaram as identidades e categorias sexuais que acompanham essas construções.

> A sociedade que surgiu no século XIX – burguesa, capitalista ou industrial, chame como quiser – não confrontou o sexo com uma recusa radical de reconhecimento. Pelo contrário, colocou em funcionamento toda uma máquina para produzir discursos verdadeiros a seu respeito.[15]

A visão de Foucault era que os discursos produzidos por essa "máquina" ganharam legitimidade social como "verdade" e, então, impregnaram todos os níveis da sociedade. Esse é um processo de poder, mas não, como alegavam os filósofos marxistas, um processo em que as autoridades religiosas ou seculares impõem uma ideologia ao povo. No pensamento marxista, o poder é como um peso que oprime o proletariado. Para Foucault, o poder funcionava como uma rede, permeando todas as camadas da sociedade e determinando o que as pessoas consideravam verdade e, consequentemente, como falavam sobre isso. A visão de Foucault – por conseguinte, a Teoria – é que o poder é um sistema do qual todos participamos constantemente por meio da maneira pela qual falamos sobre as coisas e quais ideias estamos dispostos a considerar legítimas; um sistema no qual somos socializados. De acordo com Foucault, a culpa principal pela legitimação do conhecimento – e, portanto, do poder – era da ciência, que detinha prestígio na sociedade exatamente para esse fim. Isso é o que Foucault chamou de "biopoder", alegando que o discurso científico "se arvorou como autoridade suprema em questões de necessidade higiênica" e "em nome da premência biológica e histórica, justificou os racismos do Estado" porque "baseou-os na 'verdade'".[16] Foucault sustenta que o poder permeia todo o sistema da sociedade, perpetuando-se por meio de discursos poderosos. Ele chamou isso de "onipresença do poder".

"O poder está em toda parte", Foucault escreve, "não porque abarcou tudo, mas porque vem de toda parte".[17] Para Foucault, o poder está presente em todos os níveis da sociedade porque certos conhecimentos foram legitimados e aceitos como verdadeiros. Isso leva as pessoas a aprenderem a falar nesses discursos, o que os reforça ainda mais. Segundo Foucault, o poder funciona assim "não porque tenha o privilégio de consolidar tudo sob a sua unidade invencível, mas porque é produzido de um momento para o outro, em todos os pontos, ou melhor, em todas as relações de um ponto a outro".[18] Essa visão se tornou uma das crenças básicas do pós-modernismo aplicado e do ativismo pela Justiça Social hoje: o poder injusto está em toda parte, sempre, e, em grande medida, manifesta-se em vieses que são invisíveis porque foram internalizados como "normais".[19] Por consequência, a fala deve ser examinada com atenção para descobrir quais discursos ela está perpetuando, sob a presunção de que racismo, sexismo, homofobia, transfobia ou outros preconceitos latentes devem estar presentes nos discursos e, portanto, são endêmicos à sociedade que os produz. (Esse é um raciocínio circular.) Essas "problemáticas" precisam ser identificadas e expostas, quer se manifestem em um discurso presidencial ou no histórico de uma década de tuítes adolescentes de um ninguém relativo. O termo generalizado *"woke"* descreve ter se conscientizado a respeito dessas problemáticas e ter se tornado mais capaz de percebê-las.

A partir dessas premissas básicas, enunciadas pela primeira vez na década de 1970, Foucault forneceu as bases filosóficas para a Teoria *queer* da década de 1990, que incluía uma profunda suspeita em relação à ciência como um exercício opressor de poder em vez de um produtor de conhecimento, um ceticismo de todas as categorias que descrevem gênero e sexualidade, um compromisso com o construtivismo social e um foco intenso na linguagem, como o meio pelo qual o poder disfarçado de conhecimento se infiltra em todos os níveis da sociedade e estabelece o que é aceito como normal.

TEORIAS CÍNICAS ~~CRÍTICAS~~

As fadas madrinhas da Teoria *queer*

A Teoria *queer* evoluiu a partir de uma consideração pós-moderna de sexo, gênero e sexualidade. As suas três figuras fundadoras são Gayle Rubin, Judith Butler e Eve Kosofsky Sedgwick, que se basearam decisivamente em Foucault. Todas também resistiram resolutamente à normatividade nos três domínios principais aos quais a Teoria *queer* dedica a maior parte da sua atenção. Essas três Teóricas assentaram as bases dos projetos fundamentais da Teoria *queer*, que surgiu em meados da década de 1980.

No seu ensaio "Thinking Sex", de 1984, Gayle Rubin afirma que o que consideramos "sexo bom" e "sexo ruim" (em termos morais; todas as garantias de qualidade à parte) são avaliações construídas socialmente por diversos grupos e seus discursos a respeito da sexualidade.[20] Com base no conceito de Foucault referente à construção social da sexualidade a partir do século XIX, ela se tornou bastante cética em relação a quaisquer estudos biológicos referentes ao sexo e à sexualidade. O seu ensaio representou uma contribuição fundamental para a Teoria *queer* ao rejeitar o que Rubin considerou como "essencialismo sexual" – "a ideia de que o sexo é uma força natural que existe antes da vida social e molda as instituições".[21] Para ela:

> É impossível pensar com clareza a respeito das políticas de raça ou gênero uma vez que estas sejam pensadas como entidades biológicas em vez de constructos sociais. Da mesma forma, a sexualidade é impermeável à análise política uma vez que seja concebida principalmente como fenômeno biológico ou aspecto da psicologia individual.[22]

Este é um argumento extremamente pragmático, mesmo que seja orientado pela agenda. Rubin assevera que devemos acreditar que sexo, gênero e sexualidade são constructos sociais, *não* porque seja necessariamente verdade, mas porque será *mais fácil politizá-los e exigir mudanças* se forem constructos sociais do que se forem biológicos. Se podemos pelo menos ver a leitura cínica de Foucault da história da sexualidade como descritiva do que foi e é, a de Rubin era claramente aquela que estava pronta para assumir um *deve* e colocá-la à frente do que *é*. Essa é uma característica do pós-modernismo aplicado que o distingue um tanto do pós-modernismo que veio

100

antes – e tem consequências. Solapa a confiança do público na academia, que geralmente é considerada a guardiã do que *é*, tornando-a mais parecida com uma igreja, que transmite aquilo que as pessoas *devem* pensar e acreditar.

Essa visão orientada pela agenda, que está no cerne da Teoria *queer*, vai contra o rigor da investigação científica e a ética do ativismo liberal universal para igualdade de gênero e LGBT: o liberalismo não exige que acreditemos que gênero e sexualidade são socialmente construídos para sustentar que não há justificativa para discriminar alguém. Rubin expressa a sua posição sobre isso em "Thinking Sex":

> Os conceitos de opressão sexual foram alojados nesse entendimento mais biológico da sexualidade. Muitas vezes é mais fácil recorrer à noção de uma libido natural sujeita à repressão desumana do que reformular conceitos de injustiça sexual dentro de uma estrutura mais construtivista. Mas é essencial que façamos isso.[23]

Rubin insiste que é crucial rejeitar a biologia e abraçar plenamente a ideia de que sexo e sexualidade foram construídos em uma hierarquia injusta,[24] ainda que ela reconheça que seria mais fácil aceitar o que é muito mais provável que seja verdade – que as diferentes sexualidades existem naturalmente, e algumas delas foram injustamente discriminadas.

"Thinking Sex", de Rubin, fornece tanto uma indicação inicial do desenvolvimento vindouro da interseccionalidade como uma rejeição das formas de feminismo radical da época. Ao descrever a hierarquia da sexualidade, Rubin assinala: "Esse tipo de moralidade sexual tem mais em comum com ideologias de racismo do que com a ética verdadeira. Ela confere virtude aos grupos dominantes e relega o vício aos desfavorecidos".[25] Rubin também reconhece que "o sexo é um vetor da opressão (...) transcendendo outros modos de desigualdade social, separando indivíduos e grupos de acordo com a própria dinâmica intrínseca".[26] Portanto, ela mirou na forma dominante de feminismo (radical) da época – que era muito negativa acerca de sexo e sexualidade e focada nos danos materiais da objetificação sexual – e comparou (de maneira não totalmente errada) a abordagem do feminismo radical com pontos de vista socialmente conservadores e de direita.

TEORIAS CÍNICAS ~~CRÍTICAS~~

Para Rubin, o construtivismo radical e o foco nos discursos em torno do sexo eram essenciais para a libertação daqueles cuja sexualidade ou identidade de gênero não era tipicamente cisgênero, conformada com o gênero e heterossexual. A rejeição da biologia e qualquer explicação das variações na sexualidade ou identidade de gênero que pudesse apresentar eram consideradas uma necessidade política, justificada por um profundo relativismo moral sobre a sexualidade (incluindo uma defesa da pedofilia). Assim, vemos na Teoria *queer* uma rejeição da ciência quando ela retorna resultados que se afastam da Teoria, do liberalismo quando este coloca a humanidade universal em primeiro lugar, e do feminismo quando este considera as mulheres como uma classe de pessoas oprimidas por outra classe de pessoas – os homens –, e, em vez disso, a priorização do *"queerness"*.

A Teórica *queer* mais influente, que teorizou a questão do *queerness*, é Judith Butler, visto que foi a sua obra que rompeu com mais sucesso os limites da Teoria *queer* e se tornou influente em várias formas de estudos acadêmicos e até mesmo na sociedade em geral. Butler é uma filósofa norte-americana, influenciada pelo pensamento feminista francês, que se baseia decisivamente no pós-modernismo, sobretudo na obra de Foucault e Derrida. A principal contribuição de Butler para a Teoria *queer* foi questionar as ligações entre sexo (as categorias biológicas do masculino e feminino), gênero (os comportamentos e as características geralmente associados a um sexo ou outro) e sexualidade (a natureza do desejo sexual).

Na década de 1990, Butler tinha fobia de qualquer vestígio de essencialismo biológico. Ela sustentava amplamente que gênero e sexo são distintos e que não há necessariamente correlação entre os dois. Para Butler, o gênero é *totalmente* construído socialmente – uma afirmação tão ridícula que exigiu muita Teorização para estabelecê-la como verossímil. Ela fez isso empregando acima de tudo o seu conceito mais conhecido: a *performatividade de gênero*. Esta é uma ideia bastante complicada, que foi definida em seu livro *Bodies That Matter: On the Discursive Limits of "Sex"* [*Corpos que importam: Os limites discursivos do "sexo"*], de 1993, como "aquele poder reiterativo do discurso para produzir os fenômenos que ele regula e restringe"[27] – em outras palavras, como algo é trazido à existência, colocado em categorias significativas e tornado "real" por comportamentos e expectativas codificadas na fala. Entre outras características, nota-se imediatamente o princípio político pós-moderno, derivado de Foucault, e o tema afim a respeito do poder da linguagem.

Embora o termo evoque a ideia de uma performance de palco, o conceito de performatividade de gênero provém de um ramo da linguística e não se refere à arte dramática. Por exemplo, um ator masculino pode desempenhar um papel feminino no palco, mas ainda mantendo a sua crença em si mesmo como homem. Não é isso o que Butler quer dizer quando descreve o gênero como "performativo", pois isso exigiria alguma "identidade preexistente pela qual um ato ou atributo pudesse ser medido",[28] que ela insiste que não existe no que se refere ao gênero. Em vez disso, em seu inovador livro *Gender Trouble: Feminism and the Subversion of Identity* [*Problemas de gênero: Feminismo e subversão da identidade*], de 1990, Butler afirma que os papéis de gênero são ensinados e aprendidos – muitas vezes inconscientemente por meio da socialização – como conjuntos de ações, comportamentos, costumes e expectativas, e as pessoas desempenham esses papéis de forma correspondente. Para Butler, o gênero é um conjunto de coisas que uma pessoa *faz*, não algo a ver com quem ela *é*. A sociedade impõe essas ações e as associa com sugestões linguísticas como "masculino" e "másculo", de modo que esses papéis se tornam "reais" por meio da performatividade de gênero. Segundo Butler, por causa das imensas pressões socializantes e da normatividade dos papéis de gênero, as pessoas são incapazes de ajudar a aprender a desempenhar seu gênero "corretamente", como se estivessem representando um roteiro ensaiado e, assim, acabam perpetuando a realidade social chamada "gênero".

A visão de Butler é que as pessoas não nascem sabendo que são homens, mulheres, heterossexuais ou gays e, portanto, não agem de acordo com quaisquer fatores inatos. Em vez disso, elas são socializadas nesses papéis desde o nascimento pela sua quase onipresença e pelas expectativas e instruções sociais concomitantes (normatividade). Em si mesmos, papéis como heterossexualidade ou homossexualidade não representam categorias estáveis ou fixas, mas são meramente coisas que as pessoas fazem. Para Butler, é só ao assumirem esses papéis e "desempenhá-los" de acordo com essas expectativas sociais (performatividade) que as pessoas criam a ilusão (opressora) de que os próprios papéis são reais, estáveis e inerentemente significativos. A noção de *construção discursiva* – a ideia de que a maneira pela qual uma sociedade específica fala sobre as coisas as legitima, fazendo-as parecer evidentemente verdadeiras – é, portanto, a chave para a compreensão da Teoria *queer*, porque é por meio da construção discursiva que esses papéis e expectativas são criados e perpetuados.

Portanto, a visão ironicamente distanciada de Butler em relação ao gênero segue Foucault de perto e descreve uma vasta conspiração social, que se desenrola intencional e inconscientemente – um tema comum da Teoria do pós-modernismo aplicado. Ela descreve "uma identidade de gênero verdadeira" como "uma ficção regulatória" que precisa ser "revelada".[29] As "ficções regulatórias" de sexo, gênero e sexualidade são, Butler afirma, mantidas por meio da onipresença da performatividade de gênero, que contém "a estratégia que oculta o caráter performativo de gênero".[30] Para ela, a missão da Teoria *queer* e do ativismo é, portanto, libertar "as possibilidades performativas para a proliferação de configurações de gênero fora dos moldes restritivos da dominação masculinista e da heterossexualidade compulsória".[31] Ou seja, se reconhecermos o gênero como performativo, também poderemos ver que pode ser realizado de maneiras que não privilegiam o masculino e o heterossexual.

Butler teoriza isso usando a noção derrideana de *falogocentrismo* – a ideia de que a realidade social é construída pela linguagem que privilegia o masculino – e expandindo o conceito de *heterossexualidade compulsória* de Adrienne Rich[32] – em que a heterossexualidade é considerada como o estado natural do ser, e a homossexualidade é, portanto, roteirizada como uma perversão, para impor a conformidade com "fazer heterossexualmente". No entanto, Butler não estava otimista acerca da nossa capacidade de romper esses discursos supostamente hegemônicos (maneiras de falar sobre as coisas que possuem um poder quase inexpugnável; um conceito adaptado pela Teoria a partir das ideias do filósofo marxista Antonio Gramsci). Em vez disso, ela acreditava que é impossível sair das construções sociais criadas pelos discursos: só podemos perturbá-los e rompê-los, criando espaço para aqueles que não se encaixam.

A solução proposta por Butler para esse problema espinhoso exerceu profunda influência nos ativistas que seguiram seu rastro: ela defendeu *a política da paródia*, uma "reorganização subversiva e paródica do poder".[33] Essa abordagem tenta subverter os padrões da performatividade de gênero

TEORIA *QUEER*

– especialmente o falogocentrismo e a heterossexualidade compulsória –
que "procuram se fortalecer mediante uma repetição constante da sua lógica, da sua metafísica e das suas ontologias naturalizadas",[34] tornando-os
absurdos. Para conseguir isso, Butler defendeu deliberadamente a "repetição
subversiva" que "pode pôr em dúvida a prática regulatória da própria identidade".[35] Isso é muitas vezes conseguido pelo "*genderfucking*", que o *Wik-
tionary* define como "a iniciativa consciente para subverter as noções
tradicionais de identidade de gênero e papéis de gênero" por meio do emprego da estética drag, por assim dizer, ou da estética "*queer-camp*".

O objetivo da paródia butleriana é fazer com que as pessoas questionem
os pressupostos sobre os quais a performatividade se baseia e, assim, sejam
capazes de enxergá-la como uma ilusão socialmente construída, que é, em
última análise, arbitrária e opressora nas suas formas atuais. O sentido disso
é conseguir a libertação dessas categorias e das expectativas que vêm com
elas. Judith Butler defende um movimento em direção à incoerência. Se um
ativista pode tornar óbvia a incoerência de categorias rígidas de sexo, gênero
e sexualidade – quando não ridícula –, então essas categorias e a opressão
criada por elas deixam de ser tão significativas. Butler declara isso com tanta
tenacidade que chega a pôr em dúvida se o sexo biológico pode ser considerado algo diferente de um constructo cultural. Em *Problemas de gênero*,
ela escreve:

> Se o caráter imutável do sexo for contestado, talvez esse constructo chamado
> "sexo" seja tão culturalmente construído quanto o gênero; na verdade, talvez
> já tenha sido sempre gênero, com a consequência de que a distinção entre
> sexo e gênero acaba por não ser distinção nenhuma.[36]

Butler contestou diretamente as formas prevalecentes de feminismo perguntando de modo bastante incompreensível: "A construção da categoria de
mulheres como sujeito coerente e estável é uma regulação e reificação inconsciente das relações de gênero?"[37] Ou seja, será que as maneiras que consideramos "mulher" como uma categoria biológica real podem ter a consequência
involuntária de criar uma noção "coerente e estável" do que é ser mulher?

Para Butler, então, a própria existência de categorias coerentes e estáveis como "mulher" leva a discursos totalitários e opressores. Embora a

TEORIAS CÍNICAS ~~CRÍTICAS~~

maioria das pessoas considere tal conclusão bem ridícula, a sua Teoria *queer* se assenta em se opor a essas categorias e subvertê-las. Enfatizando a sua seriedade, Butler descreve como um tipo de violência de categorização a roteirização das pessoas em uma categoria, tal como um gênero, que elas acham que não as descreve de maneira adequada ou precisa. Para Butler, o ativismo e o estudo acadêmico devem romper esses discursos para minimizar os danos evidentes dessa "violência".

O foco em destruir categorias tornando-as aparentemente incoerentes também é fundamental para Eve Kosofsky Sedgwick, cuja obra se situa nos fundamentos da Teoria *queer*. Em última análise, as suas contribuições para a Teoria consistem em resistir à tentação de resolver contradições, encontrando valor na *pluralidade* – aceitando diversas perspectivas ao mesmo tempo, até quando são mutuamente contraditórias – e na *incoerência* – sem tentar dar sentido racional a nada. Em consonância com a mentalidade do *deve* em vez do *é* que caracteriza o pós-modernismo em geral, ela considera esses valores úteis para o ativismo. Sedgwick escreve:

> Em consonância com a minha ênfase nas relações performativas de definição dupla e conflitante, a prescrição teorizada para uma política prática implícita nessas leituras é por um movimento multifacetado cujos impulsos idealistas e materialistas, cujas estratégias de modelo minoritário e de modelo universalista e, quanto a isso, cujas análises separatistas e integrativas de gênero ocorreriam em paralelo da mesma forma, sem nenhum prêmio elevado colocado na racionalização ideológica entre eles.[38]

Nesse caso, Sedgwick está dizendo que um movimento produtivo poderia incorporar todas as ideias encontradas no estudo acadêmico e no ativismo LGBT – até mesmo abordagens mutuamente contraditórias – sem a necessidade de resolver diferenças ideológicas. Ela sustenta que as próprias contradições seriam politicamente valiosas, sobretudo porque tornariam o pensamento por trás do ativismo muito difícil de entender e, portanto, de criticar. É claro que isso é muito *queer*.

Essas ideias são mais proeminentes no livro de Sedgwick, *The Epistemology of the Closet* [*Epistemologia do armário*], de 1990, que desenvolveu a ideia de Foucault de que a sexualidade é um constructo social trazido à existência por discursos científicos, sobretudo aqueles legitimados por autoridades médicas, que classificaram a homossexualidade como uma psicopatologia. No entanto, ela diverge de Foucault de maneira bastante radical, a favor de Derrida. Sedgwick inverteu a crença de Foucault de que os discursos dominantes criavam homossexualidade e heterossexualidade, sustentando que é o binário de homossexualidade e heterossexualidade que nos deu o pensamento binário: as pessoas são gays *ou* heterossexuais, homens *ou* mulheres, masculinas *ou* femininas. Para Sedgwick, os binários sexuais são subjacentes a todos os binários sociais. *Epistemologia do armário* explica isso desde o início:

> O livro argumentará que um entendimento de praticamente qualquer aspecto da cultura ocidental moderna deve ser não somente incompleto como prejudicado no seu conteúdo central a ponto de não incluir uma análise crítica da definição homo/heterossexual moderna.[39]

Para Sedgwick, então, um entendimento binário da sexualidade constitui a base sobre a qual se apoia todo o pensamento binário. Além disso, todo esse pensamento é falso. Sendo assim, entender as complexidades fluidas da sexualidade é a chave para desfazer muitas formas de pensamento tidos como verdadeiros na sociedade. Assim, Sedgwick é uma protagonista significativa no estabelecimento da tendência teórica *queer* para "inquirir" e resistir à perpetuação de qualquer tipo de binários, para que não se tornem locais de opressão.

O simbolismo do armário de Sedgwick se baseia principalmente nessa ideia de binários falsos. Nunca se está totalmente dentro ou fora do armário. Algumas pessoas perceberão a sua sexualidade, enquanto outras não. Algumas coisas serão ditas, e outras não, e há conhecimento a ser adquirido tanto do que foi dito como do que não foi. Portanto, para Sedgwick, o armário simboliza ocupar realidades contraditórias ao mesmo tempo. Adotar isso e torná-lo visível são atitudes básicas para a sua abordagem da Teoria *queer*, e nisso vemos o início da expansão do *queer* para questões fora da sexualidade, juntamente com o seu uso como verbo.

Por ter adotado uma abordagem pós-moderna, Sedgwick identificou a linguagem – especificamente, "atos de fala" – como a maneira pela qual

TEORIAS CÍNICAS CRÍTICAS

esses binários injustos e "o armário" foram construídos e mantidos. Assim, ela viu a sua abordagem Teórica como potencialmente reveladora e, portanto, libertadora. Sedgwick observa:

> Uma suposição subjacente ao livro é que as relações do armário – as relações do conhecido e do desconhecido, o explícito e o não explícito em torno da definição homo/heterossexual – têm o potencial de ser peculiarmente reveladoras, de fato, sobre atos de fala de modo mais geral.[40]

Sedgwick considera que essas relações precisam de desconstrução, seguindo Derrida. Ela enfatiza, por exemplo, análises que reconhecem que a homossexualidade é considerada inferior à heterossexualidade, mas que o termo "heterossexualidade" não existiria se a homossexualidade não fosse uma categoria de diferença. Essa observação se destina a desconstruir a relação de poder no binário, destacando que – porque o conceito de heterossexualidade depende da existência e do *status* subordinado da homossexualidade – não se pode dizer que tenha *status* de prioridade. Dessa maneira, ela procura desconstruir a heteronormatividade, a expectativa generalizada de que a heterossexualidade é normal e o padrão.

Sedgwick acha útil generalizar a partir desse entendimento dos binários que se aplicam à sexualidade para outros binários na sociedade, como uma maneira de desestabilizar hierarquias de superioridade e inferioridade. Nisso, ela é completamente derrideana. Como outros pensadores derrideanos, isso a leva a destacar e explorar o que ela enxerga como a tensão que surge de sustentar duas visões aparentemente contraditórias ao mesmo tempo. Na sexualidade, para Sedgwick, essas visões são a "visão minorizante" e a "visão universalizante". Na *visão minorizante*, o homossexual é visto como algo que a minoria das pessoas é, enquanto a maioria é heterossexual. Enquanto isso, na *visão universalizante*, a sexualidade é considerada um espectro em que todos têm um lugar. Em outras palavras, todo mundo é um pouco (ou muito) gay. Essas duas ideias parecem contraditórias, mas Sedgwick acredita que a contradição em si é produtiva. Ela nos diz:

> O livro não vai sugerir (nem acredito que exista atualmente) qualquer ponto de vista de pensamento em que as alegações rivais desses entendimentos

108

minorizantes e universalizantes de definição sexual possam ser decisivamente arbitrados quanto à sua "verdade". Em vez disso, os efeitos performativos do campo de força discursivo autocontraditório criado pela sua sobreposição serão o meu assunto.[41]

De acordo com Sedgwick, o trabalho político produtivo pode ser alcançado forçando a manutenção de uma contradição clara, porque isso solapa o senso estável de significado para os conceitos pertinentes. A incoerência de endossar dois modelos contraditórios de sexualidade ao mesmo tempo pode nos ajudar a aceitar a complexidade e a mutabilidade da sexualidade. Assim, vemos aqui, mais uma vez, o compromisso de rejeitar a verdade objetiva e as categorias concretas, assim como a ideia de que a incoerência e a fluidez são libertadoras e politicamente necessárias. Os Teóricos *queer* podem expandir esse pensamento para abranger quase tudo, e pensam nisso como um tópico "*queering*". Por exemplo, os Teóricos têm categorias "*queered*" de tempo e história[42] e de vida e morte.[43]

Os princípios e os temas pós-modernos na Teoria *queer*

A Teoria *queer* é uma das formas mais explicitamente pós-modernas da Teoria nos estudos identitários atuais, e deve a Foucault grande parte do seu conceito fundamental de construção social da sexualidade pelo discurso. O princípio do conhecimento pós-moderno, em que a realidade objetiva é negada ou simplesmente ignorada, e o princípio político pós-moderno, que insiste que a sociedade é estruturada em sistemas de poder e privilégio que determinam o que é entendido como conhecimento, estão na linha de frente da Teoria *queer*. São mais evidentes no seu conceito fundamental de que a ciência é uma forma de disciplina opressora, que impõe conformidade de gênero e heterossexualidade ao estabelecer categorias e ao tentar asseverar verdades a respeito delas com autoridade rigorosa e legitimidade social.

Entre os quatro principais temas pós-modernos, a indefinição de fronteiras e o intenso foco na linguagem (discursos) são absolutamente centrais

TEORIAS CÍNICAS ~~CRÍTICAS~~

para a Teoria *queer*. Esses são os dois temas mais hostis ao conceito de uma realidade estável que podemos discutir francamente e, portanto, são os mais autodestrutivos. Contudo, a Teoria *queer* evita a autodestrutividade do pós-modernismo original, transformando a indefinição de fronteiras na sua forma preferida de ativismo político e o chamando de *"queering"*. Ou seja, a sua destrutividade, que de vez em quando é autodirigida, deve ter um propósito político. Grande parte dessa atividade se aplica a discursos, levando a uma obsessão quase patológica com as maneiras pelas quais se fala sobre sexo, gênero e sexualidade, o que levou a uma proliferação de termos que demarcam diferenças sutis em identidade de gênero e sexualidade, que habitam simultaneamente um espaço fluido e mutável, e ainda assim demandam uma sensibilidade incrivelmente extrema de linguagem.

Os outros dois dos quatro temas também aparecem na Teoria *queer*, mas menos abertamente. O tema do relativismo cultural está implícito no fato de que a Teoria *queer* assume que os entendimentos de gênero e sexualidade são sempre constructos culturais. Essa é uma característica que compartilha com a Teoria pós-colonial: portanto, os Teóricos *queer* costumam usar a Teoria pós-colonial e vice-versa. Embora existam diferenças significativas entre os dois grupos e seus objetivos, essas duas Teorias se baseiam uma na outra porque os seus métodos são totalmente compatíveis, já que ambos são bastante influenciados por Foucault e Derrida. Enquanto isso, a perda do individual e do universal também está implícita no fato de que os *selfs* generificados e sexuais dos indivíduos são considerados construídos por discursos de poder que eles não conseguem deixar de aprender e só conseguem subverter em pequenos pormenores. Portanto, a universalidade é *queer*-impossível, pois isso exigiria uma natureza humana comum; um conceito que a Teoria *queer* rejeita totalmente.

Com o seu foco em técnicas desconstrutivas e a sua concepção de conhecimento como um constructo de poder, a Teoria *queer* é, sem dúvida, a forma mais pura de pós-modernismo aplicado. Ela está subjacente em grande parte do ativismo trans e aparece em várias formas de estudos acadêmicos referentes à Justiça Social. A estrutura conceitual de *interseccionalidade* fazia parte dos textos fundamentais da Teoria *queer*, e ainda que o termo "interseccionalidade" esteja mais associado à Teórica crítica da raça Kimberlé Crenshaw, Butler também falou de intersecções com outras formas de identidade marginalizada ao mesmo tempo que Crenshaw e, aparentemente, de forma independente. Para ela, "o gênero possui intersecções com modalidades raciais, de classe, étnicas, sexuais e regionais de identidades discursivamente constituídas".[44] Assim, a Teoria *queer* butleriana se integra facilmente como uma dimensão fundamental do pensamento interseccional. Portanto, as feministas interseccionais tendem muito a incluir a Teoria *queer* no seu trabalho.

Talvez de forma mais significativa, a Teoria *queer* difira fundamentalmente do feminismo liberal e do ativismo LGBT que a precederam. Alegações de que a Teoria *queer* é a única maneira de libertar aqueles que não são heterossexuais ou conformados com o gênero são desmentidas pelo sucesso das abordagens liberais tanto antes quanto depois. O ativismo e o pensamento liberal pré-Teoria focaram na mudança de atitudes preconceituosas em relação a pessoas de um determinado sexo, gênero ou sexualidade, apelando para os nossos muitos pontos em comum e para a nossa humanidade comum, e para os princípios liberais universais. É provável que isso seja algo em que o ativismo trans também poderia se concentrar, conforme a ciência em torno das questões trans se desenvolve, se a Teoria *queer* não estivesse procurando ativamente subverter qualquer coisa universal ou normativa.

Em vez disso, a Teoria *queer* tem por objetivo – inutilmente – modificar ou desfazer os conceitos de sexo, gênero e sexualidade, e assim tende a se tornar desnorteante e irrelevante, ou até mesmo absolutamente alienante para a maioria dos membros da sociedade que deseja mudar. Os ativistas *queer* que dependem da Teoria *queer* tendem a agir com direitos e agressões surpreendentes – atitudes que a maioria das pessoas considera censuráveis –, especialmente por ridicularizar sexualidades e gêneros normativos e retratar aqueles que os reconhecem como retrógrados e grosseiros. Em geral, as pessoas não gostam de ouvir que o seu sexo, gênero e sexualidade não são reais, ou estão errados ou são ruins, algo que acharíamos que os Teóricos *queer* poderiam avaliar melhor do que ninguém.

Além disso, a ideia de que a heterossexualidade é um constructo social despreza completamente a realidade de que os seres humanos são uma espécie que se reproduz sexualmente. A ideia de que a homossexualidade é um constructo social despreza a farta evidência de que também é uma realidade biológica. Apesar de qualquer "libertação" que isso possa alcançar, ameaça anular o progresso considerável feito por ativistas lésbicas e gays em contestar a crença de que as suas atrações românticas e sexuais são mera "escolha de estilo de vida" que poderia, em duas manifestações do mesmo princípio, ser Teorizada à existência ou afastada com rezas. Embora a homossexualidade seja uma opção de estilo de vida perfeitamente aceitável, todas as evidências – e o testemunho esmagador de gays e lésbicas – indicam que é muito mais do que isso.[45]

Não tende a contribuir para o ativismo produtivo ser desdenhoso, irônico, anticientífico e bastante incompreensível intencionalmente. Também não ajuda as pessoas que querem ter o seu sexo, sexualidade ou gênero aceito como normal serem resgatadas continuamente de qualquer sensação de normalidade com o argumento de que considerar as coisas normais é problemático. Portanto, embora a Teoria *queer* pretenda defender lésbicas, gays, bissexuais e transgêneros, a maioria das pessoas LGBT não está familiarizada com ela nem a apoia. À medida que a Teoria continua a se declarar como a única forma legítima de estudar ou discutir tópicos de gênero, sexo e sexualidade, também continua a prejudicar as causas que procura apoiar com mais interesse.

Capítulo 5

TEORIA CRÍTICA DA RAÇA E INTERSECCIONALIDADE

ACABAR COM O RACISMO VENDO-O EM TODOS OS LUGARES

Nas suas raízes, a Teoria crítica da raça é um fenômeno norte-americano. Tão rigorosamente é esse o caso que, embora as suas ideias tenham sido usadas fora dos Estados Unidos por algum tempo, costumam ser bastante condimentadas com a história racial norte-americana. A Teoria crítica da raça defende que a raça é um constructo social criado para manter o privilégio branco e a supremacia branca. Essa ideia se originou muito antes do pós-modernismo, quando W.E.B. Du Bois sustentou que a ideia de raça estava sendo usada para oferecer explicações biológicas de diferenças que são sociais e culturais, a fim de perpetuar o tratamento injusto das minorias raciais, sobretudo afro-americanas.

Há boas razões para aceitarmos essa afirmação. Embora algumas diferenças típicas nas populações humanas – como cor de pele, textura do cabelo, formato dos olhos e suscetibilidade relativa a certas doenças – sejam reais de forma observável, e a herança geográfica de um indivíduo possa ser descoberta por meio de testes de DNA, não está claro por que isso foi considerado tão significativo a ponto de dividir as pessoas em grupos chamados de "raças". Por um lado, os biólogos não fazem isso. Os biólogos falam de populações, que podem ser identificadas por meio de marcadores genéticos por terem tido heranças evolucionárias um pouco diferentes, mas reduzir isso ao que costumamos chamar de "raça" é tão frequentemente errado a ponto de ser quase inútil na prática. Por exemplo, em medicina, "raça" não é muito útil porque as categorias raciais socialmente construídas não são mapeadas de forma confiável em linhagens genéticas biologicamente mais relevantes. Por outro lado, a ideia contemporânea de "raça" não se sustenta historicamente. Há razões convincentes para acreditar que não foi considerada significativa em períodos anteriores. A Bíblia, por exemplo, escrita há mais de dois mil anos na região do Mediterrâneo, onde se encontravam negros, pardos e brancos, está repleta de tribalismo moralista, mas quase não faz menção à cor da pele. Na Inglaterra do final da Idade Média, referências a pessoas "negras" costumavam simplesmente descrever a cor do cabelo dos europeus agora considerados "brancos".

Embora outros fatores possam ter contribuído, raça e racismo como os entendemos hoje provavelmente surgiram como construções sociais, criadas por europeus para justificar moralmente o colonialismo europeu e o tráfico de escravos no Atlântico. Os historiadores europeus rastrearam a ascensão do preconceito baseado na cor no período inicial da Idade Moderna, de 1500 a 1800, aproximadamente, e sustentaram que o preconceito com base na diferença religiosa deu lugar ao racismo – uma crença na superioridade de algumas raças sobre outras – ao longo do século XVII.[1] Para justificar os abusos do colonialismo e sequestro, exploração e abuso de escravos, as suas vítimas tinham que ser consideradas inferiores ou sub-humanas (mesmo que tivessem se convertido ao cristianismo). Isso suscita um ponto comum de confusão, porque também é inegável que outros povos, em outras épocas, praticaram a escravidão, o colonialismo e até o imperialismo genocida, e justificaram essas atrocidades de forma semelhante – caracterizando aqueles que escravizaram ou conquistaram como inferiores, muitas vezes usando características como cor de pele, cabelo e olhos, que podemos identificar como raça atualmente. Esse tipo de discriminação e até de desumanização já era generalizado, mas, na Europa e suas colônias, algumas diferenças fundamentais levam a uma análise única.

Em primeiro lugar, na Europa, até o século XVI, o conceito de raça não estava ligado de maneira consistente à *herdabilidade*. Antes disso, em geral, assumia-se que características como cor da pele eram determinadas ambientalmente, em vez de geneticamente, embora os conceitos afins em grego antigo (*genos*) e latim (*genus*), junto a registros dos chineses e de outros lugares, indiquem que a origem não era totalmente desprezada.[2] Em segundo lugar, as ideias construídas de raça foram usadas especificamente para justificar as atrocidades do colonialismo europeu e do tráfico de escravos no Atlântico. E em terceiro lugar – e talvez o mais importante –, isso foi feito por formas emergentes de estudo acadêmico no que agora chamaríamos de ciências sociais e ciências naturais, embora nenhuma delas tenha se dividido claramente nas disciplinas que hoje chamaríamos de "antropologia", "sociologia" e "biologia", nem tenha constituído o que agora consideraríamos métodos rigorosos.

Isso é importante porque o naturalismo e a ciência estavam se tornando rapidamente produtores de conhecimento; portanto, uma metodologia legitimadora de ideias, como o mundo nunca vira. Em última análise, é a autoridade legitimadora da ciência que o pós-modernismo critica com mais vigor. A ascensão das ciências – e de uma cultura intelectual e política que aceitava a ciência como legítima –, junto com os horrores do colonialismo e do tráfico escravo no Atlântico, levou a novas construções sociais de raça. Essa, ouvimos dos Teóricos atuais, é a "origem científica" do racismo, o que pode significar que esses discursos que aplicaram mal os resultados preliminares da ciência permitiram o surgimento dos primeiros *racistas socialmente construtivistas*. Em outras palavras, com essa categorização científica supersimplificada, exagerada e egoísta apareceram construções sociais associadas a categorias de resolução extremamente baixa: ser negro ("negritude") e ser branco ("branquitude"), às quais juízos de valor logo foram anexados. Introduziu-se, assim, o racismo como o entendemos hoje em dia.

Os primeiros contribuintes para o esforço de desafiar os pressupostos subjacentes ao racismo foram ex-escravos norte-americanos, incluindo Sojourner Truth[3] e Frederick Douglass,[4] no século XIX. Posteriormente, no século XX, críticos raciais influentes como W.E.B. Du Bois[5] e Winthrop Jordan[6] apresentaram a história do racismo baseado na cor nos Estados Unidos. O trabalho desses estudiosos e reformadores deveria ter sido suficiente para desmascarar o racismo pela ideologia vergonhosa e infundada que é, mas a crença na supremacia racial dos brancos sobreviveu. Essa foi especialmente extrema e duradoura no sul dos Estados Unidos, onde a escravidão perdurou como parte essencial da economia até a emancipação dos escravos por Abraham Lincoln em 1863. As leis de Jim Crow (leis

TEORIAS CÍNICAS ~~CRÍTICAS~~

estaduais e locais de segregação racial no sul dos Estados Unidos), a prática de discriminação racial e a segregação legal sobreviveram por mais tempo, perdurando até meados da década de 1960 e, de certa forma, além disso. Mesmo após as conquistas do Movimento pelos Direitos Civis sob Martin Luther King Jr., quando a discriminação com base na raça se tornou ilegal e as atitudes em relação à raça mudaram bastante rápido em termos históricos, essas narrativas de longa data não desapareceram. A Teoria crítica da raça foi concebida para identificá-las, destacá-las e enfrentá-las.

Assumindo uma abordagem crítica

Formalmente, a Teoria crítica da raça surgiu na década de 1970 por meio do estudo crítico do direito no que diz respeito às questões raciais. A palavra *crítica* aqui significa que a sua intenção e os seus métodos são especificamente direcionados a identificar e expor problemas a fim de facilitar a mudança política revolucionária. Isso foi especialmente pertinente porque, apesar de uma série de mudanças jurídicas profundas, mas imperfeitas, destinadas a prevenir a discriminação racial, muitos ativistas sentiram a necessidade de continuar a trabalhar contra o racismo que restou, o que era menos claramente demonstrável. Para conseguir isso, eles se voltaram para as ferramentas da crítica cultural que estavam em ascensão na época. Isso significava adotar abordagens críticas e, finalmente, a Teoria.

Em consequência, a abordagem crítica da raça, como outros métodos de crítica cultural, sempre foi um tanto dividida em pelo menos duas partes – uma "materialista" e a outra "pós-moderna" – que se diferenciam da abordagem liberal. Como a sua designação indica, os críticos materialistas da raça teorizam sobre como os sistemas materiais – econômico, jurídico, político – afetam as minorias raciais. Em contraste, os Teóricos pós-modernos se preocupavam mais com os sistemas linguístico e social e, portanto, visavam desconstruir discursos, detectar vieses implícitos e contestar suposições e atitudes raciais subjacentes. Por causa dessa diferença fundamental de foco, alguns materialistas criticaram os pós-modernos por realizarem análises de discurso intangíveis e subjetivas, que geralmente ocorrem em ambientes ricos e acadêmicos, desprezando questões materiais importantes e generalizadas, sobretudo a pobreza. Os pós-modernos reagiram, afirmando que, embora a realidade material seja de importância prática, não pode ser melhorada de forma significativa à medida que os discursos continuem a priorizar pessoas brancas.

A teoria crítica da raça em ambas as versões, materialista e pós-moderna, reagiu contra o liberalismo e enfatiza uma forma de radicalismo. Como descrito pelos Teóricos críticos da raça Richard Delgado e Jean Stefancic:

> Ao contrário do discurso tradicional dos direitos civis, que enfatiza o incrementalismo e o progresso passo a passo, a teoria crítica da raça questiona os próprios fundamentos da ordem liberal, incluindo a teoria da igualdade, o raciocínio jurídico, o racionalismo iluminista e os princípios neutros do direito constitucional.[7]

Como Delgado e Stefancic observam adicionalmente:

> Os acadêmicos críticos da raça estão descontentes com o liberalismo como uma estrutura para abordar os problemas raciais norte-americanos. Muitos liberais acreditam no daltonismo e nos princípios neutros do direito constitucional. Acreditam em igualdade, sobretudo o tratamento igual para todas as pessoas, independentemente das suas histórias diferentes ou situações atuais.[8]

Isso é verdade – e a natureza iliberal da Teoria crítica da raça está entre as críticas mais duras e duradouras contra ela.

O falecido Derrick Bell, o primeiro professor titular afro-americano na Harvard Law School, é frequentemente considerado o progenitor do que geralmente chamamos de Teoria crítica da raça, cujo nome ele obteve ao inserir raça em sua área de especialidade: teoria crítica jurídica. Bell era um materialista, talvez mais conhecido por ter trazido métodos críticos para apoiar o entendimento dos direitos civis e os discursos que os cercam. Bell foi um franco defensor do revisionismo histórico, e é mais conhecido por sua tese de "convergência de interesses", descrita no seu livro *Race, Racism,*

TEORIAS CÍNICAS ~~CRÍTICAS~~

and American Law, de 1970.[9] Essa tese sustenta que os brancos concederam direitos aos negros apenas quando era do seu interesse fazê-lo – uma visão sombria que nega a possibilidade de que qualquer progresso moral tenha sido feito desde a era Jim Crow. Isso não é exagero de sua intenção; Bell afirma isso explicitamente no seu livro *And We Are Not Saved: The Elusive Quest for Racial Justice*, de 1987:[10] "O progresso nas relações raciais norte--americanas é em grande parte uma miragem que obscurece o fato de que os brancos continuam, consciente ou inconscientemente, a fazer tudo ao seu alcance para assegurar o seu domínio e manter o seu controle".[11] Esse pessimismo cínico permeia a análise de Bell. Por exemplo, ele também considerou que os brancos introduziram a dessegregação não como uma solução para os problemas dos negros, mas para favorecer os próprios interesses enquanto suprimiram o radicalismo negro durante a Guerra Fria (e em outras épocas).[12] Por causa das suas crenças em um sistema generalizado e irreparável de domínio branco na sociedade norte-americana,[13] Bell sustentou que tais mudanças levam a uma série de problemas totalmente novos por meio dos quais a superioridade branca continuamente se afirmaria sobre os interesses dos negros, por exemplo, por meio da retaliação dos brancos e da luta dos brancos.[14] Isso era típico do espírito crítico da raça da época. O seu contemporâneo Alan Freeman, igualmente cínico e pessimista, escreveu uma série de artigos jurídicos afirmando que a legislação antirracista na verdade apoiava o racismo.[15]

Claro que a simples igualdade jurídica entre raças não é suficiente para solucionar todas as desigualdades sociais. Há um importante trabalho na abordagem de desequilíbrios mensuráveis nos âmbitos político, legal e econômico, comparando o financiamento para escolas em áreas majoritariamente brancas e negras, as diferenças na condenação de infratores negros e brancos, as disparidades em habitação e empréstimos em comunidades negras e brancas, as diferenças nas representações de negros e brancos em empregos de alto prestígio, com o objetivo de descobrir por que essas disparidades aconteceram. No entanto, há muitas críticas gerais e liberais a serem feitas aos teóricos materialistas críticos da raça, em adição ao seu pessimismo. Frequentemente, os teóricos materialistas críticos da raça defendem o nacionalismo negro e a segregação[16] acima dos direitos humanos e da cooperação universais. Além disso, as suas análises supostamente

118

empíricas da realidade material, que em geral consideram que o racismo e a discriminação não estão diminuindo, podem parecer muito uma escolha seletiva e uma generalização a partir dos piores exemplos.

Embora o pessimismo dos materialistas persistisse, a sua abordagem não persistiu. Os materialistas dominaram o movimento crítico da raça durante as décadas de 1970 e 1980; mas, a partir da década de 1990, os pós-modernos passaram a dominá-lo cada vez mais. Com o tempo, os pós--modernos passaram a se concentrar em microagressões, discursos de ódio, espaços seguros, apropriação cultural, testes de associação implícita, representação na mídia, "branquitude" e todos os ornamentos agora familiares do discurso racial atual.[17] Essa mudança se deve em grande parte à influência de algumas Teóricas críticas do sexo feminino, que ganharam destaque no final da década de 1980 e durante a década de 1990 e promoveram o pensamento feminista negro radical, incluindo bell hooks, Audre Lorde e Patricia Hill Collins. Essas acadêmicas se alegraram em obscurecer as fronteiras das disciplinas acadêmicas, discutindo apaixonadamente sobre o patriarcado e a supremacia branca de uma maneira que misturavam o jurídico com o sociológico, literário e autobiográfico de modos especificamente generificados. De forma significativa, elas reclamaram à exaustão da "branquitude" do feminismo. Com isso, prepararam o terreno para outra onda de Teóricas influentes: acadêmicas como Patricia Williams, Angela Harris e Kimberlé Crenshaw – aluna de Bell que o ajudou a criar o termo "Teoria crítica da raça". Essas acadêmicas se basearam tanto na Teoria crítica da raça, o que incluía análise de classes, como no feminismo, que incorporava ideias sobre gênero e sexualidade. Isso produziu uma análise "sofisticada" e extremamente sobreposta de identidade e experiência, incluindo fatores sociais, jurídicos e econômicos. Ao analisar múltiplos sistemas de poder e privilégio e situar a experiência como fonte de conhecimento dentro deles, elas se afastaram da análise material e avançaram rumo à análise pós-moderna.

Essa mudança implicou novos compromissos. Desapareceu o foco central nas realidades materiais pertinentes para a compreensão sistêmica e estrutural do racismo, sobretudo a pobreza. Isso foi substituído pela análise do discurso e do poder. Ao mesmo tempo, a Teoria crítica da raça investiu pesado na política identitária e sua suposta justificativa intelectual: a teoria

TEORIAS CÍNICAS ~~CRÍTICAS~~

do ponto de vista. Ou seja, *grosso modo*, a ideia de que a identidade e a posição de uma pessoa na sociedade influenciam em como ela chega ao conhecimento. Esses desenvolvimentos, junto com a indefinição de fronteiras e a dissolução do individual em favor da identidade grupal, revelam o domínio do pensamento pós-moderno na Teoria crítica da raça no início da década de 1990.

Essa mudança se evidencia em todos os escritos da época. Por exemplo, Patricia Williams, professora de direito comercial, é mais conhecida pelo seu ensaio autobiográfico do tamanho de um livro, *The Alchemy of Race and Rights* (1991).[18] A sua editora, a Harvard University Press, descreve-o como operativo na "intersecção de raça, gênero e classe", e evoca a indefinição de fronteiras tão comum nas abordagens pós-modernas, escrevendo:

> Williams apresenta a lei como um texto mitológico, em que os poderes do comércio e da Constituição, da riqueza e da pobreza, da sanidade e da insanidade travam uma guerra através de fronteiras complexas e sobrepostas do discurso. Ao transgredir deliberadamente essas fronteiras, ela busca um caminho em direção à justiça racial que é, em última análise, transformador.[19]

Na Teoria crítica da raça que surgiu, também vemos o foco na linguagem e nos discursos e a necessidade de rompê-los. Há, é claro, validade no argumento do pós-modernismo aplicado de que é muito mais difícil corrigir desequilíbrios sociais sem primeiro abordar atitudes e pressupostos preconceituosos, que, os Teóricos observam com razão, muitas vezes se manifestam nas maneiras de falar sobre as coisas: os discursos.

O melhor uso prático desse reconhecimento seria o estudo acadêmico rigoroso (em vez de puramente teórico e interpretativo) das atitudes sociais em relação à raça. Para os Teóricos do pós-modernismo aplicado, porém, o foco nos discursos está principalmente preocupado com a *posicionalidade* – a ideia de que a posição de uma pessoa dentro da sociedade, como determinada pela identidade grupal, dita como essa pessoa entende o mundo e será entendida nele. Essa ideia é central para a Teoria crítica da raça, como fica evidente desde as primeiras linhas de *The Alchemy*: "A posição do sujeito é tudo na minha análise da lei", Williams escreve. Em seguida, ela articula

120

TEORIA CRÍTICA DA RAÇA E INTERSECCIONALIDADE

a importância da linguagem e dos discursos e a necessidade de rompê-los, obscurecendo as fronteiras entre significados, legais e outros:

> Estou interessada na maneira pela qual a linguagem jurídica nivela e confina em absolutos a complexidade do significado inerente em qualquer problema dado; estou tentando desafiar os limites habituais do discurso comercial usando um vocabulário intencionalmente de voz dupla e relacional, em vez de um antiquado e tradicionalmente jurídico.[20]

O conceito pós-moderno de um *self* "posicional" – uma identidade socialmente construída que ocupa um local específico dentro da paisagem privilégio/opressão – é evidente. A jurista Angela Harris desenvolve essa ideia ainda mais ao defender uma teoria da consciência múltipla (do ponto de vista): "É uma premissa deste artigo que não nascemos com um '*self*', mas sim somos compostos de uma confusão de '*selfs*' parciais, às vezes contraditórios ou até mesmo antitéticos".[21] Essa ideia de uma consciência múltipla, enraizada na identidade e posicionalidade, ocorre periodicamente no estudo acadêmico pós-moderno sobre a mistura de camadas divergentes de identidade marginalizada, e teve um enorme impacto em como o conhecimento é estudado e entendido dentro do estudo acadêmico feminista e da Teoria crítica da raça.

Apesar da aparente complexidade de ter que considerar constantemente o impacto da posição social de alguém em ser tanto um falante quanto um conhecedor, e relacioná-lo com as posições sociais daqueles ao seu redor, a Teoria crítica da raça costuma ser excepcionalmente clara na sua exposição. Na verdade, a linguagem pós-moderna frustrantemente obscura e ambígua das Teorias pós-colonial e *queer* está visivelmente ausente da Teoria crítica da raça, provavelmente por causa da sua gênese nos estudos jurídicos. A Teoria crítica da raça mantém um compromisso com o papel do discurso na construção da realidade social e aborda questões de complexidade aparentemente infinita, mas não costuma se desesperar em transmitir significado por meio de uma linguagem clara. Ela possui um propósito político, que não se limita a desconstruir ou romper metanarrativas. Portanto, é muito mais fácil de ver quais são os pressupostos da Teoria crítica da raça, especialmente porque os seus Teóricos tendem a listá-los.

TEORIAS CÍNICAS ~~CRÍTICAS~~

Por exemplo, *Critical Race Theory*, de Richard Delgado e Jean Stefancic, que é uma leitura muito influente, expõe os pressupostos básicos desta maneira:

"O racismo é normal, e não anormal." Isto é, é a experiência cotidiana dos não brancos nos Estados Unidos.

"Um sistema de ascendência do branco sobre o não branco serve a fins importantes, tanto psíquicos quanto materiais, para o grupo dominante." Ou seja, a supremacia branca é sistêmica e beneficia os brancos. Portanto, as políticas "daltônicas" podem enfrentar apenas as formas de discriminação mais flagrantes e demonstráveis.

"A tese de 'construção social' sustenta que raça e raças são produtos do pensamento e das relações sociais." A interseccionalidade e o antiessencialismo – oposição à ideia de diferença racial como inata – são necessários para lidar com isso.

Existe uma "única voz de pessoas de cor", e o *status* de minoria (...) acarreta uma competência presumida de falar sobre raça e racismo". Isso não é entendido como essencialismo, mas como produto de experiências comuns de opressão. Em outras palavras, essa é a teoria do ponto de vista.[22]

Esses pressupostos básicos asseveram inequivocamente o que está acontecendo na Teoria crítica da raça: o racismo está presente em toda parte e sempre, e age persistentemente contra os não brancos, que têm consciência disso, e em benefício dos brancos, que tendem a não ter, como é seu privilégio.[23] Outros Teóricos e educadores incluem uma desconfiança fundamental em relação ao liberalismo, uma rejeição da meritocracia,[24] e um compromisso de trabalhar em favor da Justiça Social.[25]

A disseminação da Teoria crítica da raça

A Teoria crítica da raça se expandiu a partir dos estudos jurídicos e alcançou diversas disciplinas preocupadas com a Justiça Social. Em particular, a teoria

TEORIA CRÍTICA DA RAÇA E INTERSECCIONALIDADE

da educação (pedagogia) foi bastante afetada. Como Delgado e Stefancic observam:

> Embora a TCR [Teoria crítica da raça] tenha começado como um movimento no direito, rapidamente se disseminou para além dessa disciplina. Atualmente, muitos acadêmicos da área da educação se consideram teóricos críticos da raça que utilizam as ideias da TCR para entender questões de disciplina e hierarquia escolar, monitoramento, ação afirmativa, testes de alto risco, controvérsias sobre currículo e história, educação bilíngue e multicultural e escolas alternativas e independentes.[26]

Eles especificam os pontos de apoio mais fortes da Teoria crítica da raça, indicando o quão eficazmente podem ser incorporados em outras disciplinas:

> Os cientistas políticos refletiram sobre estratégias de votação criadas por teóricos críticos da raça, enquanto professoras de estudos sobre as mulheres ensinam a respeito de interseccionalidade – a situação difícil das mulheres não brancas que estão na intersecção de duas ou mais categorias. Os cursos de estudos étnicos costumam incluir um departamento sobre teoria crítica da raça, e os departamentos de estudos norte-americanos ensinam conteúdos a respeito de estudos críticos de brancos desenvolvidos por autores de TCR. Sociólogos, teólogos e especialistas em saúde pública utilizam a teoria crítica e suas ideias. Os filósofos incorporam ideias críticas da raça ao analisar questões como discriminação de ponto de vista e se a filosofia ocidental é inerentemente branca na sua orientação, nos seus valores e método de raciocínio.[27]

De fato. Como vamos discutir no Capítulo 8, as abordagens Teóricas feminista e crítica da raça sustentam que a razão é uma tradição filosófica ocidental, que prejudica injustamente as mulheres e as minorias raciais. Em consequência, a Teoria crítica da raça assume uma postura desbragadamente ativista:

> Ao contrário de algumas disciplinas acadêmicas, a teoria crítica da raça contém uma dimensão ativista. Ela tenta não só compreender a nossa situação

TEORIAS CÍNICAS ~~CRÍTICAS~~

social como também mudá-la, não se limitando a verificar como a sociedade se organiza ao longo de linhas e hierarquias sociais, mas também transformá-la para melhor.[28]

Em consequência, tomamos conhecimento da linguagem da Teoria crítica da raça de ativistas em todas as esferas da vida, e alguém poderia ser facilmente perdoado – se a Teoria crítica da raça não considerasse racista perdoar isso – por pensar que a Teoria crítica da raça soe bastante racista em si, atribuindo falhas profundas de moral e caráter aos brancos (como consequência de ser branco em uma sociedade dominada por brancos). Somos informados de que o racismo está incorporado na cultura e que não podemos escapar dele. Tomamos conhecimento de que os brancos são basicamente racistas. Somos informados de que o racismo é "preconceito mais poder"; portanto, apenas brancos podem ser racistas. Tomamos conhecimento de que apenas não brancos podem falar sobre racismo, que os brancos precisam apenas ouvir e que não possuem o "vigor racial" para se envolver. Tomamos conhecimento de que não ver as pessoas em termos de raça (ser daltônico) é, de fato, racista e uma tentativa de ignorar o racismo generalizado que domina a sociedade e perpetua o privilégio dos brancos. Podemos ouvir esses mantras em muitas esferas da vida, mas eles são especialmente preponderantes nos *campi* universitários. Delgado e Stefancic consideram isso positivo:

> Quando este livro seguiu para impressão, os alunos de dezenas de *campi* estavam se manifestando por "espaços seguros" e proteção contra climas racialmente hostis com insultos diários, epítetos, calúnias e exibições de símbolos e bandeiras confederados. Essas questões de "clima no *campus*" estão originando sérias reconsiderações entre os administradores universitários, e por boas razões. Com a ação afirmativa sob ataque cerrado, as universidades precisam garantir que seus *campi* sejam tão receptivos quanto possível. Ao mesmo tempo, uma nova geração de *millennials* parece estar demonstrando uma disposição renovada de confrontar a autoridade ilegítima.[29]

A Teoria crítica da raça se tornou uma parte muito importante da cultura do *campus* em diversas universidades e, curiosamente, é mais evidente nas instituições de elite. A interseccionalidade é fundamental para essa cultura e também ganhou vida própria fora dela.

Teoria crítica da raça como pós-modernismo aplicado

Apesar do seu foco cada vez mais pós-moderno em discursos, atitudes e vieses, alguns acadêmicos têm duvidado de que esse ramo da Teoria crítica da raça seja verdadeiramente pós-moderno. Uma objeção comum é que o pós-modernismo rejeitava tipicamente o significado compartilhado e a identidade estável (ou subjetividade). Portanto, a política identitária deve fazer pouco sentido de uma perspectiva pós-moderna ortodoxa.

Os críticos que usam esse argumento têm razão e estão no direito de insistir em apenas reconhecer os primeiros pós-modernos como "verdadeiros" pós-modernos; entretanto, é verdade que, no final da década de 1980 e no início da década de 1990, os Teóricos críticos da raça adotaram algumas ideias pós-modernas básicas da primeira fase radicalmente desconstrutiva e as adaptaram a um novo projeto aplicável de forma intencional politicamente. Os novos Teóricos críticos da raça rejeitaram de modo explícito a desconstrução sem fim e sem objetivo do pós-modernismo original, muitas vezes considerando-a um produto do *status* naturalmente privilegiado de filósofos brancos como Foucault e Derrida, que deixaram de levar em conta as suas posições privilegiadas como homens brancos. A acadêmica e ativista feminista negra bell hooks, por exemplo, escreveu na década de 1980 que as pessoas que queriam se livrar da subjetividade e das vozes coerentes (os pós-modernos originais) eram homens brancos e ricos, cujas vozes foram ouvidas e cuja identidade era dominante na sociedade.[30] Em 1990, no seu influente ensaio "Race and Essentialism in Feminist Legal Theory", Angela Harris também sustenta que o feminismo falhou em relação às mulheres negras ao tratar as suas experiências simplesmente como uma variação das experiências das mulheres brancas. Essas ideias se desenvolveram em uma

TEORIAS CÍNICAS ~~CRÍTICAS~~

linha de pensamento básica na Teoria crítica da raça que foi determinante para o desenvolvimento da *interseccionalidade*.

Interseccionalidade

A acadêmica crítica da raça que se refere ao pós-modernismo de forma mais explícita na sua obra e que mais claramente defende um uso mais politizado e acionável dele é Kimberlé Crenshaw, idealizadora da Teoria crítica da raça e progenitora do conceito de *interseccionalidade*. A interseccionalidade começou como uma heurística – uma ferramenta que permite que alguém descubra algo por si mesmo –, mas há muito tempo é tratada como uma teoria e agora é descrita por Crenshaw como uma "prática". Crenshaw apresentou a ideia de interseccionalidade em 1989 em um polêmico artigo acadêmico de direito intitulado "Demarginalizing the Intersection of Race and Sex: A Black Feminist Critique of Antidiscrimination Doctrine, Feminist Theory and Antiracist Politics".[31] Nele, ela examina três casos de discriminação legal e utiliza a metáfora de um cruzamento de trânsito para analisar as maneiras pelas quais diferentes formas de preconceito podem "atingir" um indivíduo com duas ou mais identidades marginalizadas. Crenshaw sustenta que – assim como alguém parado no cruzamento de duas ruas pode ser atropelado por um carro vindo de qualquer direção ou até por mais de um ao mesmo tempo – uma pessoa marginalizada pode ser incapaz de dizer qual das suas identidades está sendo discriminada em qualquer caso. Persuasivamente, ela afirma que a legislação para impedir a discriminação com base na raça *ou* gênero é insuficiente para lidar com esse problema ou com o fato de que uma mulher negra, por exemplo, pode experimentar formas únicas de discriminação que nem mulheres brancas nem homens negros enfrentam.

Essa ideia pungente, ainda que aparente e relativamente incontestável, estava prestes a mudar o mundo. Foi mais bem articulada dois anos depois, em 1991, no ensaio muito influente de Crenshaw, "Mapping the Margins: Intersectionality, Identity Politics, and Violence against Women of Color",

TEORIA CRÍTICA DA RAÇA E INTERSECCIONALIDADE

em que ela define a interseccionalidade como um "conceito provisório que liga a política contemporânea à teoria pós-moderna".[32] Para Crenshaw, a abordagem pós-moderna da interseccionalidade permitiu que a Teoria crítica da raça e o feminismo incorporassem o ativismo político, mantendo o seu entendimento de raça e gênero como constructos culturais. Além disso, essa abordagem Teórica permitiu que cada vez mais categorias de identidade marginalizada fossem incorporadas em análises interseccionais, adicionando camadas e mais camadas de aparente sofisticação e complexidade ao conceito, e ao estudo acadêmico e ativismo que o utilizam. Essa complexidade Teórica, que Patricia Hill Collins chamou de "matriz de dominação" no seu livro *Pensamento feminista negro*,[33] de 1990, incitou duas décadas de novas atividades por acadêmicos e ativistas. "Mapping the Margins" propiciou os meios: defender abertamente a política identitária em vez do universalismo liberal, que tinha procurado remover o significado social das categorias identitárias e tratar as pessoas de maneira igualitária, independentemente da identidade. A política identitária restaura o significado social das categorias identitárias a fim de valorizá-las como fonte de empoderamento e comunidade. Crenshaw escreve:

> Todos nós podemos reconhecer a distinção entre as afirmações "Eu sou negro" e a afirmação "Eu sou uma pessoa que por acaso é negra". "Eu sou negro" assume a identidade socialmente imposta e empodera isso como uma âncora de subjetividade. "Eu sou negro" se torna não apenas uma declaração de resistência, mas também um discurso positivo de autoidentificação, intimamente ligado a declarações enaltecedoras como a nacionalista negra *"Black is beautiful"*. Por outro lado, "Eu sou uma pessoa que por acaso é negra" alcança a autoidentificação ao se esforçar por certa universalidade (de fato, "Eu sou primeiro uma pessoa") e por uma rejeição concomitante da categoria imposta ("negra") como contingente, circunstancial, não determinante.[34]

Em seu retorno ao significado social de raça e gênero e ao empoderamento da política identitária negra e feminina, "Mapping the Margins" pode ser considerado central e fundamental para a Justiça Social como é praticada e estudada hoje. Também revitalizou as condições sob as quais o racismo socialmente construtivista se estabeleceu – a reificação das

TEORIAS CÍNICAS ~~CRÍTICAS~~

categorias raciais socialmente construídas – depois de décadas de desbaste pelas abordagens liberais. Dessa maneira, preparou o terreno para o "racismo estratégico" que veio a caracterizar a dimensão racial do estudo acadêmico sobre Justiça Social, que será discutido mais adiante no Capítulo 8. Como a interseccionalidade se tornou uma estrutura importante no estudo acadêmico sobre Justiça Social e na recente rejeição explícita do universalismo liberal em favor da política baseada em identidades, vale a pena analisar os seus pressupostos fundamentais de forma mais aprofundada. Baseando-se no construtivismo cultural pós-moderno, ao mesmo tempo que considera a opressão objetivamente real e defende objetivos políticos acionáveis, a interseccionalidade também fornece o exemplo mais claro de surgimento, imperativo, técnico e de caráter da virada para o pós-modernismo do final da década de 1980 e do início da década de 1990.

Interseccionalidade e a virada para o pós-modernismo aplicado

Em "Mapping the Margins", Crenshaw critica duas maneiras de entender a sociedade: liberalismo (universal) e pós-modernismo (altamente destrutivo). Crenshaw achava inadequado o discurso liberal dominante em torno da discriminação para entender as maneiras pelas quais as estruturas de poder perpetuavam a discriminação contra pessoas com mais de uma categoria de identidade marginalizada. Como o liberalismo procurou remover as expectativas sociais das categorias identitárias – a expectativa de negros realizando trabalhos braçais, a expectativa de mulheres priorizando as funções domésticas e parentais e assim por diante – e procurou tornar todos os direitos, liberdades e oportunidades disponíveis para todas as pessoas, *independentemente* das suas identidades, houve um forte foco no individual e no universal e uma despriorização das categorias identitárias. Para Crenshaw, isso era inaceitável. Ela escreve:

> Para os afro-americanos, outros não brancos, gays e lésbicas, entre outros (...) a política baseada em identidade foi uma fonte de força, comunidade e

desenvolvimento intelectual. No entanto, a adoção da política identitária tem estado em tensão com as concepções dominantes de justiça social. Raça, gênero e outras categorias identitárias são mais frequentemente tratadas no discurso liberal dominante como vestígios de vieses ou dominação – isto é, como estruturas intrinsecamente negativas nas quais o poder social atua para excluir ou marginalizar aqueles que são diferentes. De acordo com esse entendimento, o nosso objetivo libertador deveria ser esvaziar essas categorias de qualquer significado social. Apesar disso, está implícita em certas tendências dos movimentos de libertação racial e feminista, por exemplo, a visão de que o poder social para delinear a diferença não precisa ser o poder da dominação. Em vez disso, pode ser a fonte do empoderamento e da reconstrução social.[35]

Crenshaw está iniciando uma mudança importante aqui. No auge da sua fase desconstrutiva, o pós-modernismo possibilitou a análise das estruturas de poder e entendeu de forma proveitosa (no ponto de vista de Crenshaw) raça e gênero como constructos sociais. No entanto, por causa do seu ceticismo radical, não levou em conta a realidade dessas estruturas e categorias sociais, cujo reconhecimento é essencial se alguém quer abordar a discriminação por esses motivos. Portanto, ela critica esse aspecto do pós-modernismo radicalmente desconstrutivo, embora insistindo que o princípio político pós-moderno é convincente:

Embora o projeto descritivo do pós-modernismo de questionar as maneiras pelas quais o significado é socialmente construído seja geralmente válido, essa crítica às vezes interpreta mal o significado da construção social e distorce a sua relevância política. (...) Mas dizer que uma categoria como raça ou gênero é socialmente construída não é o mesmo que afirmar que essa categoria não tem significado no nosso mundo. Pelo contrário, um projeto amplo e contínuo para pessoas subordinadas – e, de fato, um dos projetos para os quais as teorias pós-modernas têm sido muito úteis – está pensando a respeito da forma como o poder se agrupou em torno de certas categorias e é exercido contra outras.[36]

Assim, no início da década de 1990, Crenshaw propôs a necessidade de uma maneira inteiramente nova de pensar, uma que aceitasse a existência objetiva de camadas complexas de discriminação, assim como de categorias de pessoas e sistemas de poder – mesmo que tivessem sido construídos socialmente. Isso é a interseccionalidade. Ela abarca o princípio político pós-moderno e aceita uma variante do princípio do conhecimento pós-moderno – qual seja, aquela que vê o conhecimento como posicional. A interseccionalidade de Crenshaw rejeitou explicitamente a universalidade em favor da identidade grupal, pelo menos no contexto político em que ela escreveu, e, em grande medida, as feministas e os Teóricos críticos da raça interseccionais continuaram a fazer isso desde então.[37]

Nessa estrutura, longe de serem irrelevantes socialmente – como no liberalismo –, gênero e raça se tornaram locais de ativismo político renovado, e a política identitária está em ascensão. A interseccionalidade é o eixo no qual gira a virada para o pós-modernismo aplicado e é a semente que germinaria o estudo acadêmico sobre Justiça Social cerca de vinte anos depois. Portanto, é importante entender a interseccionalidade e as maneiras pelas quais ela preservou os princípios e os temas pós-modernos, ao mesmo tempo que fazia uso acionável deles.

Complexa, mas muito simples

Desde a sua concepção, o significado e o propósito da interseccionalidade se expandiram muito. Para as sociólogas interseccionais Patricia Hill Collins e Sirma Bilge:

> A interseccionalidade é uma maneira de compreender e analisar a complexidade do mundo, das pessoas e das experiências humanas. Os acontecimentos e as condições da vida social e política e do *self* raramente podem ser entendidos como moldados por um único fator. Em geral, são moldados por muitos fatores de maneiras diversas e que se influenciam mutuamente. Quando se trata de desigualdade social, a vida das pessoas e a organização do poder em uma determinada sociedade são mais bem compreendidas como sendo moldadas não por um único eixo de divisão social, seja de raça, gênero

TEORIA CRÍTICA DA RAÇA E INTERSECCIONALIDADE

ou classe, mas por muitos eixos que atuam juntos e se influenciam mutuamente. Como ferramenta analítica, a interseccionalidade oferece às pessoas melhor acesso à complexidade do mundo e de si mesmas.[38]

O número de eixos da divisão social sob a interseccionalidade pode ser quase infinito, mas não pode ser reduzido ao *indivíduo*. (As pessoas costumam brincar que o indivíduo é o ponto final lógico de uma abordagem interseccional que divide as pessoas em grupos cada vez menores, mas isso compreende mal a dependência fundamental na *identidade grupal*. Mesmo se uma pessoa fosse uma mistura única de identidades marginalizadas, portanto, interseccionalmente, um indivíduo único, ela seria entendida por meio de cada uma e todas essas identidades grupais, com os detalhes a serem preenchidos pela Teoria. A pessoa não seria entendida como um indivíduo.) Portanto, as categorias nas quais a interseccionalidade está interessada são numerosas. Além dessas categorias de raça, sexo, classe, sexualidade, identidade de gênero, religião, *status* de imigração, capacidade física, saúde mental e tamanho corporal, há subcategorias, como tom de pele exato, forma corporal e identidades de gênero e sexualidades obscuras, cujo número está na casa de centenas. Todas elas devem ser entendidas em relações mútuas, para que a posicionalidade que cada intersecção delas confere possa ser identificada e engajada. Além do mais, isso não apenas torna a interseccionalidade incrivelmente complexa no âmbito interno. Também é confusa porque é muito interpretativa e opera com inúmeros elementos identitários ao mesmo tempo, cada um dos quais possui diferentes reivindicações a um grau relativo de marginalização, nem todos diretamente comparáveis.

No entanto, não há nada complexo acerca da ideia abrangente de interseccionalidade ou das Teorias sobre as quais ela é construída. Nada poderia ser mais simples. Ela faz a mesma coisa repetidas vezes: procura os desequilíbrios de poder, a intolerância e os vieses que supõe que devam estar presentes e os pega. Reduz *tudo* a uma única variável, a um único tópico de conversa, a um único foco e interpretação: o preconceito, como entendido sob a dinâmica de poder afirmada pela Teoria. Assim, por exemplo, resultados díspares podem ter uma, e apenas uma, explicação, e isso é intolerância preconceituosa. A questão é simplesmente identificar como isso se manifesta em uma determinada situação. Portanto, sempre assume que, em toda

TEORIAS CÍNICAS ~~CRÍTICAS~~

situação, existe alguma forma de preconceito Teórico, e devemos encontrar uma maneira de evidenciar isso. Nesse sentido, é uma ferramenta – uma "prática" – idealizada para aplainar toda complexidade e nuance, de modo que possa promover políticas identitárias de acordo com a sua visão.

O sistema de castas da Justiça Social

Por causa da sua complexidade interna e do foco obstinado na opressão, a interseccionalidade é cheia de divisões e subcategorias, que existem em competição – ou mesmo em contradição impenitente – umas com as outras. Portanto, nos Estados Unidos, algumas pessoas sustentam que homens gays brancos[39] e pessoas de cor não negras – em geral, avaliadas como grupos marginalizados – precisam reconhecer o seu privilégio e a sua antinegritude.[40] Isso pode levar à insistência de que os negros de pele mais clara reconheçam o seu privilégio sobre os negros de pele mais escura.[41] Os negros heterossexuais têm sido descritos como "os brancos dos negros".[42] Também não é incomum ouvir argumentos de que homens trans, embora ainda oprimidos por atitudes em relação ao seu *status* trans, precisam reconhecer que ascenderam ao privilégio masculino[43] e amplificar as vozes das mulheres trans, que são vistas como duplamente oprimidas, por serem trans e mulheres. Homens gays e lésbicas podem muito bem não se considerar oprimidos, sobretudo se não se sentirem atraídos por homens ou mulheres trans, respectivamente, o que é considerado uma forma de transfobia e generificação incorreta.[44] Asiáticos e judeus podem se considerar despojados do *status* de marginalizados devido ao sucesso econômico comparativo da sua faixa demográfica, à sua participação na "branquitude" ou outros fatores.[45] O *queerness* precisa ser descolonizado – o significado tornado mais racialmente diverso –, e as suas origens conceituais em figuras brancas como Judith Butler precisam ser questionadas.[46]

No mundo real, tentar "respeitar" todas as identidades marginalizadas ao mesmo tempo, como vozes únicas com a sabedoria inerente e inquestionável conectada aos seus grupos culturais, pode gerar conflito e contradição.

TEORIA CRÍTICA DA RAÇA E INTERSECCIONALIDADE

Vimos exemplos disso quando Peter Tatchell, ativista dos direitos humanos de longa data, foi acusado de racismo por criticar rappers negros que apresentavam raps sobre o assassinato de gays.[47] Apareceu novamente na confusão e no conflito sobre quem apoiar quando esteticistas de minorias étnicas erraram o gênero de uma pessoa que alegava ser uma mulher trans ao se recusarem a depilar os seus testículos com base no fato de que a religião e os costumes delas proibiam o contato com a genitália masculina.[48]

Toda essa "sofisticação" mantém os interseccionalistas ocupados, internamente briguentos e divididos, mas tudo é feito a serviço de unir os diversos grupos oprimidos Teoricamente em um metagrupo único, "oprimido" ou "outro", sob uma metanarrativa abrangente de *Justiça Social*, que procura estabelecer um sistema de castas baseado em estados Teóricos de opressão. Portanto, no sentido contemporâneo, a Justiça Social é significativamente diferente do ativismo pelos direitos humanos universais que caracterizou os movimentos pelos direitos civis.[49] Essas abordagens liberais e igualitárias procuraram igualar as oportunidades ao criminalizar a discriminação, remediar a privação de direitos e derrotar a intolerância, tornando tudo isso preconceito com base em características imutáveis socialmente inaceitáveis. Sendo assim, elas oferecem um objetivo alcançável para o indivíduo liberal bem-intencionado: tratar as pessoas de forma igualitária, independentemente da sua identidade. Na melhor das hipóteses, a abordagem da Justiça Social considera isso uma ingenuidade em relação à realidade de uma sociedade profundamente preconceituosa, e na pior, uma recusa intencional de reconhecer que vivemos nesse tipo de sociedade. Por isso, a única maneira de ser uma pessoa virtuosa sob a Justiça Social é assumir que esses desequilíbrios de poder e preconceitos existem em todos os lugares e em todos os momentos, mascarados pelas falsas promessas igualitárias do liberalismo, e procurá-los assiduamente, usando o tipo certo de análise Teórica. Para Collins e Bilge:

A justiça social pode ser a ideia principal mais controversa da interseccionalidade, mas é aquela que expande a interseccionalidade para incluir pessoas que utilizam a interseccionalidade como uma ferramenta analítica para a justiça social. Trabalhar pela justiça social não é um requisito para a interseccionalidade. No entanto, as pessoas que estão empenhadas em utilizar a interseccionalidade como uma ferramenta analítica e aquelas que enxergam

133

TEORIAS CÍNICAS ~~CRÍTICAS~~

a justiça social como central e não como periférica nas suas vidas são muitas vezes as mesmas pessoas. Essas pessoas costumam criticar o *status quo* em vez de aceitá-lo.[50]

Isso é ecoado por Rebecca Lind, que define a interseccionalidade como "uma perspectiva multifacetada que reconhece a riqueza das identidades múltiplas e socialmente construídas que se combinam para criar cada um de nós como um indivíduo único".[51] No entanto, por este método, o "indivíduo único" não é realmente entendido como um indivíduo. Como observado, o número de eixos da divisão social sob a interseccionalidade pode ser quase infinito – mas eles não podem ser reduzidos ao *indivíduo*. A Teoria insiste que apenas entendendo os diversos grupos e as construções sociais em torno desses grupos podemos entender verdadeiramente a sociedade, as pessoas e as suas experiências. Essa mudança conceitual facilita a identidade grupal e, portanto, a política identitária, que costumam ser radicais.

Por causa da versatilidade absoluta da interseccionalidade como uma ferramenta, ela atrai aqueles envolvidos em muitas formas de engajamento, incluindo o ativismo jurídico, a análise acadêmica, a ação afirmativa e a teoria educacional.[52] O ativismo dominante também abraçou avidamente a interseccionalidade, sobretudo o seu conceito de *privilégio*, uma ideia que é resolutamente insistida, muitas vezes ao ponto de intimidar e amedrontar.

O meme da Justiça Social

A expansão da esfera de influência da interseccionalidade foi considerável e talvez inevitável. Ange-Marie Hancock, no seu livro sobre a história intelectual da interseccionalidade, comenta sobre a sua popularidade crescente tanto nos âmbitos intelectual e acadêmico quanto como uma espécie de meme, notando que existem muitas definições e conceituações diferentes a respeito de interseccionalidade disponíveis *on-line*.[53] Hancock escreve: "Consequentemente, a interseccionalidade como uma estrutura analítica está no processo de alcançar o máximo de proeminência na comunidade acadêmica, no setor sem fins lucrativos (incluindo a filantropia global) e na política".[54] Hancock constata que, na cultura popular, a interseccionalidade costuma ser evocada para *cancelar* pessoas, e figuras públicas tão diversas como Michelle Obama e o grupo feminista Code Pink foram criticadas por não conseguirem "entender e agir em um lugar profundamente ciente da dinâmica multicategoria do poder em jogo".[55] Aplicando a Teoria crítica da raça, Hancock sustenta que a integração da interseccionalidade é problemática em si porque embranquece e "memeifica" a interseccionalidade. Para Hancock, o perigo de "embranquecer" a interseccionalidade e retirá-la das experiências das mulheres negras[56] acontece em todos os níveis, seja remontando o conceito a Foucault (homem branco) ou o expandindo para abranger uma miríade de formas de crítica cultural simplificada, que ela menospreza como "memeificadoras".[57]

Como Hancock constata, a interseccionalidade viralizou e rapidamente assumiu novas e inesperadas aplicações – sobretudo no ativismo –, muitas das quais são justificadas pela literatura acadêmica sobre o assunto. Em 2017, a própria Crenshaw observou que a interseccionalidade havia se expandido para além do seu escopo pretendido e também se tornado uma maneira de falar sobre intersecções complicadas de identidade marginalizada, em vez de fazer alguma coisa para aliviar a opressão.[58] Assim, além da confusão resultante da sua abordagem Teórica muito interpretativa, que está enraizada nos princípios e temas pós-modernos que delineamos, a Teoria crítica da raça e a interseccionalidade se caracterizam por uma boa dose de divisionismo, pessimismo e cinismo. As crenças de que o declínio das atitudes racistas tem sido em grande medida uma miragem e que os brancos só permitem direitos e oportunidades aos não brancos quando é do seu interesse podem produzir paranoia e hostilidade profundas, sobretudo entre ativistas, em *campi* universitários e em ambientes de trabalho competitivos. Ocasionalmente, esses sentimentos irrompem, fraturando instituições por dentro, em especial quando pessoas bem-intencionadas, que não querem se defender incessantemente contra acusações de racismo e supremacia branca, submetem-se, recuam ou evitam essas situações.[59]

A mentalidade paranoica característica da Teoria crítica da raça, que pressupõe que o racismo está sempre em toda parte, apenas esperando para ser encontrado, é muito improvável que seja útil ou saudável para aqueles

TEORIAS CÍNICAS ~~CRÍTICAS~~

que a adotam. Sempre acreditar que alguém será ou está sendo discriminado, e tentar descobrir como, dificilmente irá melhorar o resultado de qualquer situação. Também pode ser contraproducente. Em *The Coddling of the American Mind*, o advogado Greg Lukianoff e o psicólogo social Jonathan Haidt descrevem esse processo como uma espécie de terapia cognitivo-comportamental (TCC) reversa, que torna os seus participantes *menos* saudáveis mental e emocionalmente do que antes.[60] O propósito principal da TCC é capacitar a pessoa para *não* transformar tudo em catástrofe e interpretar todas as situações sob a luz mais negativa, e o objetivo é desenvolver uma atitude mais positiva e resiliente em relação ao mundo, para que ela possa interagir tanto quanto possível. Se educarmos os jovens para analisar insultos, hostilidades e preconceitos em cada interação, eles podem cada vez mais ver o mundo como hostil a eles e deixar de prosperar nele.

Fins nobres, meios terríveis

A Teoria crítica da raça e a interseccionalidade se preocupam basicamente em acabar com o racismo mediante meios improváveis de tornar todo mundo mais consciente a respeito de raça em todos os momentos e lugares. Elas partem do pressuposto de que o racismo é normal e permanente, e o problema principal é que as pessoas – em particular os brancos – estão deixando de vê-lo, reconhecê-lo e enfrentá-lo. Como as ativistas acadêmicas Heather Bruce, Robin DiAngelo, Gyda Swaney (Salish) e Amie Thurber afirmaram na influente Conferência Nacional de Raça e Pedagogia, na Universidade de Puget Sound, em 2015,[61] "A questão não é 'O racismo aconteceu?'", pois isso deve ser assumido, "mas sim 'Como o racismo se manifestou naquela situação?'". Ou seja, devemos assumir que o racismo está sempre acontecendo, e o nosso trabalho é examinar as situações em busca de evidências dele. Isso decorre da crença de que "todos os membros da sociedade são socializados para participar do sistema de racismo, embora em locais sociais variados", e de que "todos os brancos se beneficiam do racismo, independentemente das intenções".[62] Essas alegações críticas da raça por excelência induzem alguns imperativos Teóricos familiares: "O racismo deve ser continuamente identificado, analisado e desafiado. É uma atitude incessante" e "O *status quo* racial é cômodo para a maioria dos brancos. Portanto, qualquer coisa que mantenha o bem-estar branco é suspeita". Além disso, "A resistência é uma reação previsível à educação antirracista e deve ser abordada de maneira explícita e estratégica".[63]

Os principais problemas da Teoria crítica da raça são que ela repõe o significado social nas categorias raciais e instiga o racismo, tende a ser puramente Teórica, emprega o conhecimento e os princípios políticos pós-modernos, é profundamente agressiva, afirma a sua relevância a todos os aspectos da Justiça Social e, sobretudo, parte do pressuposto de que o racismo é comum e permanente, em toda parte e sempre. Consequentemente, toda interação entre uma pessoa com uma identidade racial dominante e outra com uma marginalizada deve ser caracterizada por um desequilíbrio de poder (o princípio político pós-moderno). O trabalho do Teórico ou ativista é chamar atenção para esse desequilíbrio – muitas vezes descrito como racismo ou supremacia branca – a fim de começar a desmantelá-lo. Também vê o racismo como onipresente e eterno, o que lhe confere um *status* mitológico, como pecado ou depravação.[64] Pelo fato de que se diz que o membro do grupo racial marginalizado possui uma voz única e uma contranarrativa que, segundo a Teoria, *deve* ser considerada confiável na medida em que é Teoricamente "autêntica" (o princípio do conhecimento pós-moderno), não existe maneira real de contestar a sua leitura da situação. Portanto, tudo o que o indivíduo marginalizado interpreta como racismo é considerado racismo por padrão – uma episteme que estimula o viés de confirmação e deixa a porta aberta para os inescrupulosos. No estudo acadêmico, isso leva a teorias construídas somente em cima de teorias (e em cima da Teoria), e a nenhum meio real de testá-las ou refutá-las. Enquanto isso, os adeptos procuram ativamente por ofensas raciais ocultas ou evidentes até encontrá-las, e não permitem explicações alternativas ou atenuantes – o racismo não está apenas permanentemente em toda parte e latente nos sistemas, mas também é absolutamente imperdoável. Isso pode levar à revolta da multidão e humilhações públicas, e tende a concentrar toda a nossa atenção na política racial, que inevitavelmente se torna cada vez mais melindrosa e preocupante.

TEORIAS CÍNICAS ~~CRÍTICAS~~

Além disso, interpretar tudo como racismo e dizer isso quase sempre dificilmente produzirá os resultados desejados nos brancos (ou para as minorias). Pode até solapar o ativismo antirracista, criando ceticismo e indignação e, assim, gerando uma relutância em cooperar com iniciativas meritórias para superar o racismo. Alguns estudos já mostraram que os cursos de diversidade, em que os membros dos grupos dominantes são informados de que o racismo está em toda parte e que eles próprios o perpetuam, resultaram em maior hostilidade contra os grupos marginalizados.[65] É má psicologia dizer para as pessoas que não acreditam que são racistas – que podem até desprezar ativamente o racismo – que não há nada que possam fazer para deixar de ser racistas – e em seguida pedir a ajuda delas. E ainda menos útil é dizer a elas que até as suas boas intenções são prova do seu racismo latente. O pior de tudo é criar um duplo vínculo, como dizer às pessoas que se elas reparam na raça é porque são racistas, mas se não reparam é porque o seu privilégio lhes permite o luxo de não perceber a raça, o que é racista. Por fim, ao se concentrar tão atentamente na raça e ao não concordar com o "daltonismo" – a recusa de atribuir significado social à raça –, a Teoria crítica da raça ameaça desfazer o tabu social contra a avaliação das pessoas pela sua raça. Esse foco obsessivo na raça, somado à crítica do universalismo e da individualidade liberal (que a Teoria vê como um mito que beneficia os brancos e perpetua o *status quo*), não tende a acabar bem, nem para grupos minoritários, nem para a coesão social mais ampla. Essas atitudes rasgam o tecido que mantém unidas as sociedades contemporâneas.

Capítulo 6

FEMINISMOS E OS ESTUDOS DE GÊNERO

SIMPLIFICAÇÃO COMO SOFISTICAÇÃO

Buscando melhorar a vida de pouco mais da metade da população da Terra, o feminismo foi, por bem mais de um século, um dos movimentos sociais mais significativos da história da humanidade. Sempre foi polêmico e extremamente impopular para muitos, talvez sobretudo pelos seus sucessos. No entanto, algo mudou no feminismo na virada do milênio. Essas mudanças reorientaram a maior parte do estudo acadêmico e do ativismo referente ao feminismo, conforme um número surpreendente de ativistas adotou uma nova abordagem "cada vez mais sofisticada" denominada "interseccionalidade", que combinava diversas formas de Teoria identitária. As abordagens liberais, materialistas e radicais que caracterizaram o feminismo durante grande parte do século anterior foram quase totalmente substituídas pela nova abordagem interseccional. Múltiplos eixos de identidade marginalizada foram Teorizados bem debaixo do nariz das feministas anteriores e, com eles, uma nova necessidade de ler tudo através de uma lente que amplia o possível ressentimento, opressão, intolerância e injustiça – e a própria cumplicidade em sistemas de poder e privilégio. Essa mudança foi tão rápida e completa que, no início da década de 2000, uma enorme quantidade de artigos acadêmicos surgira insistindo, em uma espécie de estertor de morte acadêmica, que abordagens materialistas e radicais da teoria feminista ainda eram necessárias.[1] Pouco tempo depois, aqueles artigos deram lugar a outros

TEORIAS CÍNICAS ~~CRÍTICAS~~

explicando a mudança drástica e por que representavam a direção correta para a alta cultura do pensamento feminista nas nossas academias.

Do lado de fora, a abordagem interseccional parece áspera, ingovernável e incompreensível. Parece agir como uma espécie de pelotão de fuzilamento circular, solapando-se continuamente em diferenças e ressentimentos insignificantes. Faz isso por meio de apelos para que as diversas tribos oprimidas se apoiem mutuamente: sob as palavras de ordem de, primeiro, "aliança" e, depois, "solidariedade" – ambas as quais passam a ser Teorizadas como problemáticas ao "centrar" as necessidades de aliados mais privilegiados em detrimento de grupos minoritários oprimidos de especificidade sempre crescente. É difícil escapar da impressão, que é exata, de que não é possível fazer nada certo, talvez intencionalmente.

Feminismos, antes e agora

Para sermos justos, o feminismo nunca se apresentou como uma frente unificada. Isso pode ser porque o *feminismo*, na sua definição mais básica, significa "crença na igualdade de gênero" e, nesses termos, a maioria da população agora é feminista.[2] No entanto, o estudo acadêmico e o ativismo feministas sempre foram muito mais ideológicos e teóricos, e as ideologias e as teorias dominantes mudaram muito ao longo do tempo, acompanhadas por muitas disputas internas entre facções. Portanto, o feminismo, no sentido político e filosófico, passou a incluir uma variedade estonteante de campos: feministas culturais radicais, feministas lésbicas radicais, feministas libertárias radicais, separatistas, feministas psicanalíticas francesas, mulheristas, feministas liberais, feministas neoliberais, feministas marxistas, feministas socialistas/materialistas, feministas islâmicas, feministas cristãs, feministas judias, feministas pró-escolha, feministas pró-equidade, pós-feministas e feministas interseccionais.[3] Todos esses grupos estão interessados nos direitos, nos papéis e nas experiências das mulheres, mas se diferenciam amplamente sobre como entendem esses direitos, papéis e experiências.

FEMINISMOS E OS ESTUDOS DE GÊNERO

Evidentemente, existem muitos ramos do feminismo para investigar individualmente em profundidade. Então, vamos nos restringir aqui a quatro gêneros (bastante simplificados) do pensamento feminista: feminismo liberal, feminismo radical, feminismo materialista e feminismo interseccional. O feminismo liberal foi a forma ativista de base mais ampla durante a "segunda onda", desde o final da década de 1960 até meados da década de 1980. De certa forma, os feminismos radical e materialista se sobrepuseram, concorreram, dominaram durante o mesmo período. O feminismo interseccional é a nova variante, que substituiu as outras nas arenas acadêmica e ativista a partir de meados da década de 1990. As abordagens interseccionais do feminismo são absolutamente dominantes no nosso novo milênio, sendo a perspectiva interseccional a fonte da profunda mudança descrita acima.

Desde o início da segunda onda do ativismo feminista na década de 1960, os três ramos principais do feminismo eram liberal, materialista e radical. O feminismo liberal trabalhou gradativamente para estender todos os direitos e liberdades de uma sociedade liberal às mulheres. Foi popular com a sociedade liberal mais ampla e remodelou com sucesso a paisagem da sociedade, especialmente no ambiente de trabalho. Os outros dois feminismos também estiveram presentes no ativismo e foram dominantes no estudo acadêmico feminista. As feministas materialistas estavam preocupadas em como o patriarcado e o capitalismo atuam juntos para restringir as mulheres, sobretudo em ambientes como o local de trabalho e o lar. Assim, as suas teorias se basearam em graus variados de marxismo e socialismo em termos mais gerais. As feministas radicais colocaram o patriarcado em primeiro plano e viram mulheres e homens como classe oprimida e classe opressora. Elas eram revolucionárias que visavam recriar a sociedade, desmontar o conceito de gênero (mas *não* de sexo) e derrubar o patriarcado e o capitalismo. Esses três ramos principais (que incorporaram muitos ramos menores, numerosos demais para detalhar aqui) desenvolveram-se de maneira diferente em lugares diferentes. O mais importante a entender é que a abordagem feminista liberal desfrutou de maior apoio da sociedade, mas os feminismos radical e materialista (na prática, socialista) dominaram a academia, principalmente a partir da década de 1970.

Isso começou a mudar no final da década de 1980 e durante a década de 1990, quando uma nova safra de Teóricas empacotou com sucesso uma

TEORIAS CÍNICAS ~~CRÍTICAS~~

abordagem mais "sofisticada" – a Teoria pós-moderna – para uma nova geração de ativistas. Essa abordagem foi o pós-modernismo aplicado, que aceitou a opressão identitária como "real" e, portanto, tornou o pós-modernismo relevante para o ativismo feminista. Incorporou aspectos da Teoria *queer*, da Teoria pós-colonial e, em particular, da Teoria crítica da raça por meio do conceito da interseccionalidade. Esses novos desenvolvimentos mudaram fundamentalmente o caráter do feminismo tanto na consciência popular quanto na academia. A resultante abordagem de "terceira onda" do feminismo tendeu a desprezar as questões de classe e se concentrar na identidade sob a forma de raça, gênero e sexualidade.[4] Em vez de se reunir em torno da identidade compartilhada das mulheres, entendida como uma "irmandade", os feminismos interseccional e *queer* negaram que as mulheres tinham experiências comuns e complicaram até o que significava ser mulher. Enquanto as feministas liberais queriam a liberdade para rejeitar os papéis de gênero e ter acesso às mesmas oportunidades dos homens, e as feministas radicais queriam desmantelar o gênero inteiramente como constructo social opressor, as feministas interseccionais percebiam o gênero como culturalmente construído e como algo que as pessoas podiam experimentar como real e esperar ter reconhecido como tal.

Uma teoria "cada vez mais sofisticada"

No início da década de 2000, a mudança interseccional no feminismo tinha se tornado indiscutível. O estudo acadêmico e o ativismo feminista prévios tratavam as mulheres como uma classe e procuravam criar mudanças positivas para essa classe. No entanto, quando a influência do pós-modernismo aplicado se infiltrou no feminismo, o foco mudou de desvantagens materiais dentro de estruturas sociais, como direito, economia e política, para a natureza opressora dos discursos. Em 2006, Judith Lorber, professora (agora emérita) de sociologia e estudos de gênero, resumiu as quatro principais tendências dessa "mudança de paradigma":

FEMINISMOS E OS ESTUDOS DE GÊNERO

1. Tornar o gênero – não o sexo biológico – central;
2. Tratar gênero e sexualidade como constructos sociais;
3. Estudar o poder nessas construções – o poder que age no sentido foucaultiano de uma rede de permeação;
4. Concentrar-se no próprio *ponto de vista* – isso é, na própria identidade.[5]

Essas mudanças foram anunciadas, nas palavras de Lorber, como um modelo "cada vez mais sofisticado" para o pensamento feminista. Na verdade, elas são o resultado direto da influência da Teoria do pós-modernismo aplicado. Cada uma das quatro características incorpora o princípio do conhecimento pós-moderno e o princípio político pós-moderno, conforme passaram a ser expressos por meio da Teoria *queer* (daí o foco no gênero e seu *status* como construção social), da Teoria crítica da raça (interseccionalidade) e Teoria pós-colonial (estendendo a interseccionalidade para incluir temas pós-coloniais). Nesse novo paradigma feminista, o conhecimento é "situado", ou seja, vem do "ponto de vista" da pessoa na sociedade, pelo qual se refere à participação da pessoa nos grupos identitários de intersecção. Isso, por sua vez, torna a verdade objetiva inalcançável e liga o conhecimento ao poder e, ao mesmo tempo, o conhecimento e o poder aos discursos que se acredita que criam, mantêm e legitimam o domínio e a opressão na sociedade.

Esses derivados aplicados da Teoria possuem uma série de características que provavelmente levaram à sua adoção. Acima de tudo, a interseccionalidade ofereceu aos ativistas um sentido de missão renovado, pois lhes propiciou novos problemas para questionar e novas acusações a fazer – sobretudo uns contra os outros. Por exemplo, grande parte do pensamento feminista negro e a Teoria crítica da raça que permeou essa mudança acusaram o feminismo de ser "branco" e de ignorar problemas pertinentes à raça, devido às influências corruptoras do privilégio branco. Enquanto isso, o pensamento feminista *queer* acusou o feminismo de excluir primeiro as questões lésbicas, depois as LGB, depois as LGBT e, posteriormente, as LGBTQ, por causa de diversos pressupostos de normatividade e seus privilégios associados. Isso levou os acadêmicos orientados pelos cuidados a se tornarem cada vez mais "*woke*" não só para as maneiras como os outros são oprimidos, mas também para as maneiras indutoras de culpa pelas

TEORIAS CÍNICAS ~~CRÍTICAS~~

quais o próprio feminismo poderia ser Teorizado por ter participado ou sido cúmplice da opressão. No final das contas, essa última preocupação foi incluída nos *estudos de gênero*, que se baseiam no pensamento feminista e o permeiam, mas é tecnicamente distinta dele.

Isso deve ser entendido em termos de desenvolvimento dos estudos de gênero, que têm a sua própria história. O estudo acadêmico do gênero emergiu nas décadas de 1950 e 1960, principalmente a partir da teoria literária. De início, era simplesmente chamado de "estudos sobre as mulheres", porque analisava questões das mulheres e defendia o seu empoderamento político. Entre os principais textos, incluíam-se *The Second Sex* [*O segundo sexo*], de Simone de Beauvoir, publicado em 1949,[6] um livro inovador que sustentava que as mulheres são construídas por entendimentos culturais da sua inferioridade em relação aos homens; e *The Feminine Mystique* [*A mística feminina*], de Betty Friedan, publicado em 1963,[7] que criticava a ideia de que as mulheres se realizavam por meio da domesticidade e da maternidade. *Sexual Politics*, de Kate Millet, publicado em 1970, proporcionou uma leitura atenta das representações negativas das mulheres nos textos literários de homens, e *The Female Eunuch* [*A mulher eunuco*], de Germaine Greer, publicado em 1970,[9] afirmou que as mulheres eram sexualmente reprimidas e alienadas dos seus próprios corpos e alheias de quanto os homens as odiavam. Todos esses textos se enquadram no feminismo radical, sustentam que a feminilidade é culturalmente construída e imposta pelos homens (em uma dinâmica de poder de cima para baixo) e defendem a derrubada revolucionária do patriarcado.

Na década de 1970 e grande parte da década de 1980, as acadêmicas feministas analisaram atentamente os papéis das mulheres na família e na força de trabalho, e também as expectativas sociais de que as mulheres fossem femininas, submissas, bonitas, ou até mesmo sexualmente disponíveis e pornográficas. Houve uma abundância de ideias marxistas de mulheres como classe subordinada que existe para apoiar os homens (que, por sua vez, apoiam o capitalismo), e as feministas se reuniam para sessões de "conscientização". Nessas reuniões, elas tentavam compreender integralmente a própria opressão e a sua natureza culturalmente construída nos termos do conceito marxista de "falsa consciência" – ou seja, formas de pensar que impedem uma mulher de ser capaz de avaliar a realidade da sua

FEMINISMOS E OS ESTUDOS DE GÊNERO

situação. Isso é semelhante ao conceito de "misoginia internalizada", que descreve as mulheres que aceitam a imposição social da inferioridade feminina como normal e natural. No entanto, no final da década de 1980 e início da década de 1990, o panorama começou a mudar, quando a influência do pós-modernismo aplicado da Teoria *queer*, da Teoria pós-colonial e da interseccionalidade começou a se fazer sentir.

O ensaio "Shifting Paradigms and Challenging Categories", de Judith Lorber, publicado em 2006, descreve a maneira como o feminismo marxista enxergava as mulheres como *classe*.[10] Ela afirma que, tendo enfocado as desigualdades no ambiente de trabalho durante a década de 1970 e início da década de 1980, "as feministas marxistas expandiram a sua análise para mostrar que a exploração das donas de casa era parte integrante da economia capitalista".[11] Essa visão feminista materialista apresenta uma metanarrativa acerca dos homens, das mulheres e da sociedade, com base em um binário simples homem opressor/mulher oprimida. Esse binário era inaceitável para os Teóricos pós-modernos, que iriam analisá-lo através de uma lente derridiana que supõe uma dinâmica semelhante de domínio e subordinação presente em qualquer "jogo de linguagem". Em resposta, os novos Teóricos, que ganharam muita influência sobre o pensamento feminista no final da década de 1980, basearam-se na Teoria *queer* para desafiar as categorias de "mulheres" e "homens" nos seus fundamentos linguísticos.

Essa mudança conceitual foi resumida no relato de Jane Pilcher e Imelda Whelehan a respeito do desenvolvimento dos estudos de gênero.[12] Elas assinalam que essas mudanças são importantes, porque, na visão pós-moderna:

> A situação do indivíduo e a posição de quem agrupamos e chamamos de "mulheres" e de quem chamamos de "homens" variam tanto ao longo do tempo, espaço e cultura que há pouca justificativa para o uso desses substantivos coletivos.[13]

No início da década de 2000, então, uma visão dominante dentro do feminismo era que – porque o gênero foi construído de maneira diferente por discursos dominantes em diferentes épocas e lugares – falar de "mulheres" e "homens" é algo totalmente incoerente. Elas sustentaram que, de

145

acordo com a Teoria, "'mulheres' e 'homens' são considerados construções ou representações – obtidas por meio do discurso, do desempenho e da repetição –, em vez de entidades 'reais'".[14] Essa nova visão torna o sexo uma base inerentemente instável para o estudo – e que corre o risco de desprezar as experiências das pessoas que trabalham dentro de estruturas culturais diferentes. Isso exigiu uma mudança do *feminismo* para um estudo mais amplo e livre do gênero e da identidade de gênero. Tentar estudar "mulheres" e "homens" de acordo com a Teoria é desencaminhar a discussão. Para os Teóricos do pós-modernismo aplicado, o tópico de interesse é o "gênero" – que eles definem como os comportamentos e as expectativas que as pessoas consideradas homens e mulheres são ensinadas a desempenhar, que, embora não possam ser totalmente eliminados, podem ser rompidos, confundidos e complicados.

A Teoria não só mudou drasticamente o feminismo, ao alterar a compreensão das construções sociais de gênero de um binário opressor simplista para um fenômeno fluido e instável com potencial libertador; ela também fez com que o feminismo se concentrasse na interseccionalidade.[15] Isso, segundo Pilcher e Whelehan, marca a mudança conceitual do feminismo para os estudos de gênero:

> Quando os entendimentos de gênero se desenvolveram como uma área complexa, multifacetada e multidisciplinar, envolvendo o estudo das relações dentro e também entre os gêneros, os "estudos de gênero" se tornaram um termo de crescente aceitação, mas não incontestável.[16]

Em outras palavras, durante a fase do pós-modernismo aplicado, a união de diversos grupos de *status* minoritário sob a bandeira única da *opressão* passou a ser vista como a única maneira "certa" de fazer feminismo. Enquanto isso, o feminismo deu lugar aos estudos de gênero sob os auspícios da Teoria *queer* e adotou a interseccionalidade como um tipo de Teoria da Grande Unificação do Poder Social e da Injustiça Social.

Lorber descreve essa nova pluralidade e indeterminação, em que um foco a respeito de como as mulheres enquanto classe são oprimidas pelos homens enquanto classe simplesmente não é sustentável:

FEMINISMOS E OS ESTUDOS DE GÊNERO

A pesquisa feminista agora analisa homens e mulheres de diversos grupos sociais diferentes, não apenas mulheres brancas. É sensível às perspectivas multiculturais e tenta não impor comparações ocidentais na análise de dados. Está investigando a interação intrincada e recíproca de gênero, sexo e sexualidade. Ao reconhecer a multiplicidade de gêneros, sexos e sexualidades, a pesquisa feminista é capaz de ir além dos binários convencionais. O problema que ela começou a resolver é como gerar categorias para comparação, mesmo ao desconstruí-las de modo crítico.[17]

Enquanto isso, até então, os estudos de gênero vinham fazendo as suas coisas pós-modernas. Tinham chegado a considerar o conhecimento como um constructo cultural (princípio do conhecimento pós-moderno), trabalhado dentro de muitos vetores de poder e privilégio (princípio político pós-moderno), e estavam desconstruindo categorias, obscurecendo fronteiras, concentrando-se em discursos, praticando relativismo cultural e estimando a sabedoria do grupo identitário (quatro temas pós-modernos).

Lorber decompõe a mudança em quatro aspectos. Em primeiro lugar, há a centralidade do gênero como um princípio organizacional abrangente para toda a sociedade:

> A mudança de paradigma na ciência social feminista começa com o conceito de gênero como princípio organizador da ordem social geral nas sociedades modernas e em todas as instituições sociais, incluindo a economia, a política, a religião, as forças armadas, a educação e a medicina, e não apenas a família. Nessa conceituação, o gênero não é apenas parte das estruturas de personalidade e identidade, mas é uma situação formal e burocrática, assim como uma situação em sistemas de estratificação multidimensionais, economias políticas e hierarquias de poder.[18]

Em 2006, quando Lorber documentou essa mudança, o feminismo havia se organizado em torno da crença de que o gênero é central para os sistemas de poder e privilégio. Além disso, tinha assumido a concepção pós-moderna do mundo – ou seja, tinha se reorganizado em torno da Teoria. O pensamento feminista não podia mais entender "patriarcado" como o literal "domínio dos pais" (e maridos), mas sim como, em termos foucaultianos, noções vagas de domínio masculino impregnando todos os discursos. O novo paradigma via o poder e o privilégio como um "princípio organizador", outorgando um "*status* em sistemas de estratificação multidimensionais". Em outras palavras, as pessoas são categorizadas hierarquicamente, o que permeia a maneira como pensam e falam.

Lorber prossegue:

> O segundo aspecto dessa mudança de paradigma é que gênero e sexualidade são socialmente construídos. Esse princípio fornece o conteúdo de gênero como um processo organizacional, uma estrutura para a interação face a face e os aspectos comportamentais da identidade pessoal.[19]

Na nova concepção do pós-modernismo aplicado, o gênero se tornou algo que é feito por e para as pessoas e que todos fazemos uns aos outros. Como "*queer*", que emergiu como verbo na Teoria *queer* por causa da importância percebida dos "atos de fala" – criando realidade com a fala de alguém –, "gênero" tornou-se um verbo. Em consequência, os Teóricos voltaram a sua atenção para as maneiras pelas quais as estruturas da sociedade são "generificadas". Por exemplo, embora antes um anúncio mostrando uma mulher usando detergente pudesse ter sido visto como reforço das expectativas patriarcais e exploração das mulheres em um sentido material, após a virada para o pós-modernismo aplicado seria visto como uma maneira de "generificar" as tarefas domésticas, usando discursos para legitimar a ideia de que lavar louça é parte do que significa ser mulher. Essa "generificação" ocorre quando o anúncio apresenta essa ideia como parte de um conjunto de discursos socialmente legitimados que definem os papéis do gênero feminino para as mulheres serem socializadas. Essa visão enfatiza o construtivismo social.

Lorber explica o papel do poder em criar e manter essas construções sociais:

> O terceiro foco é a análise do poder e controle social imbricados na construção social de gênero e sexualidade, que põe a nu a hegemonia dos homens dominantes, a versão deles de masculinidade e a heterossexualidade.[20]

FEMINISMOS E OS ESTUDOS DE GÊNERO

Assim, apesar da mudança rumo ao pós-modernismo ocorrida nas décadas de 1980 e 1990, a influência de Simone de Beauvoir, que via as mulheres como sujeitas ao *status* de segunda classe, ainda era muito sentida. Bem como muitas ideias radicais feministas, sobretudo acerca das maneiras pelas quais os papéis femininos são subordinados aos masculinos. No entanto, houve um grande afastamento das preocupações materialistas a respeito do direito, da política e da economia, e uma aproximação da análise do discurso pós-moderno (embora ainda fosse entendido que a construção do gênero torna os homens o sexo padrão, e a heterossexualidade, a sexualidade padrão, com as mulheres e a homossexualidade construídas em uma posição de alteridade em relação àquelas). Essas ideias feministas anteriores foram mantidas, mas o foco e a compreensão delas mudaram. O que antes fora visto como papéis e restrições legalmente obrigatórias e expectativas abertamente sexistas de adesão aos papéis de gênero impostos pelos homens foi, após a mudança para o pós-modernismo aplicado, atribuído a expectativas mais sutis, interativas, aprendidas, desempenhadas e internalizadas, perpetuadas por todos. Isso está de acordo com a visão pós-moderna de poder difundida por Michel Foucault.

Lorber aborda a construção do conhecimento após a mudança de paradigma, defendendo a importância do ponto de vista (ou seja, a quais grupos você pertence e quais são as posições sociais deles em relação ao poder) e da interseccionalidade:

> Em quarto lugar, a ciência social feminista desenvolveu projetos de pesquisa e metodologias que permitiram que pontos de vista das mulheres oprimidas e reprimidas em todo o mundo chegassem ao primeiro plano, refletindo análises interseccionais cada vez mais sofisticadas de classe, etnia racial, religião e sexualidade.[21]

Naquele momento, Lorber vê a teoria do ponto de vista e a interseccionalidade como fundamentais para a produção de conhecimento nos estudos de gênero. Em 2006, então, os "estudos sobre as mulheres" – que eram basicamente radicais ou materialistas e usavam uma forma relativamente simples de teoria do ponto de vista que se concentrava nas categorias de sexo biológico e na construção do gênero a serviço do capitalismo

149

TEORIAS CÍNICAS ~~CRÍTICAS~~

– haviam se tornado "estudos de gênero" – que são profundamente pós-modernos e usam um modelo interseccional "cada vez mais sofisticado", como Lorbe disse.

Esse suposto aumento na sofisticação é, com toda a certeza, a razão pela qual o pensamento interseccional e a Teoria pós-moderna em que se baseia se popularizaram de maneira tão rápida, ampla e decisiva.[22] As ativistas (principalmente feministas liberais) fizeram um grande progresso em direção à igualdade jurídica, profissional e social dos sexos, mas, no seu sucesso, elas se tornaram supérfluas porque deixaram relativamente pouco a fazer. Os modelos capitalistas patriarcais de cima para baixo promovidos pelas feministas radicais e materialistas – sobretudo as acadêmicas – também começaram a parecer menos sustentáveis. O pensamento interseccional introduziu linhas de trabalho inteiramente novas, não só dentro da sociedade como também *dentro do próprio feminismo*. A virada interseccional foi impulsionada por acadêmicos e ativistas, que utilizaram elementos da Teoria *queer*, da Teoria pós-colonial e, principalmente, da Teoria crítica da raça para *problematizar o feminismo e as feministas*, além de tecer comentários a respeito do que retratavam como uma sociedade intratavelmente complicada e opressora. A Teoria interseccional propiciou um modo inteiramente novo e "cada vez mais sofisticado" para entender a dinâmica de poder na sociedade, permitindo a adaptação de modelos teóricos falhos em algo mais difuso e menos refutável.[23]

Frequentemente, observamos esse tipo de mudança para um modelo mais "sofisticado" e nebuloso quando as pessoas estão muito comprometidas pessoal e ideologicamente com uma abordagem teórica que está falhando claramente. Esse fenômeno foi descrito pela primeira vez por Leon Festinger, no seu estudo sobre os cultos de óvnis, e levou ao desenvolvimento do conceito de *dissonância cognitiva*.[24] Festinger notou que os cultistas extremamente comprometidos não abandonavam as suas crenças quando as previsões do culto deixavam de se manifestar – quando o óvni nunca aparecia. Em vez disso, os cultistas solucionaram essa contradição inegável afirmando que o evento ocorrera, mas de uma maneira irrefutável (especificamente, afirmavam que Deus decidiu poupar o planeta como resultado da fé dos cultistas).

Antes da virada pós-moderna, as teorias marxista, socialista e outras feministas radicais enxergavam o poder como uma estratégia intencional, de cima para baixo, exercido por homens poderosos em sociedades patriarcais e

FEMINISMOS E OS ESTUDOS DE GÊNERO

capitalistas, mas os avanços da segunda onda do feminismo tornaram essa concepção um tanto redundante. Embora homens grosseiros com presunções patriarcais continuassem a existir, tornou-se cada vez mais insustentável enxergar a sociedade ocidental como genuinamente patriarcal ou ver a maioria dos homens como conspirando ativamente contra o sucesso das mulheres. A Teoria pós-moderna ofereceu uma oportunidade para manter as mesmas crenças e previsões – a dominação masculina existe e se serve à custa das mulheres –, ao mesmo tempo que as redefinia em termos difusos o suficiente para ser uma questão de fé, sem exigir nenhuma evidência: construções sociais, discursos e socialização. A ideia foucaultiana de uma rede difusa de dinâmica de poder que funciona constantemente através de todos por meio dos seus usos inconscientes da linguagem se encaixa à perfeição.[25]

Fazendo estudos de gênero

Então, o que está sendo estudado nos estudos de gênero por meio do seu modelo cada vez mais sofisticado, que incorpora raça, classe, gênero e sexualidade? Tudo. Os estudos de gênero são tão interdisciplinares que os seus estudiosos se sentem justificados em estudar tudo o que os seres humanos normalmente fazem. O único ponto consistente é que eles estudam de uma maneira específica. Eles aplicam lentes de análise de gênero que se baseiam na interseccionalidade, na Teoria *queer* e na Teoria pós-colonial e, assim, em última análise, nas concepções pós-modernas de conhecimento, poder e discursos.

Consideremos o conceito de "generificação" como uma ação opressora. Em geral, não é algo que indivíduos poderosos fazem conscientemente. Ao contrário, isso é criado por interações sociais em todos os níveis, interações que se tornam cada vez mais complexas conforme novas camadas de identidade são adicionadas à mistura analítica. No muito influente artigo "Doing Gender",[26] de 1987 – o trabalho mais citado em estudos de gênero, que contribuiu para mais de 13 mil outros ensaios, artigos e livros desde a sua publicação –, Candace West e Don H. Zimmerman visaram "promover um

TEORIAS CÍNICAS ~~CRÍTICAS~~

novo entendimento de gênero como uma realização rotineira incorporada na interação cotidiana". Os autores escrevem:

> Sustentamos que o "fazer" do gênero é empreendido por mulheres e homens cuja competência como membros da sociedade é refém da sua produção. O fazer do gênero envolve um complexo de atividades perceptivas, interacionais e micropolíticas socialmente orientadas, que moldam buscas específicas como expressões das "naturezas" masculina e feminina.[27]

Em consonância com a mudança do sexo em direção ao gênero, entendida como uma construção social, West e Zimmerman rejeitam explicitamente a biologia como fonte de diferenças nos comportamentos, preferências ou características masculinas e femininas, observando:

> Fazer o gênero significa criar diferenças entre meninas e meninos e mulheres e homens, diferenças que não são naturais, essenciais ou biológicas. Uma vez que as diferenças tenham sido construídas, são usadas para reforçar a "essencialidade" de gênero.[28]

Ambos afirmam que esse processo é alcançado pela socialização e já está bem encaminhado aos cinco anos de idade.

> Então, ser uma "menina" ou um "menino" não é apenas ser mais competente que um "bebê", mas também ser feminino ou masculino de forma competente; ou seja, aprender a produzir exibições comportamentais da identidade feminina ou masculina "essencial".[29]

Em *Problemas de gênero*, obra icônica de Judith Butler, que surgiu por volta da mesma época de "Doing Gender" e se baseou profundamente nas ideias de Foucault acerca da construção da sexualidade, o gênero se torna real ao ser aprendido e reproduzido, como a linguagem. West e Zimmerman entendem gênero praticamente da mesma maneira.[30]

Em 1995, o conceito de gênero como algo que é "feito" recebeu um ponto de vista mais interseccional por parte de Candace West e Sarah Fenstermaker. Em um ensaio complementar de "Doing Gender" intitulado

"Doing Difference", West e Fenstermaker analisam as intersecções de gênero com raça e classe. Isso faz parte do crescente foco no ponto de vista que Lorber salientaria uma década depois. Desde então, os estudos de gênero têm procurado levar em consideração um número crescente de identidades diversas – ficando cada vez mais complicadas no processo –, especialmente quando os estudos trans aumentaram em relevância. Em 2010, Catherine Connell problematizou e expandiu essa linha de análise para abranger o conceito de "refazendo o gênero", que, ela sustentou, não tinha sido abordado adequadamente pelas ideias de "Doing Gender", embora ela mantivesse a ideia de que "interações rotineiras" entre pessoas eram fundamentais para o policiamento de exibições de gênero.[31] Claramente, os estudos de gênero não são mais a respeito das expectativas de gênero das mulheres como determinadas pela função reprodutiva, mas sim uma ampla área de estudo abordando um conjunto de identidades muito mais complexo e indisciplinado – todas essencialmente da mesma maneira procurando "problemáticas" para reclamar até encontrá-las.

A morte do feminismo liberal

As feministas radicais e materialistas não foram as únicas a serem em grande medida substituídas pelas interseccionalistas pós-modernas. As feministas liberais – sempre mais proeminentes do ativismo cotidiano do que no estudo acadêmico – também foram subjugadas pelas feministas pós-modernas. Como o feminismo liberal atua de acordo com os ideais *modernistas* de democracia liberal secular, agência individual em uma estrutura de direitos humanos universais e um foco iluminista na razão e na ciência, foi o alvo central explícito dos *pós-modernos*. Pilcher e Whelehan explicam o motivo no seu relato de 2004 a respeito da área emergente de estudos de gênero:

> O feminismo liberal se baseia na diversidade do pensamento liberal dominante na sociedade ocidental desde o Iluminismo, que afirma que a posição social subordinada das mulheres pode ser abordada por processos políticos

TEORIAS CÍNICAS ~~CRÍTICAS~~

existentes na democracia. Para os liberais, a batalha principal é o acesso à educação; conforme Mary Wollstonecraft, se homens e mulheres são educados igualmente, então, em consequência, eles terão igual acesso à sociedade. As feministas liberais relutariam em usar a linguagem de "revolução" ou "libertação" preferida por radicais e socialistas, na sua crença de que a própria democracia é naturalmente adaptável à igualdade para ambos os sexos. Essa posição liberal é amplamente considerada a posição dominante e de "senso comum" no feminismo, aplicável à maioria das mulheres que se identificam como "feministas", e permanece muito visível no discurso popular.[32]

Em geral, as feministas liberais acreditam que a sociedade já oferece quase todas as oportunidades necessárias para que as mulheres tenham sucesso na vida. Elas simplesmente querem o mesmo acesso a essas oportunidades como os homens, e defendem medidas que permitam e protejam esse acesso: oportunidades educacionais, creches a preços acessíveis, horários de trabalho flexíveis, e assim por diante. No entanto, o feminismo liberal não parte automaticamente do princípio de que as diferenças nos resultados implicam discriminação e, portanto, evita as abordagens baseadas em equidade do feminismo interseccional. O foco liberal em remover o significado social de categorias de identidade – isto é, os requisitos legais e sociais para satisfazer as expectativas de gênero, classe ou raça – procura refinar os legados do projeto do Iluminismo e dos movimentos pelos direitos civis, em vez de derrubá-los para fins socialistas ou pós-modernos. Consequentemente, várias feministas liberais acreditavam que o seu trabalho seria realizado em grande medida quando as mulheres obtivessem igualdade jurídica com os homens e tivessem controle sobre as próprias escolhas reprodutivas, e quando as expectativas da sociedade houvessem mudado tanto que não fosse mais surpreendente ver mulheres em todas as áreas de trabalho.

Essa abordagem liberal do feminismo é furiosamente refutada e problematizada por pós-modernos do pós-modernismo aplicado, que querem muito dar significado social a certas categorias identitárias, para que possam aplicar políticas identitárias e oferecer uma estrutura de construção de significado para minorias (sobretudo raciais). Daí a ênfase de Kimberlé Crenshaw na importância de dizer "Eu sou negro", em vez de "Eu sou uma pessoa que por acaso é negra",[33] e no projeto Teórico *queer* para tornar mais

154

FEMINISMOS E OS ESTUDOS DE GÊNERO

visíveis as identidades LGBTQ. Em todos os ramos da Teoria do pós-modernismo aplicado, as objeções ao liberalismo são um pressuposto básico. Lembremos, por exemplo, a alegação da Teoria crítica da raça de que o liberalismo beneficia principalmente a visão dominante da Teoria pós-colonial do liberalismo como uma forma de universalização imperialista e a objeção da Teoria *queer* à ciência liberal (e iluminista) que procura compreender as variações na sexualidade e nas características de gênero, em vez de condená-las como pecaminosas ou criminosas. A confiança liberal inspirada pelo Iluminismo na existência de verdades objetivas que podem ser verificadas pela ciência e pela razão é vista, pelos pós-modernos, principalmente como uma maneira de tentar fazer todos se conformarem aos discursos de conhecimento brancos, ocidentais, masculinos e heterossexuais. A visão Teórica é que as oportunidades às quais as feministas liberais buscaram igualdade de acesso nunca são igualmente acessíveis por princípio, e a promessa de igualdade mediante o liberalismo é mais uma mentira dos poderosos usada para encobrir as injustiças irreparáveis inerentes ao sistema. A Teoria postula que as oportunidades são mais acessíveis para algumas mulheres (brancas, cisgênero, heterossexuais etc.) do que para outras, e essas mesmas mulheres são *cúmplices* dos sistemas de injustiça que a Teoria procura criticar.

Portanto, enquanto as feministas radicais procuram derrubar os sistemas capitalistas e patriarcais que consideram opressores das mulheres, e as feministas pós-modernas procuram problematizar as estruturas existentes e analisar e desconstruir as categorias que as sustentam, as feministas liberais (e os liberais em geral) querem preservar as estruturas e as instituições da democracia liberal secular e aperfeiçoá-las. Pilcher e Whelehan distinguem três objetivos diferentes dentro do feminismo: igualdade, diferença e diversidade (ou equidade). A abordagem da igualdade é favorecida pelas feministas liberais (e até certo ponto pelas radicais). Essa abordagem procura "estender às mulheres os mesmos direitos e privilégios dos homens, identificando áreas de tratamento desigual e eliminando-as por meio de reformas legais".[34] As feministas interseccionais costumam criticar essa abordagem por aquilo que percebem como a expectativa de que os grupos marginalizados devem se conformar com as maneiras brancas e masculinistas de conhecer e estar no mundo.

TEORIAS CÍNICAS ~~CRÍTICAS~~

As provações e atribulações dos Teóricos da diversidade

Os Teóricos da diversidade – interseccionalistas – defendem uma abordagem totalmente diferente. Eles querem uma mudança em direção ao "respeito mútuo" e à "afirmação da diferença"; ou seja, um senso de solidariedade e aliança entre os grupos marginalizados.[35] Notemos que isso é um respeito pelas diferenças entre grupos sociais e culturais, e não por indivíduos com pontos de vista diferentes. Eles não defendem o direito de expressar ideias diferentes, mas reafirmam o valor daquelas ideias que são marcadas como pertencentes a determinados grupos. Isso requer relativismo cultural e a teoria do ponto de vista – a visão de que pertencer a um grupo marginalizado proporciona acesso especial à verdade, permitindo que os membros tenham um *insight* tanto do domínio quanto da própria opressão. Portanto, os Teóricos da diversidade não costumam permitir nenhuma abordagem ao feminismo que seja individualista ou se baseie nas escolhas pessoais feitas pelas mulheres ("feminismo de escolha"), que alguns Teóricos chamaram de uma forma de traição.[36] Em consequência, a abordagem interseccional é contraditória e confusa. Ela tem sido utilizada para atribuir valores e crenças específicos a certos grupos, assinalá-los como autoritários ou problemáticos e ignorar a diversidade ideológica e intelectual dentro dos grupos. Ela emprega essa construção Teórica para tentar alcançar *não a igualdade*, mas a *equidade social*, o reajuste de porções sociais e econômicas, para que os cidadãos (ou grupo de cidadãos) sejam "tornados iguais".

A compreensão de que grupos diferentes possuem experiência, crenças e valores diferentes foi bastante influenciada por algumas feministas negras, que criticaram a segunda onda do feminismo por não reconhecer que as mulheres negras enfrentavam preconceitos e estereótipos diferentes das mulheres brancas. *Ain't a Woman?* [*E eu não sou uma mulher?*], livro de bell hooks publicado em 1982, que ostenta um título que procura colocá-lo no mesmo molde de Sojourner Truth, foi especialmente influente. hooks sustenta:

> Quando o movimento das mulheres começou, no final da década de 1960, ficou evidente que as mulheres brancas que dominavam o movimento sentiam que era o movimento "delas", que aquele era um veículo pelo qual uma

mulher branca vocalizaria o seu ressentimento para a sociedade. As mulheres brancas não só agiram como se a ideologia feminista existisse unicamente para servir aos próprios interesses porque foram capazes de chamar a atenção do público para as preocupações feministas. Elas não estavam dispostas a reconhecer que as mulheres não brancas faziam parte do grupo coletivo de mulheres da sociedade norte-americana.[37]

Da mesma forma, no seu livro de 1990, *Black Feminist Thought* [*Pensamento negro feminista*],[38] Patricia Hill Collins descreve os estereótipos que afetam exclusivamente as mulheres afro-americanas. Ela rastreia diversos estereótipos que considerou excluídos do feminismo (branco), incluindo a Mammy (a babá negra), uma figura servil assexuada; a Matriarch (a matriarca), uma governante assertiva (e, portanto, pouco feminina) de sua família; a Welfare Mother (a mãe do bem-estar), uma máquina passiva de fazer bebês; e a Jezebel, uma mulher negra sexualmente agressiva e sexualmente disponível – voltando aos tropos utilizados para justificar a escravidão. No entanto, as tentativas de feministas (brancas) de incluir esses tropos sexistas racializados também não caíram bem com Collins. Ela escreve em um ensaio de 1993:

> O esforço de longa data para "colorir" a teoria feminista inserindo as experiências de mulheres negras representa, na melhor das hipóteses, esforços genuínos para reduzir a parcialidade nos estudos sobre as mulheres. Mas, na pior, a colorização também contém elementos tanto de voyeurismo quanto de colonialismo acadêmico.[39]

Na verdade, a nova Teoria "cada vez mais sofisticada" é excessivamente simplista – *tudo* é problemático *de alguma forma*, por causa da dinâmica de poder baseada na identidade. Também é impossível em termos funcionais, uma característica que é mal interpretada como extrema complexidade. O caminho que Collins espera que as feministas (brancas) abram envolve incluir as – mas não se apropriar das – experiências das mulheres negras, dando espaço para que sejam ouvidas e amplificando as suas vozes, sem explorá-las ou sem que se tornem consumidoras voyeurísticas da sua opressão. Esses tipos de demandas impossíveis, contraditórias, de duplo vínculo são um traço persistente da Teoria do pós-modernismo aplicado e

TEORIAS CÍNICAS ~~CRÍTICAS~~

continuam a infestar os estudos de gênero e outras formas de estudo acadêmico sobre Justiça Social. E isso é apenas a questão da raça. Problemas semelhantes surgem com a aplicação da Teoria *queer* e, em consequência, as tentativas de incluir um número maior de vozes lésbicas, gays, bissexuais e transgêneros nos estudos de gênero frequentemente se confrontaram com frustrações.

Uma teoria sem classes

Uma contingência desse modelo interseccional "cada vez mais sofisticado", que se concentra sobretudo no poder dos discursos, é o descaso pela variável mais materialmente relevante em muitos dos problemas enfrentados pelas mulheres (e por muitas minorias raciais e sexuais): a classe econômica. Esse descaso ostensivo tem sido motivo de grande preocupação para as feministas liberais de esquerda, feministas socialistas e socialistas em geral.[40]

Com uma pitada de ironia, o eixo que substituiu a classe na teoria social é o *privilégio*. Como observamos, o privilégio é o conceito mais intimamente associado com a Teórica Peggy McIntosh, mulher branca e abastada, autora de um ensaio de 1989 intitulado "White Privilege: Unpacking the Invisible Knapsack".[41] Influenciada pela Teoria crítica da raça, McIntosh enfoca o privilégio *branco*, mas o conceito de privilégio social, não conectado à classe econômica, foi logo estendido a outras categorias identitárias – homem, heterossexual, cisgênero, magro, fisicamente apto, e assim por diante – para descrever a relativa ausência estatística de discriminação e privação de direitos de tais grupos, em comparação com aquela experimentada por diversas categorias identitárias marginalizadas. Desde então, a consciência de privilégio substituiu quase completamente a consciência de classe com a principal preocupação daquelas da esquerda acadêmica, ativista e política, e o *status* de alguém como privilegiado é avaliado interseccionalmente, usando as Teorias apropriadas do pós-modernismo aplicado. Essa tentativa de mudar o roteiro redefinindo estrategicamente a *ausência* de discriminação e privação de direitos como injusta e problemática foi possivelmente uma catástrofe para a política de esquerda em todo o mundo desenvolvido.

Essa mudança de classe para identidade de gênero, raça e sexualidade perturba os esquerdistas econômicos tradicionais, que temem que a esquerda esteja se afastando da classe trabalhadora e sendo apropriada pela burguesia dentro da academia. Mais preocupante ainda, pode levar os eleitores da classe trabalhadora para os braços da direita populista.[42] Se o grupo tradicionalmente apoiado – a classe trabalhadora – acreditar que a esquerda política os abandonou, a esquerda pode perder muitos dos eleitores de que precisa para conquistar o poder político. Conforme se despoja do universalismo, esse ressentimento tende a crescer. Linda Gordon, historiadora da Universidade de Nova York, resumiu o ressentimento da classe trabalhadora em relação à interseccionalidade:

> Algumas críticas são fruto da má informação, mas mesmo assim são compreensíveis. Um homem branco pobre associa a interseccionalidade ao fato de lhe ser dito que ele possui privilégio branco: "Aí, quando aquela feminista me disse que eu tinha 'privilégio branco', respondi que a minha pele branca não me serviu para porra nenhuma". Ele explica: "Você já passou um inverno gélido no norte de Illinois sem aquecimento ou água corrente? Eu já. Aos 12 anos, você fazia macarrão instantâneo em uma cafeteira com água que pegava em um banheiro público? Eu sim".[43]

Depois que a interseccionalidade se desenvolveu e se tornou dominante tanto no ativismo político quanto no estudo acadêmico da cultura predominante, tornou-se cada vez mais comum ouvir que "homens heterossexuais, brancos e cisgêneros" eram o problema. Por exemplo, em 2018, Suzanna Danuta Walters, editora-chefe da prestigiosa revista feminista *Signs: Journal of Women in Culture and Society*, escreveu um artigo opinativo para o *Washington Post* que pergunta, com franqueza surpreendente: "Why can't we hate men?" [Por que não podemos odiar os homens?].[44] É improvável que isso torne as interseccionalistas benquistas aos homens brancos heterossexuais, principalmente se eles tiverem experimentado a pobreza, a falta de moradia e outras adversidades importantes.

TEORIAS CÍNICAS ~~CRÍTICAS~~

De masculinidades e homens

O desenvolvimento dos "estudos" (críticos) de "homens e masculinidades" nos estudos de gênero não parece propenso a aliviar essa situação. Embora os acadêmicos de estudos sobre homens e masculinidades sejam quase todos homens, eles estudam a masculinidade dentro de um arcabouço feminista. A revista *Men and Masculinities*, fundada por Michael Kimmel, autor de *The Politics of Manhood: Profeminist Men Respond to the Mythopoetic Men's Movement*, proporciona ampla evidência disso.[45] Em nenhum lugar nos estudos de gênero é possível encontrar homens ou masculinidades sendo estudados através de qualquer lente que não seja o feminismo. Isso não é particularmente surpreendente porque está completamente em consonância com a Teoria. Homens falando por si mesmos estariam falando de poder em discursos poderosos, e as mulheres falando por homens estariam falando naqueles discursos já poderosos, nenhum dos quais pode ser permitido.

Os estudos sobre homens e masculinidades costumam depender muito do conceito de "masculinidade hegemônica", desenvolvido pela Teórica de gênero australiana Raewyn Connell (que também publicou com o nome de "Robert" ou "Bob").[46] A masculinidade hegemônica se refere a formas dominantes de masculinidade, que são entendidas por manter a superioridade dos homens sobre as mulheres e perpetuar expressões agressivas e competitivas de virilidade, que são socialmente impostas pelos discursos hegemônicos, dominantes e poderosos, em torno do que significa ser um "homem de verdade". A masculinidade hegemônica está ligada ao conceito de "masculinidade tóxica", desenvolvido por Terry Kupers na sua pesquisa a respeito dos discursos sobre a masculinidade que emergem nas prisões, e definidos por ele como "a constelação de características masculinas socialmente regressivas que servem para fomentar a dominação, a desvalorização das mulheres, a homofobia e a violência gratuita".[47] Esse conceito polêmico se provou útil na aplicação da Teoria às questões supostamente urgentes de por que a sociedade norte-americana estava disposta a eleger o grosseiro Donald Trump[48] e por que a "masculinidade tradicional" devia ser tratada como doença psicológica pela American Psychological Association, como sugerido nas suas "Guidelines for Psychological Practice with

Men and Boys",[49] de 2018. Suspeita-se que Michel Foucault esteja se revirando no túmulo por causa desse desenvolvimento.

Embora alguns estudiosos – como Nancy Dowd, em *The Man Question*, de 2010[50] – tenham tentado complicar essa associação de masculinidade com misoginia, dominação e violência, o interseccionalismo geralmente redime os homens só quando eles também possuem alguma forma de identidade marginalizada. Por exemplo, a "masculinidade inclusiva" desenvolvida por Eric Anderson em meados da década de 2000 foi amplamente celebrada pelo seu foco na homossexualidade e no feminismo (até que se descobriu que Anderson discorda dos métodos Teóricos e defende uma abordagem empírica mais rigorosa, momento em que foi problematizado).[51] Consequentemente, tem havido muito pouco estudo a respeito dos problemas enfrentados pelos homens simplesmente porque são homens, fora das questões feministas, raciais ou de sexualidades sancionadas Teoricamente.

Resumo da mudança

Então, a forma dominante do feminismo nos estudos de gênero é o feminismo interseccional, que se baseia na Teoria crítica da raça, na Teoria *queer* e na Teoria pós-colonial. Rapidamente, os estudos de gênero se afastaram das suas origens nos "estudos sobre as mulheres" e das suas raízes nas análises materialistas com o desenvolvimento da Teoria e da virada para o pós-modernismo aplicado. Após essa mudança, em 2006, o feminismo nos estudos de gênero passou a recorrer a quatro pressupostos principais:

1. O gênero é extremamente significativo para a maneira pela qual o poder se estrutura na sociedade;
2. O gênero é socialmente construído;
3. As estruturas de poder generificadas privilegiam os homens;
4. O gênero se combina com outras formas de identidade, que devem ser reconhecidas, e esse conhecimento é relativo e ligado à identidade.

TEORIAS CÍNICAS ~~CRÍTICAS~~

No início da década de 2000, o feminismo havia ficado completamente subordinado aos estudos de gênero, que adotaram tanto o princípio do conhecimento pós-moderno – no qual o conhecimento objetivo não pode ser obtido – quanto o princípio político pós-moderno – no qual a sociedade se estrutura em sistemas de poder e privilégio. Além disso, em grande medida abandonou as suas raízes acadêmicas radicais e materialistas e o ativismo liberal, e os substituiu por uma indefinição pós-moderna de categorias e pelo relativismo cultural – os efeitos inevitáveis da grande dependência dos estudos de gênero na interseccionalidade e na Teoria *queer*. Como grande parte da análise nos estudos de gênero envolve a análise do discurso, também há um foco intenso na linguagem. O foco na identidade grupal e na teoria do ponto de vista interseccional que agora constitui a espinha dorsal do pensamento sobre Justiça Social não deixa espaço para os conceitos de universalidade e individualidade. A frase *não existe mulher universal* poderia ser o lema dos estudos de gênero.[52]

Essa estrutura analítica propiciou alguns benefícios. Ela complicou as metanarrativas feministas radicais e materialistas simplistas – nas quais as mulheres eram uma classe oprimida, e os homens, seus opressores –, reconhecendo que o poder não funciona de uma maneira tão simples e intencionalmente binária. Isso abriu a porta para uma análise mais matizada e foi especialmente importante para as feministas afro-americanas, que foram capazes de mostrar que enfrentavam estereótipos e barreiras muito diferentes das feministas norte-americanas brancas, e que expandiram os estudos feministas para incluí-las. Também encorajou a investigação do gênero como algo mais complicado do que os papéis impostos aos homens e mulheres pelo patriarcado, incluindo o preconceito e a discriminação enfrentados pelos homens e mulheres trans.

No entanto, os problemas referentes aos estudos de gênero desde a sua virada para a interseccionalidade têm sido consideráveis. A suposição de que os desequilíbrios de gênero são subjacentes a todas as interações entre as pessoas percebidas como pertencentes a um gênero dominante e as pessoas percebidas como pertencentes a um gênero marginalizado – e que esses desequilíbrios sempre favoreçam o masculino – limitou severamente a capacidade de conduzir estudos acadêmicos rigorosos sobre sexo e gênero. A estrutura analítica atual não permite a possibilidade de uma situação em que *não* existam desequilíbrios de poder de gênero ou de uma em que esses desequilíbrios prejudiquem os homens. Embora seja frequentemente dito que "o patriarcado também prejudica os homens", é simplesmente impossível sustentar que o domínio masculino não é um fator em *qualquer* disparidade. Também é impossível dizer que os homens podem ser sistematicamente prejudicados como sexo por qualquer outra coisa que não as consequências não intencionais do próprio domínio – digamos, por exemplo, pelo prestígio social do feminismo interseccional e pela falta de um movimento comparativamente bem visto que aborda questões sobre os homens.

Os problemas com a suposição de que todas as diferenças de gênero podem ser explicadas pelo construtivismo social também são profundos. Ao centralizar as ideias construtivistas sociais de gênero do feminismo radical e da Teoria *queer*, as explicações biológicas para o motivo pelo qual, em média, homens e mulheres fazem escolhas de vida diferentes, exibem distintos graus de características psicológicas, possuem interesses diferentes ou manifestam comportamentos sexuais diversos não podem ser incluídas na análise feminista interseccional. Como há evidências consideráveis de que tais diferenças existem[53] e que realmente aumentam quando as mulheres são livres para fazer as próprias escolhas[54] – e seria notável se fôssemos os únicos primatas sem tais diferenças –, isso também limita a capacidade de realizar estudos rigorosos e importantes dentro dos estudos de gênero, ao mesmo tempo que solapa a credibilidade de qualquer estudo acadêmico rigoroso e importante que tenha sido feito na área.

Finalmente, a tentativa de empreender todas as análises interseccionais de gênero, enfocar incessantemente o conceito simplista de privilégio social, enraizado predominantemente na identidade (e não na economia), e incorporar elementos da Teoria crítica da raça e da Teoria *queer* resulta em uma análise abstrata e Teórica bastante confusa que torna difícil – se não impossível – chegar a quaisquer conclusões que não a simplificação excessiva de que homens brancos heterossexuais são injustamente privilegiados e precisam se arrepender e sair do caminho de todo o mundo. Por causa do foco na relevância do ponto de vista de alguém para o acesso ao conhecimento, os acadêmicos ficam bastante limitados no grau em que podem até realizar estudos de gênero, a menos que sejam mulheres trans negras, o que poucos

TEORIAS CÍNICAS ~~CRÍTICAS~~

acadêmicos são. Isso resulta em grandes seções de artigos acadêmicos dedicadas a acadêmicos que reconhecem performativamente a sua posicionalidade e problematizam o próprio trabalho, em vez de fazer algo útil. Atualmente, as próprias estruturas Teóricas dos estudos de gênero os impedem de produzir estudos acadêmicos de valor para a causa da justiça social. Esse é o preço que paga pela sua "crescente sofisticação".

Capítulo 7

ESTUDOS SOBRE DEFICIÊNCIA E SOBRE O CORPO GORDO

TEORIA IDENTITÁRIA COMO GRUPO DE APOIO

Com o desenvolvimento da Teoria, ela se tornou cada vez mais obcecada com a identidade e a posicionalidade. O princípio do conhecimento pós-moderno insiste que o conhecimento objetivo não é possível e favorece "conhecimentos" especializados que surgem da experiência vivida por indivíduos de uma determinada identidade, posicionados de maneira específica pela sociedade. O princípio político pós-moderno é, no fundo, um apelo à política identitária, que requer a adoção de uma identidade por parte de algum grupo marginalizado ou a atribuição de uma identidade a um grupo relativamente privilegiado. Isso se apoia no tema pós-moderno de fragmentar o universal e substituir o indivíduo pelo grupo. Vemos essa tendência na Teoria pós-colonial, onde o "outro" precisa ser resgatado dos costumes ocidentais. Vemos isso na Teoria *queer*, em que identidade sexual *queer*, identidade de gênero *queer* e outras identidades *queer* são um fascínio peculiar, ao passo que identidades "normais" são problematizadas pelas supostas implicações da própria existência. Vemos isso na Teoria crítica da raça, que defende a identificação com o *status* racial socialmente construído e a adoção, promoção e proteção de culturas específicas. Vemos isso no feminismo interseccional, que examina continuamente como várias identidades se interseccionam para criar cada vez mais *status* de identidade de nicho. Também vemos isso no estudo pós-moderno sobre deficiência e

TEORIAS CÍNICAS ~~CRÍTICAS~~

gordura, que se concentra nas construções sociais a tal ponto que as realidades objetivas das deficiências e do excesso de peso examinadas são Teorizadas como quase inexistentes. É uma espécie de teatro cabúqui, em que a Teoria é usada para transformar iniciativas de grupo de apoio em estudo acadêmico e ativismo mal informado.

Assim como os estudos de gênero, as abordagens críticas para o estudo sobre deficiência e gordura como identidades começaram com a virada para o pós-modernismo aplicado no final da década de 1980 e no início da década de 1990, o que levou à criação de duas áreas afins de estudos pós-modernos de identidade: estudos sobre deficiência e estudos sobre o corpo gordo. Como os estudos de gênero, esses estudos substituíram em grande medida outras abordagens acadêmicas e ativistas, que tendem a ser mais práticas e menos propensas a acreditar que tudo é mais bem-visto como um constructo puramente social e engajado por meio de apelos extremamente emocionais à política identitária. Embora semelhantes em muitos aspectos, essas duas áreas possuem histórias diferentes e, assim, serão consideradas separadamente aqui.

Estudos sobre deficiência

O ativismo das pessoas com deficiência começou na década de 1960, por volta da mesma época e com objetivos semelhantes aos do Movimento pelos Direitos Civis, da segunda onda do feminismo e do Orgulho Gay. O seu objetivo original era tornar a sociedade mais acolhedora e tolerante às pessoas com deficiência e, assim, melhorar a sua qualidade de vida. Grande parte disso era para ser alcançado aumentando o acesso das pessoas com deficiência às oportunidades disponíveis para as pessoas sem deficiências, e o movimento teve muito sucesso nisso. Em geral, foi um progresso excelente.

Esse objetivo perfeitamente razoável começou a mudar na década de 1980. Após a virada para o pós-modernismo aplicado e a incorporação do feminismo interseccional, da Teoria *queer* e da Teoria crítica da raça, os estudos sobre deficiência começaram a ver a aptidão como um constructo social e, desde então, tornaram-se cada vez mais radicais e negacionistas acerca da realidade. Diversas formas de deficiência são consideradas constructos culturais – como é a condição de ser fisicamente apto (sem deficiência). A deficiência (incluindo certas doenças mentais tratáveis) passou a ser valorizada como um conjunto de grupos identitários marginalizados afins, e estes foram colocados em contraste com identidades "normais" fisicamente aptas. Em consequência, os estudos sobre deficiência assumiram uma abordagem Teórica cada vez mais interseccional e *queer*, o que os tornou progressivamente mais obscuros, abstratos e inadequados para melhorar as oportunidades e a qualidade de vida das pessoas com deficiência.

Na década de 1980, as alterações no estudo acadêmico e no ativismo referente a "in/capacitado"[1] podem ser mais bem entendidas como uma mudança da compreensão da deficiência como algo que reside no indivíduo para uma visão da deficiência como algo imposto aos indivíduos pela sociedade que não acolhe as suas necessidades. Antes dessa mudança, as pessoas com deficiência eram consideradas pessoas com alguma incapacidade; posteriormente, a deficiência passou a ser vista como uma condição imposta a elas por uma sociedade relativamente pouco acolhedora e desinteressada. Por exemplo, um indivíduo com surdez era anteriormente considerado alguém que não podia ouvir e que estava incapacitado até certo ponto por causa da sua deficiência. Após a mudança, ele passou a ser visto como um surdo, que não podia ouvir e que a sociedade "incapacitou" por deixar de acolhê-lo de forma igualitária a uma pessoa com audição (espontaneamente). Em outras palavras, alguém só é *deficiente* por causa das expectativas da sociedade de que as pessoas geralmente são fisicamente aptas e se beneficiam de ser assim. É uma condição imposta àqueles com deficiência.

Essa mudança para uma visão social construtivista da deficiência parece ter se desenrolado em dois estágios. No primeiro, que é comumente chamado de "modelo social da deficiência", substituiu o "modelo médico de deficiência", às vezes chamado de "modelo individual". Isso ocorreu na década de 1980, sendo amplamente creditado ao estudioso de serviço de assistência social e sociólogo britânico Michael Oliver. No modelo médico ou individual (algumas pessoas fundem os dois e outras os distinguem), a deficiência é algo que afeta uma pessoa, e a solução é corrigir a condição incapacitante ou mitigar as suas deficiências, para que ela possa interagir com o mundo como os fisicamente aptos interagem.[2] No modelo social de deficiência, o ônus recai sobre a sociedade para acolher o indivíduo com deficiência. Oliver escreve:

> O modelo social de deficiência reconhece a incapacidade como causa da limitação individual, mas a deficiência é imposta em cima disso. Podemos resumir da seguinte maneira: a deficiência é a desvantagem ou restrição de atividade causada por normas políticas, econômicas e culturais de uma sociedade que tem pouca ou nenhuma consideração pelas pessoas com deficiências e, portanto, as exclui das atividades principais. (Assim, a deficiência, como o racismo ou o sexismo, é discriminação e opressão social). (...) Esse modelo social de deficiência, como todos os paradigmas, afeta fundamentalmente a visão de mundo da sociedade e, no âmbito dela, a maneira pela qual os problemas específicos são vistos.[3]

Oliver teve por meta provocar uma mudança conceitual: de um entendimento binário de *pessoas* com deficiência em oposição a *pessoas* fisicamente aptas para a ideia de um espectro de aptidões, cujos significados foram entendidos de maneira distinta em diferentes épocas e culturas. O entendimento de deficiência existente na década de 1980, na Grã-Bretanha em particular, mudou para um que impôs a responsabilidade por capacitar ou incapacitar pessoas na sociedade. Essa mudança conceitual exige que a sociedade se ajuste ao indivíduo, e não o contrário.

Não há sinal de que Oliver tenha originalmente adotado uma abordagem particularmente pós-moderna, e a sua visão sobre deficiência como constructo social não é radical. Desde então, isso mudou. O seu livro *Social Work with Disabled People*, publicado em 1983, está atualmente na sua quarta edição e inclui referências significativas a trabalhos posteriores de estudos identitários. Por exemplo, na edição mais recente, a linguagem foi claramente influenciada pela interseccionalidade:

> Sem dúvida, as experiências serão culturalmente localizadas e refletirão diferenças de classe, raça, gênero e assim por diante, e dessa maneira o discurso pode muito bem ser culturalmente tendencioso. Ao usar o modelo

social, o entendimento também vem do reconhecimento de que experiências históricas de deficiência foram culturalmente localizadas em respostas à deficiência. O modelo social pode ser usado por pessoas de diferentes culturas e em estudos étnicos, *queer* ou de gênero para mostrar a deficiência nessas situações. Do mesmo modo, todas essas disciplinas precisam levar em consideração o deficientismo nas suas comunidades.[4]

Atualmente, os estudos sobre deficiência recorrem fortemente a dois princípios pós-modernos: o conhecimento é um constructo social e a sociedade consiste em sistemas de poder e privilégio. Essa orientação nos estudos sobre deficiência costuma se basear na Teoria crítica da raça. Em geral, os estudos sobre deficiência se apoiam muito em Michel Foucault e Judith Butler e, consequentemente, os seus temas pós-modernos mais frequentes são a indefinição de fronteiras e a importância do discurso – acompanhados por uma desconfiança radical em relação à ciência. O conceito do indivíduo também costuma ser depreciado nos estudos sobre deficiência, devido à crença de que o individualismo permite que uma "expectativa neoliberal" se adapte às suas deficiências e ele se torne um membro produtivo da sociedade capitalista.

Capacitismo

Nos estudos sobre deficiência, o "capacitismo" é amplamente compreendido como a aceitação de pressupostos (Teoricamente problemáticos) de que geralmente é melhor ser fisicamente apto do que deficiente e que é "normal" não ter deficiência. O "deficientismo", por outro lado, denota preconceito contra as pessoas com deficiência, incluindo a ideia de que a sua condição de deficiente existe fora do entendimento usual de "normal" e a crença de que uma pessoa fisicamente apta é superior a uma pessoa com deficiência. Essa opressão faz parte de uma constelação de diferentes formas de intolerância. Como Lydia X. Y. Brown, ativista que se descreve como autista, deficiente, assexuada e gênero *queer* (pessoas fora das classificações de gênero), define:

TEORIAS CÍNICAS ~~CRÍTICAS~~

O capacitismo pode descrever o sistema de valores da sua normatividade que privilegia o supostamente neurotípico ou fisicamente apto, enquanto o deficientismo pode descrever a violenta opressão que visa pessoas cujos corpos/mentes são considerados desviantes e, portanto, deficientes. Em outras palavras, o capacitismo está para o heterossexismo como o deficientismo está para o antagonismo *queer*.[5]

Por consequência, a Teoria *queer*, com o seu foco na desconstrução do normal, tem se mostrado particularmente compatível com os estudos sobre deficiência. É o que vemos nos estudos de Robert McRuer, que, assim como a Teórica *queer* Judith Butler, evocou o conceito de "heterossexualidade compulsória" – a imposição social da heterossexualidade como a sexualidade normal, padrão. No seu livro *Crip Theory: Cultural Signs of Queerness and Disability*,[6] de 2006, no qual McRuer examina como a Teoria *queer* e os estudos sobre deficiência se permeiam mutuamente, ele sustenta:

Tal como a heterossexualidade compulsória, a condição fisicamente apta compulsória funciona encobrindo, com a aparência de escolha, um sistema em que na verdade não há escolha. (...) Assim como as origens da identidade heterossexual/homossexual estão agora encobertas para a maioria das pessoas, de modo à heterossexualidade compulsória funcionar como uma formação disciplinar que aparentemente emana de todos os lugares e de lugar nenhum, também estão encobertas as origens do fisicamente apto/inapto (...) para ser coerente em um sistema de condição fisicamente apta compulsória que da mesma forma emana de todos os lugares e de lugar nenhum.[7]

A influência de Foucault é evidente aqui. Esse trecho ecoa a sua noção de poder operando em todos os níveis, para controlar e coagir as pessoas a se conformarem com as expectativas.[8] A solução é obscurecer as fronteiras das categorias a ponto de apagá-las. Foucault e os Teóricos *queer* que se basearam nele sustentaram que as sexualidades e a loucura eram meramente constructos de discursos médicos que procuravam injustamente categorizar as pessoas como "normais" e "anormais" e excluir os "anormais" de participação nos discursos dominantes da sociedade. Consequentemente, a visão da condição de aptidão como algo que é construído injustamente como "normal" (fisicamente apto) ou "anormal" (deficiente) tem dominado e confundido os estudos sobre deficiência desde que adotou as abordagens Teóricas *queer*.

Essa nova abordagem pós-moderna se ajustou excepcionalmente bem ao modelo social da deficiência e constituiu a base do segundo estágio da sua mudança para o pós-modernismo aplicado. Ela é central para o livro de Dan Goodley, *Disability Studies: Theorising Disablement and Ableism*, de 2014. Apropriando-se diretamente de Foucault, Goodley escreve: "A deficiência é normativamente entendida por meio do olhar da medicalização: aquele processo em que a vida se processa mediante o uso redutivo do discurso médico".[9] Ele aplica o conceito de Foucault de "biopoder", em que os discursos científicos possuem prestígio particularmente alto e são aceitos como verdade e perpetuados pela sociedade, onde criam as categorias que parecem descrever.[10] A adoção por parte de Goodley do princípio do conhecimento e do princípio político pós-modernos – ele percebe os discursos científicos como opressores e não mais rigorosos do que outras maneiras de saber – fica clara quando ele compara a ciência ao colonialismo:

> Sabemos que os conhecimentos coloniais são construídos como neutros e universais por meio da mobilização de discursos associados, tais como medidas humanitárias, filantrópicas e de redução da pobreza. Também podemos perguntar: como os saberes capacitistas são naturalizados, neutralizados e universalizados?[11]

De forma preocupante, Goodley avalia diagnosticar, tratar e curar deficiências como práticas cínicas, dependentes de suposições capacitistas deturpadas e sustentadas por um "sistema neoliberal", em que as pessoas são forçadas a ser indivíduos totalmente autônomos e altamente funcionais, para que possam contribuir com o seu trabalho para mercados capitalistas. Ainda mais preocupante, ele afirma que "autonomia, independência e racionalidade são virtudes desejadas pelo neoliberal-capacitismo".[12]

O princípio político pós-moderno, que enxerga o mundo como construído de sistemas de poder, permeia o livro de Goodley. Ele descreve a sociedade em termos interseccionais, como "mesclando discursos de privilégio sobrepostos", e escreve:

TEORIAS CÍNICAS ~~CRÍTICAS~~

Sustento que os modos de reprodução cultural capacitista e as condições materiais incapacitantes nunca podem ser divorciadas do hétero/sexismo, racismo, homofobia, colonialismo, imperialismo, patriarcado e capitalismo.[13]

Para Goodley, o modelo social de Oliver não é interseccional o suficiente. Ele afirma que não inclui análises de raça e gênero e que deixa de considerar a deficiência em termos da Teoria *queer* – como "uma identidade que pode ser celebrada quando rompe as normas e subverte os valores da sociedade".[14]

Essa ideia de que pessoas com deficiência têm a responsabilidade de usar as suas deficiências para subverter as normas sociais – e até recusar quaisquer tentativas de cura – a serviço da disrupção pós-moderna de categorias é mais uma característica preocupante dos estudos sobre deficiência, e não é peculiar a Goodley. Também aparece na obra bastante citada *Contours of Ableism: The Production of Disability and Abledness*,[15] de Fiona Campbell. Como Goodley, Campbell considera problemático que as deficiências sejam vistas como problemas a serem curados, se possível:

A principal característica de um ponto de vista capacitista é a crença de que a deficiência ou anomalia (independentemente do "tipo") é de modo inerente negativa e, se a oportunidade se apresentar, deve ser melhorada, curada ou até eliminada.[16]

No estudo acadêmico e no ativismo, o desejo expresso de prevenir ou curar a deficiência é muitas vezes surpreendentemente reformulado como o desejo de que as *pessoas com deficiência* (em vez de suas deficiências) não existissem – um estratagema cínico que abusa de um jogo de palavras. Campbell vai ainda mais longe. Baseando-se na Teoria *queer* de Judith Butler, ela caracteriza a condição fisicamente apta e a deficiência como desempenhos que as pessoas aprendem com a sociedade. Elas se "coconstituem" em um binário que deve ser destruído:

Quer se trate do "corpo típico da espécie" (na ciência), do "cidadão normativo" (na teoria política), do "homem razoável" (no direito), todos esses significantes apontam para uma falsificação que atinge a própria alma que nos

ESTUDOS SOBRE DEFICIÊNCIA E SOBRE O CORPO GORDO

arrasta para a vida e, como tal, é o resultado e o instrumento de uma constituição política. A criação de tais regimes de separação ontológica parece dissociada do poder. (...) Todos os dias, as identidades de *deficientes* e *fisicamente aptos* são desempenhadas repetidas vezes.[17] (grifos no original)

Isso não é simplesmente insano, nem é apenas fetichismo de desfavorecido. É pós-modernismo aplicado. Esse trecho tendencioso tem marcas claras das influências de Jacques Derrida e Judith Butler. A visão derrideana postula que os nossos entendimentos a respeito de deficiência e condição fisicamente apta criam um ao outro por meio de uma dicotomia hierárquica – ou seja, entendemos cada conceito apenas como não sendo o outro, e os dois conceitos não são vistos equitativamente. Isso é interpretado por meio da noção butleriana de *performatividade*, que ela derivou da aplicação de Derrida e Foucault à própria interpretação do conceito de John Austin de mesmo nome na filosofia da linguagem.

Campbell também apela à Teoria crítica da raça, sobretudo o seu pressuposto de que o racismo é uma parte tão normal, comum e natural da vida ocidental que ninguém o vê ou o questiona.[18] Ela adapta isso aos estudos sobre deficiência para sustentar que o capacitismo também é uma forma de preconceito tão comum que não questionamos por que é melhor ser apto fisicamente do que ter uma deficiência. Campbell até critica as pessoas com deficiência por terem "capacitismo internalizado" – uma falsa consciência que as leva a aceitar o capacitismo, apesar de serem deficientes – se elas expressam qualquer desejo de não serem deficientes. Ela escreve: "Ao desempenhar inconscientemente o capacitismo, as pessoas com deficiência se tornam cúmplices do próprio legado, por reforçar a deficiência como uma condição indesejável".[19]

Essas ideias são bastante típicas dos estudos sobre deficiência. Lydia X. Y. Brown, por exemplo, também descreve a deficiência como um desempenho, e o fato de ter uma deficiência como uma identidade a ser celebrada. Isso fica evidente nesse relato de uma discussão com uma amiga que se converteu ao islamismo, que explica por que usa o *hijab*, véu utilizado por mulheres muçulmanas, embora não acredite no conceito de recato por trás dele:

TEORIAS CÍNICAS ~~CRÍTICAS~~

Usar o *hijab* é um sinal externo de ser muçulmana. A mulher está desempenhando "ser muçulmana" e quer ser associada a ser muçulmana, e escolhe usar o *hijab* para que as outras pessoas – muçulmanas ou não – possam identificá-la, da mesma forma que eu, como autista, que não agito inata ou instintivamente as mãos ou os braços – esse nunca foi um estímulo que desenvolvi independentemente –, escolherei deliberada e frequentemente agitar, sobretudo em público, a fim de chamar a atenção para mim, para que as outras pessoas – autistas ou não – possam me identificar como autista. Uso isso como um sinal externo [assim como algumas mulheres muçulmanas podem escolher usar o *hijab* mesmo na ausência de convicções religiosas a respeito de cobrir a cabeça].[20]

É pouco provável que esse desempenho que busca abertamente chamar a atenção seja apreciado universalmente por autistas (ou o desempenho muçulmano por muçulmanos). No entanto, alguns ativistas insistem que as suas deficiências – incluindo doenças mentais tratáveis, como depressão, ansiedade e até tendências suicidas[21] – são positivas, e as comparam com outros aspectos identitários, que podem ser utilizados para formas de empoderamento de política identitária.

Essa abordagem politizada deve ser diferenciada da aceitação das próprias deficiências e deve abraçar a sua realidade de uma maneira psicologicamente positiva. Corresponde à distinção que prioriza a identidade "Eu sou negro"/"Eu sou uma pessoa que por acaso é negra" feita pelos Teóricos críticos da raça (ver Capítulo 5). Por exemplo, no seu livro *No Pity: People with Disabilities Forming a New Civil Rights Movement*, Joseph Shapiro contesta a ideia de que é um elogio quando uma pessoa fisicamente apta não pensa em uma pessoa com deficiência como deficiente. Ele escreve:

Era como se alguém tivesse tentado elogiar um homem negro dizendo: "Você é a pessoa menos negra que já conheci". Tão falso quanto dizer a um judeu: "Nunca pensei em você como judeu". Tão inábil quanto tentar lisonjear uma mulher com: "Você não age como uma mulher".[22]

Shapiro compara o Orgulho dos Deficientes com o Orgulho Gay. Ter uma deficiência, ele acha, deve ser visto como algo louvável:

ESTUDOS SOBRE DEFICIÊNCIA E SOBRE O CORPO GORDO

Como os homossexuais no início da década de 1970, muitas pessoas com deficiência estão rejeitando o "estigma" de que há algo triste ou do qual se envergonhar na sua condição. Eles estão sentindo orgulho da sua identidade como pessoas com deficiência, exibindo-a em vez de escondê-la.[23]

Embora ninguém deva sentir vergonha da sua sexualidade, raça, religião, gênero ou condição de aptidão, muitas pessoas com deficiência provavelmente discordam da ideia de que ter uma deficiência seja algo a ser celebrado – e é pouco provável que isso venha a ajudá-las a encontrar um tratamento ou remédio eficaz, se for isso o que elas quiserem. E, apesar do que afirmam os estudos sobre deficiência, isso não é algo de que elas deveriam se envergonhar de querer.

Um problema adicional surge quando os ativistas desejam assumir uma deficiência como uma identidade para os fins de celebração ou empoderamento político, mas não desejam que os médicos a rotulem. Isso costuma se originar do princípio do conhecimento pós-moderno, que rejeita a ideia de que os médicos são mais qualificados para diagnosticar as deficiências do que qualquer outra pessoa. Isso encoraja as pessoas ao autodiagnóstico, com o propósito de pertencer a um grupo identitário. Uma conversa documentada entre Lydia X. Y. Brown e Jennifer Scuro fornece um exemplo (LB e JS, respectivamente):

> **LB:** Já ouvi coisas como: "Acho que sou autista, mas não quero dizer isso porque nunca fui diagnosticado", ou seja, não foi feito um diagnóstico por um especialista. A minha resposta é a seguinte: "Bem, não me cabe dizer como você deve ou não se identificar", mas não acredito em dar poder ao complexo médico-industrial e o seu monopólio para definir e determinar quem conta e quem não conta como autista (...)

> **JS:** Sim, depois que comecei a entrar no território do diagnóstico, depois que comecei a brincar com o problema do pensamento diagnóstico, que é deixado apenas a diagnosticadores formados, isso me permitiu desafiar o modo como todos nós temos de lidar com o pensamento diagnóstico.[24]

TEORIAS CÍNICAS ~~CRÍTICAS~~

Esse diálogo parece defender que as pessoas se autoidentifiquem como deficientes com a finalidade de ganhar uma identidade de grupo (tema pós-moderno), para se engajar na disrupção pós-moderna da capacidade de produção de conhecimento da ciência médica (princípio do conhecimento pós-moderno) ou como uma disrupção politicamente motivada da crença dominante de que a deficiência é algo a ser evitado ou tratado (princípio político pós-moderno). Não está claro como algo disso pode ser útil para pessoas com deficiência.

Proteção útil sabotada

Os estudos e o ativismo referentes à deficiência e o modelo social de deficiência começaram bem. Apesar de algumas alterações conceituais preocupantes, os seus objetivos iniciais eram impor menos ônus às pessoas com deficiência para se adaptarem à sociedade e mais ônus à sociedade para acolher as pessoas e as suas deficiências. Essa mudança de ênfase, que foi incorporada em diversas leis, tendeu a aumentar o acesso das pessoas com deficiência aos empregos e às oportunidades sociais dos quais elas têm sido historicamente barradas. Era um objetivo semelhante ao da segunda onda do feminismo, do Movimento pelos Direitos Civis e do Orgulho Gay, e convinha que o estudo acadêmico continuasse esse trabalho examinando as atitudes sociais em relação à deficiência no intuito de melhorá-las.

Infelizmente, a incorporação da Teoria pós-moderna aplicada aos estudos sobre deficiência parece tê-los desencaminhado. Essa abordagem obcecada pela identidade pressiona as pessoas com deficiência a se identificarem, celebrarem e politizarem as suas deficiências. Embora as pessoas com deficiência *possam* ser constrangidas pelo uso exagerado de rótulos médicos, é improvável que uma grande desconfiança em relação à ciência médica beneficie as pessoas com deficiência ou qualquer outra pessoa. A interseccionalidade tende a confundir e complicar a questão do preconceito contra os deficientes – de maneira totalmente desnecessária – sepultando-a sob uma montanha de "discursos sobrepostos de privilégio". O uso da Teoria

ESTUDOS SOBRE DEFICIÊNCIA E SOBRE O CORPO GORDO

crítica da raça como modelo para insistir que as deficiências são, em última análise, construções sociais é particularmente pouco prestativo, já que – ao contrário das categorias sociais de raça – as deficiências físicas e mentais são objetivamente reais, e as pessoas costumam não gostar de tê-las por causa da maneira pela qual afetam materialmente as suas vidas (e não porque elas foram socializadas para acreditar que não deveriam gostar delas).

É sobretudo antiético exigir que as pessoas com deficiência assumam a sua deficiência com uma identidade e a celebrem para romper com as normas culturais capacitistas, em uma aplicação do princípio político pós--moderno. Embora algumas pessoas com deficiência possam encontrar conforto e empoderamento na politicagem que prioriza a identidade, muitas não encontram. Inúmeras pessoas com deficiência gostariam de não ter deficiências – o que é perfeitamente razoável –, e procuram maneiras de melhorar ou mitigar a sua condição para si mesmas e para os outros. É um direito delas. As acusações de "capacitismo internalizado" são presunçosas e insultantes. As pessoas com deficiência podem não querer ser identificadas principalmente pela sua deficiência, mas por outros aspectos de si mesmas que acham que representam melhor quem são. O ativismo digno referente à deficiência apoiaria isso, em vez de problematizá-lo.

Um problema em assumir uma deficiência física ou mental como identidade é que é um desincentivo a qualquer possível atenuação da deficiência. Por exemplo, isso pode levar as pessoas a problematizar ou recusar uma tecnologia que permite aos surdos ouvir, porque eles não poderão mais se identificar como surdos posteriormente. Embora os indivíduos devam fazer o que quiser, isso sugere uma grande confusão de prioridades. A maioria dos surdos cuja deficiência auditiva poderia ser corrigida diretamente[25] com um aparelho auditivo não consideraria rejeitar essa intervenção, e é improvável que sejam ajudados por quem as chama de traidores de identidade por adotar tais aparelhos. Portanto, os estudos e o ativismo referentes à deficiência deixam de falar com as pessoas que eles alegam defender, e inibem a capacidade das pessoas com deficiência de obter os diagnósticos e tratamentos que desejam. Além disso, focar na deficiência como sendo a identidade de alguém pode desvalorizar outros aspectos de um indivíduo que podem levar a uma maior realização e qualidade de vida. Dado o problema atual com a ascensão da cultura da vitimização, que atribui *status* superior

TEORIAS CÍNICAS CRÍTICAS

a identidades marginalizadas,[26] pode haver uma tentação crescente de se tornar mais, em vez de menos, deficiente, e se concentrar predominantemente na própria deficiência. Isso será especialmente preocupante se as pessoas puderem se autoidentificar como deficientes sem um diagnóstico profissional ou assistência médica. Nesse sentido, os estudos sobre deficiência são um fracasso bem-intencionado.

Estudos sobre o corpo gordo

Os problemas nos estudos sobre deficiência refletem-se em uma área afim chamada estudos sobre o corpo gordo. Assim como os estudos sobre deficiência, os estudos sobre o corpo gordo começaram nos Estados Unidos na década de 1960 como ativismo gordo, e têm aparecido sob muitas formas desde então, mas só recentemente se estabeleceram como um ramo distinto dos estudos identitários. Esses estudos também se basearam fortemente na Teoria *queer* e no feminismo, sobretudo como se desenvolveu no Reino Unido, e possuem um foco extremamente interseccional. Eles procuram retratar as percepções negativas a respeito da obesidade como algo semelhante ao racismo, sexismo e homofobia, e rejeitam explicitamente a ciência. Na moda pós-moderna, concentram-se na construção social da obesidade e procuram capacitar as pessoas obesas a rejeitar os conselhos médicos e abraçar um "saber" comunitário de apoio que enxerga a obesidade de modo favorável. Os estudos sobre o corpo gordo se apoiam firmemente no princípio do conhecimento pós-moderno, que considera o conhecimento como um constructo do poder, perpetuado em discursos – nesse caso, os discursos enraizados no "ódio" às pessoas gordas (gordofobia), em combinação com a misoginia e o racismo. Portanto, os estudos sobre o corpo gordo tendem a teorizar estruturas bastante complexas de opressão, evidenciando um ceticismo radical em relação à ciência e defendendo "outras maneiras de saber", que incluem experiências pessoais, Teoria, feminismo e até poesia.

Embora seja mais popular no Reino Unido, provavelmente o ativismo gordo começou nos Estados Unidos, com a criação da National Association to Advance Fat Acceptance (NAAFA),[27] em 1969, e o crescimento do Fat Underground,[28] na década de 1970. Ele se origina diretamente do conjunto de mudanças sociais, culturais e políticas que começaram a promover os estudos culturais e identitários, e do pós-modernismo, por volta da década de 1970. No entanto, o ativismo gordo parece ter assumido características pós-modernas muito mais recentemente do que os outros tipos de estudos identitários que se baseiam na Teoria do pós-modernismo aplicado. Isso talvez se deva ao fato de que os estudos sobre o corpo gordo não se tornaram uma área acadêmica por direito próprio até bem recentemente, embora acadêmicas feministas já venham teorizando há muito tempo a respeito da pressão sofrida pelas mulheres para serem magras. Os estudos sobre o corpo gordo insistem que a "gordofobia" generalizada e socialmente aceita impediu que fosse levado a sério e considerado como gordofóbico qualquer estudo sobre obesidade como condição médica perigosa e (geralmente) tratável.

Historicamente, o estudo acadêmico e o ativismo que se tornariam os estudos sobre o corpo gordo eram chamados de feminismo referente ao corpo gordo. Ele estava fortemente ligado aos ramos radical e lésbico radical do feminismo e, em consequência, teve um número limitado de adesões. Isso não mudou muito até a década de 1990, quando o movimento da positividade corporal, focado na aceitação e na celebração dos "corpos gordos", emergiu das correntes liberais da sociedade. Um movimento afim, Health at Every Size, que aparentemente existiu sob várias formas desde a década de 1960, tornou-se proeminente em 2003 quando a Association for Size Diversity and Health registrou a frase.[29] Em 2010, Linda Bacon, acadêmica de fisiologia e psicoterapia, escreveu um livro popular intitulado *Health at Every Size*: *The Surprising Truth About Your Weight*,[30] que afirma que corpos de todos os tamanhos podem ser saudáveis.[31] O consenso médico se opõe a essa ideia.[32]

Os estudos sobre o corpo gordo se desenvolveram rapidamente, começaram a assumir uma abordagem do pós-modernismo aplicado e logo se tornaram totalmente interseccionais, fazendo afirmações ilógicas como: "Não podemos desmantelar a opressão de peso/tamanho sem abordar a interseccionalidade de todas as opressões".[33] Em 2012, a alegação dos estudos sobre o corpo gordo de ser uma disciplina independente foi reforçada com a criação da revista *Fat Studies*. A publicação compara explicitamente

TEORIAS CÍNICAS ~~CRÍTICAS~~

as opiniões negativas sobre obesidade – incluindo preocupações sobre possíveis implicações para a saúde por causa do excesso de peso ou obesidade – ao preconceito contra as pessoas por suas características imutáveis, afirmando: "*Os estudos sobre o corpo gordo* são semelhantes às disciplinas acadêmicas que enfocam raça, etnicidade, gênero ou idade".[34]

O desenvolvimento dos estudos sobre o corpo gordo foi detalhado de maneira abrangente pela britânica Charlotte Cooper, possivelmente a principal acadêmica de estudos sobre o corpo gordo e autora de *Fat Activism: A Radical Social Movement*, de 2016. Cooper constata o virtual abandono do ativismo gordo pelo feminismo radical e seu renascimento pelo feminismo pós-moderno:

> As origens do feminismo referente ao corpo **gordo** estão imersas em um feminismo que é problemático, caluniado, fora de moda e obscuro, ou seja, o feminismo lésbico radical, incluindo, às vezes, o separatismo lésbico. As críticas em relação a esse feminismo emergiram nos feminismos *queer*, da terceira onda e pós-moderno devido, por exemplo, ao seu essencialismo e ao seu fundamentalismo.[35]

Nos estudos sobre o corpo gordo, é comum abordar atitudes negativas em relação à obesidade ao lado de racismo, sexismo, homofobia, transfobia, deficientismo e imperialismo, ainda que haja fortes evidências de que a obesidade é resultado do consumo consistente de mais calorias do que o necessário e implica riscos significativos à saúde. Hoje, o ativismo gordo e os estudos sobre a pessoa gorda são predominantemente interseccionais e feministas, e se baseiam expressivamente na Teoria *queer* e na política butleriana da paródia.[36] Em seu livro, Charlotte Cooper descreve um evento de ativismo associado à obesidade que foi encenado em resposta aos Jogos Olímpicos de Londres de 2012, que foram considerados intrinsecamente gordofóbicos ao extremo. O evento recebeu o nome de "Fattylimpics" [Olímpiada dos gordos], e nele eventos quase atléticos, intencionalmente tolos, foram realizados em tom de brincadeira em um parque de Londres como um ato de resistência e protesto estratégico.

A Teoria *queer* e Judith Butler foram especialmente influentes no desenvolvimento dos estudos sobre o corpo gordo. Por exemplo, Charlotte

ESTUDOS SOBRE DEFICIÊNCIA E SOBRE O CORPO GORDO

Cooper começa o seu livro declarando que ele é assumidamente *queer*" e está "encorajando ativistas obesos a resistir à atração do acesso e da assimilação, se conseguirem, e a considerar estratégias *queer* para revigorar o movimento".[37] Mais uma vez, o conceito de "biopoder" de Foucault – que afirma que discursos científicos possuem um poder indevido como produtores de conhecimento, que é então perpetuado em todos os níveis da sociedade por meio do discurso (maneiras de falar sobre as coisas) – é utilizado de uma maneira bastante paranoica. Como Cooper escreve:

> Em *The History of Sexuality* e em outros lugares, o poder não está consagrado nas autoridades que se alimentam do sujeito mais humilde; é sim um campo dinâmico em que todos estão envolvidos.[38]

Ela também afirma:

> A obra de Michel Foucault sobre governamentalidade costuma ser usada para teorizar corpos em relação ao poder e foi empregada por pessoas interessadas em como pessoas gordas são socialmente controladas, estratificadas, vigiadas, organizadas, patrulhadas e autogovernadas.[39]

Isso não é simplesmente uma peculiaridade de Charlotte Cooper. Kathleen LeBesco, vice-reitora sênior de assuntos acadêmicos da Marymount Manhattan College, assume uma posição semelhante em *The Fat Studies Reader*.[40] Essa crença em discursos ocultos, por meio dos quais o poder é transmitido, e a disciplina, mantida, permeia os textos de *Fat Activism* em todos os níveis e apela não só a Foucault, mas também a Judith Butler.[41] Para Cooper: "O discurso da obesidade é totalitário; com isso quero dizer que se apresenta como a única autoridade em relação aos gordos, e nada mais conta".[42] Para Marilyn Wann, estudiosa do corpo gordo:

> Todo aquele que vive em uma cultura que odeia pessoas gordas absorve inevitavelmente crenças, suposições e estereótipos contra pessoas gordas, e também passa a ocupar inevitavelmente uma posição em relação aos arranjos de poder baseada no peso. Nenhum de nós pode esperar ficar completamente livre dessa formação ou completamente desvencilhado da rede do poder.[43]

TEORIAS CÍNICAS ~~CRÍTICAS~~

Por um momento, tenhamos uma visão mais ampla. Visualizemos uma rede elétrica. Essa é a concepção da sociedade humana que constitui a visão de mundo pós-moderna. Ela postula que nascemos e somos posicionados por elementos da nossa identidade, de modo que temos níveis diferentes de acesso ao poder – o privilégio é como estar ligado na rede –, e aprendemos a desempenhar a nossa posição e, assim, "conduzir" a energia através de nós mesmos como parte do sistema, muitas vezes sem saber que a rede está lá. Esse aprendizado é alcançado sobretudo pela socialização em papéis identitários "hegemônicos" construídos e aceitos pela sociedade, e raramente é intencional. Ao desempenhar os nossos papéis, sustentamos os pressupostos sociais e culturais que garantem e negam acesso ao poder. Além disso, o acesso ao poder tem uma influência automaticamente corruptora, que nos leva a desempenhar os nossos papéis, socializando a nós mesmos e aos outros na aceitação das iniquidades do sistema, justificando o nosso próprio acesso e racionalizando a exclusão dos outros. Tudo isso é realizado por meio de discursos – maneiras de falar sobre as coisas, incluindo como as representamos na mídia não verbal. Com a evolução dessa concepção de sociedade, que se originou na linguagem obscura e complexa dos pós-modernos originais, ela se consolidou em um sistema de crenças. Assim, frequentemente vemos Teóricos expressarem essa explicação com a confiança de uma crença objetiva; algo que não teria sido possível para os primeiros pós-modernos.

Teoria – uma fantasia paranoica

Para percorrer essa rede complexa de discursos plenos de poder, precisamos primeiro ser capacitados para detectá-la. É para isso que a Teoria crítica foi inventada. Assim, em uma argumentação circular e autojustificativa, a Teoria insiste que precisamos da Teoria. Para alguns acadêmicos de estudos do corpo gordo, o gênero – portanto, o feminismo interseccional e a Teoria *queer* – é mais significativo:

ESTUDOS SOBRE DEFICIÊNCIA E SOBRE O CORPO GORDO

O sexismo se torna um conjunto extremamente codificado de comportamentos de difícil revelação se não sabemos como vê-los. Pode ser necessário acesso especial à educação e à linguagem para o desvendamento do comportamento sexista. Muitas vezes, essa linguagem crítica é considerada suspeita, excessivamente intelectual ou produto de fantasia paranoica.[44]

Para outros, embora a abordagem interseccional e *queer* para avaliação e disrupção seja produtiva e apropriada, tudo acaba por voltar ao capitalismo. Charlotte Cooper, por exemplo, apresenta um argumento muito semelhante ao de Goodley em *Disability Studies*. Para ela, as forças do "neoliberalismo" (aproximadamente: a sociedade capitalista) pressionam as pessoas a se adaptarem à sociedade, em vez de exigir que a sociedade se adapte a elas. Portanto, Cooper é bastante crítica do movimento da positividade corporal, que ela considera uma forma de "gentrificação" na sua "ênfase no individualismo em vez de na coletividade".[45] A sua questão é que a positividade corporal atribui a responsabilidade aos indivíduos de amar os seus próprios corpos e serem felizes neles, em vez de atribuí-la à sociedade de parar de ver a obesidade de maneira negativa – uma abordagem problemática, que às vezes é chamada de *responsabilização*. Como afirma "Liz", uma integrante do que Cooper chamou de sua "comunidade gorda", que ela entrevistou para *Fat Activism*: "O ódio à pessoa gorda é alimentado pelo capitalismo porque as empresas criam produtos que são só para emagrecer as pessoas gordas",[46] e "usar o capitalismo como base para o ativismo mostra como, dentro da gentrificação do ativismo gordo, é o acesso, e não a transformação social, que se tornou o principal motivador".[47]

Se isso soa como uma fantasia paranoica, é porque é. A ideia de uma rede elétrica interseccional em volta do ativismo gordo é desnecessariamente confusa. A biologia e a ciência da nutrição são mal interpretadas como uma forma de "biopoder" foucaultiano, que restringe e disciplina as pessoas. A ciência médica em torno da obesidade também é mal interpretada por impor uma narrativa opressora e disciplinar às pessoas. "Chamar as pessoas gordas de 'obesas' medicaliza a diversidade humana"[48] e "Medicalizar a diversidade inspira uma busca inapropriada por uma 'cura' para a diferença que ocorre naturalmente",[49] nos diz Marilyn Wann no prefácio de *Fat Studies Reader*, ecoando Foucault. Kathleen LeBesco compara a

TEORIAS CÍNICAS ~~CRÍTICAS~~

obesidade à homossexualidade, e pondera que o mesmo reconhecimento dado à homossexualidade como um fenômeno que ocorre naturalmente e que não precisa de cura deve ser dado à obesidade. Apesar da ampla evidência de que a obesidade aumenta o risco de doenças graves e morte prematura, o que não ocorre com a homossexualidade em si, LeBesco também especula que as pessoas obesas que acham que o seu peso é um problema foram condicionadas a aceitar a sua opressão:

> O fato de pessoas gordas e *queer* abraçarem entusiasticamente a ciência e a medicina como solução para os seus problemas socialmente construídos é evocativo da síndrome de Estocolmo. Afinal, a ciência e a medicina têm servido há muito tempo de meio de opressão de pessoas gordas e *queer*, apresentando argumento após argumento que patologiza o indivíduo homossexual ou "obeso" (seja a mente ou o corpo).[50]

Uma resposta para isso é aceitar ou até aumentar a própria gordura. "Leva tempo para ter um corpo gordo", escreve Allyson Mitchell, acadêmica de estudos sobre o corpo gordo. "Leva ainda mais tempo para ter um corpo gordo politizado."[51] LeBesco vai ainda mais longe, ao sustentar que "o conhecimento científico não revela tudo o que há para saber",[52] insinuar que a gordofobia é motivada pela eugenia e defender o uso de ferramentas sociais e políticas para lidar com o ódio à pessoa gorda. Em contraste, enfatizar o valor da saúde é considerado uma ideologia problemática denominada *salutarismo*.

O salutarismo é reforçado pelo *nutricionismo*, que é um enfoque supostamente excessivo na relevância do valor nutricional dos alimentos para o estudo da nutrição e dietética (dieta e seus impactos na saúde). Existem áreas "críticas" paralelas referentes aos estudos de dietética e nutrição, que procuram torná-las áreas sobre Justiça Social em vez de sobre dieta e nutrição. Lucy Aphramor e Jacqui Gingras, por exemplo, lamentam a maneira pela qual estudos sobre dieta e nutrição são tipicamente baseados na ciência:

> A dietética reconhece o conhecimento como aquele que pode ser apoiado pela literatura científica dominante desenvolvida em torno de métodos científicos rigorosos e quantificáveis. Esse conhecimento racional possui implicações para como a dietética é ensinada e praticada.[53]

Mas sustentar o rigor da convenção científica limita o compromisso com a criação de significado: a linguagem não é uma ferramenta neutra, mas sim um vetor político intensamente carregado. As palavras que usamos aqui influenciam a nossa capacidade de gerar possibilidades.[54]

Em vez de usar a ciência para entender a dieta e a nutrição e as suas implicações para a saúde, esses dietistas e nutricionistas críticos "optaram por envolver a poesia como uma maneira de 'produzir uma cultura orientada para a práxis' e perturbar o *status quo*".[55] Eles preconizam um "repensar de como as atitudes dietéticas em relação à gordura e ao gênero desempenham um papel na legitimação e na construção da ciência".[56] Isso parece improvável que desenvolva qualquer das áreas de estudo relevantes ou ajude alguém a fazer qualquer coisa além de se sentir temporariamente especial.

Portanto, o livro *Critical Dietetics and Critical Nutrition Studies*, destinado a alunos de graduação, é bastante preocupante. Enquanto a abordagem de Health at Every Size parou bruscamente de negar a ciência médica e, em vez disso, usou estudos médicos interpretados de forma duvidosa para afirmar que a pessoa pode ser saudável com qualquer peso, *Critical Dietetics* descreve a ciência como não mais útil do que qualquer outra abordagem para o entendimento de alimentos, nutrição, dieta e gordura:

> Embora não rejeitemos totalmente o método científico como meio de criar conhecimento a respeito do mundo, uma orientação crítica rejeita a noção de que é até possível produzir conhecimento que seja objetivo, isento de valores e intocado pelo viés humano. Uma orientação crítica também rejeita a ideia de que alguma maneira de criar conhecimento a respeito do mundo é superior a outra ou mesmo adequada. (...) Assim, [a Dietética Crítica] se baseia no pós-estruturalismo e na ciência feminista (duas outras janelas), que defendem que não há uma verdade que pode ser gerada sobre qualquer coisa, que múltiplas verdades são possíveis dependendo de quem está perguntando e com que propósito, e que o conhecimento não é apolítico mesmo que seja considerado positivista (isto é, valor neutro ou imparcial).[57]

Isso é uma rejeição da realidade objetiva tão explícita quanto possível. O "pós-estruturalismo e a ciência feminista" são usados para preterir a

TEORIAS CÍNICAS ~~CRÍTICAS~~

evidência claríssima de que a nutrição desempenha um papel significativo na saúde e que a obesidade aumenta o risco de doenças cardíacas, diversos tipos de câncer e diabetes – sem falar em síndrome do ovário policístico e problemas nas articulações, problemas de mobilidade e problemas respiratórios – e está bastante associada à morte prematura. Esse negacionismo "gordofóbico" em relação à saúde também é a abordagem adotada por Cooper. Ela defende a "justiça em pesquisa", em que estudos empíricos sobre obesidade podem ser trocados à vontade pelo "conhecimento corporificado da comunidade"[58], para "revelar o conhecimento que já foi gerado por pessoas gordas".[59]

Estudo acadêmico como grupo de apoio

Os estudos do corpo gordo e o ativismo gordo parecem ter começado em diversos lugares diferentes e possuem muitas vertentes. Além das suas origens no feminismo lésbico radical, o ativismo gordo inclui um enaltecedor movimento da positividade corporal, um modelo ambíguo, mas popular de Health at Every Size, e (recentemente) um ramo do feminismo *queer* interseccional com os seus estudos acadêmicos associados – ou seja, a Teoria. A proliferação dessas abordagens sugere vivamente que há uma necessidade de algum tipo de proteção e comunidade para pessoas obesas. O ativismo gordo poderia ter um papel importante a desempenhar na sociedade se pudesse combater a discriminação e o preconceito contra as pessoas obesas e fornecer uma rede de apoio, sem cair no construtivismo social radical, na paranoia e na negação da ciência.

Infelizmente, na atualidade, os estudos sobre o corpo gordo estão entre as formas mais irracionais e ideológicas de academicismo-ativismo nos estudos identitários. Recém-chegados à cena, eles tiveram que incorporar tantas formas existentes de Teoria orientada pela identidade, sem ter uma estrutura própria internamente consistente, que se tornaram altamente confusos e desconcertantes – incluindo as Teorias crítica da raça, feminista e *queer*, enquanto tecem retórica anticapitalista e ideias tiradas dos estudos

ESTUDOS SOBRE DEFICIÊNCIA E SOBRE O CORPO GORDO

sobre deficiência. Os estudos sobre o corpo gordo passam muito tempo tentando se associar a formas de ativismo e academicismo que abordam o preconceito contra as pessoas com base em características imutáveis como raça, sexo e sexualidade, embora isso costume não ser convincente devido à evidência de que a obesidade é resultado de comida em excesso. Novamente, uma forma produtiva de ativismo poderia trabalhar contra a ideia de que comida em excesso é simplesmente o resultado de falta de disciplina ou de gula, e analisar as questões psicológicas e fisiológicas que tornam esse problema difícil de superar para muitos – no entanto, essa não é a abordagem adotada pelos estudos sobre o corpo gordo. Em vez disso, eles adotaram o princípio do conhecimento pós-moderno e o princípio político pós-moderno, aplicaram os quatro temas pós-modernos e os integraram em uma abordagem que se assemelha muito à de um grupo de apoio que se declara rigoroso.

Isso também deixa o ativismo gordo vulnerável às críticas de que solapa outras formas de ativismo ao tentar reivindicar um parentesco muito próximo com eles. Por exemplo, a ideia de que a obesidade é como a homossexualidade pode ameaçar o consenso recente, duramente conquistado, de que a homossexualidade é inata, sem valores e perfeitamente saudável. Também é bem antiético acusar pessoas obesas de síndrome de Estocolmo ou gordofobia internalizada se estiverem infelizes por estarem acima do peso. No entanto, como apagar o indivíduo em favor da identidade grupal e se concentrar no poder da linguagem são preocupações básicas nos estudos sobre o corpo gordo, essa artimanha é considerada necessária e virtuosa.

Acima de tudo, essa forma de ativismo gordo é potencialmente perigosa. Aqueles que acham muito difícil controlar o peso e sofrem de baixa autoestima podem, como consequência, se sentir motivados a rejeitar o consenso médico de que a obesidade é um problema sério de saúde e de proporções epidêmicas. Se o ativismo gordo tiver sucesso em alcançar o *status* atualmente atribuído ao ativismo feminista e antirracista, os médicos, cientistas e pesquisadores poderão se sentir receosos de fornecer informações factuais aos obesos, o que limitaria a capacidade dos indivíduos obesos de fazer escolhas inteligentes a respeito da sua saúde.

Em suma, os estudos do corpo gordo estão longe de ser uma abordagem rigorosa para estudar qualquer coisa e, mesmo assim, encontraram um lugar

TEORIAS CÍNICAS ~~CRÍTICAS~~

dentro das diversas áreas de estudo que podem ser chamadas coletivamente de *estudos acadêmicos sobre Justiça Social*. Essas áreas variam amplamente, embora tenham o suficiente em comum para serem prontamente identificáveis: em geral, recebem o título de "estudos críticos X" ou "estudos X", em que X é tudo o que querem reclamar, romper e modificar, de acordo com o princípio do conhecimento pós-moderno e o princípio político pós-moderno. Apesar de abordar uma variedade de preocupações, que abrangem quase todos os empreendimentos humanos, compartilham um elemento comum: a Teoria, aplicada de uma forma que trata os pressupostos pós-modernos subjacentes como *objetivamente reais*. É para essa Teoria que devemos agora voltar a nossa atenção.

Capítulo 8

ESTUDO ACADÊMICO E PENSAMENTO SOBRE JUSTIÇA SOCIAL

A VERDADE SEGUNDO A JUSTIÇA SOCIAL

Reificado significa "transformar em algo real", referindo-se a conceitos abstratos que são tratados como se fossem reais. Começando por volta de 2010 e ganhando força desde então, o estudo acadêmico empreendido sob a ampla bandeira de "justiça social" – que vamos chamar de *estudo acadêmico sobre Justiça Social* – tomou forma em uma terceira e nova fase do projeto pós-moderno. Nessa fase, os acadêmicos e os ativistas passaram a dar como certa a reificação dos outrora abstratos e duvidosos princípio do conhecimento pós-moderno e princípio político pós-moderno.

Como discutimos no Capítulo 1, esses princípios pós-modernos fundamentais consideravam que o conhecimento objetivo é impossível, que o conhecimento é um constructo do poder, e que a sociedade é composta de sistemas de poder e privilégio que precisam ser desconstruídos. Como discutimos nos Capítulos de 2 a 7, essa visão se tornou acionável na fase aplicada nas décadas de 1980 e 1990, que viu o pós-modernismo se fragmentar na Teoria pós-colonial, na Teoria *queer*, na Teoria crítica da raça, no feminismo interseccional, nos estudos sobre deficiência e nos estudos sobre o corpo gordo. Posteriormente, sobretudo a partir de 2010, as ideias pós-modernas se concretizaram plenamente no estudo acadêmico e no ativismo interseccional combinados à Justiça Social, e começaram a se enraizar na consciência

TEORIAS CÍNICAS CRÍTICAS

pública como descrições supostamente factuais do funcionamento do conhecimento, do poder e das relações sociais humanas.

O princípio do conhecimento pós-moderno e o princípio político pós-moderno foram usados sobretudo para fins desconstrutivos na primeira fase (de 1965 a 1990, aproximadamente) e se tornaram aplicáveis para a restauração durante a segunda fase sob a forma de pós-modernismo aplicado (de 1990 a 2010, aproximadamente), mas ficaram confinados principalmente em áreas acadêmicas e círculos ativistas específicos. Nessa terceira fase do pós-modernismo, esses princípios são tratados como verdades fundamentais nesses dois ambientes e fora deles. Após décadas sendo tratados como saberes em setores da academia e do ativismo, os princípios, os temas e as asserções da Teoria se tornaram *contextos óbvios* – ideias pressupostas tacitamente como afirmações verdadeiras sobre o mundo que as pessoas "sabem simplesmente" que são verdadeiras. O resultado é que a crença de que a sociedade é estruturada a partir de sistemas de poder e privilégio baseados em identidade, mas em grande medida invisíveis, que constroem conhecimento por meio das maneiras de falar sobre as coisas, é agora considerada por acadêmicos e ativistas ligados à justiça social uma assertiva objetivamente verdadeira sobre o princípio de organização da sociedade. Isso parece uma metanarrativa? É porque é. O estudo acadêmico sobre Justiça Social e seus educadores e ativistas enxergam esses princípios e conclusões como *A Verdade* Segundo a Justiça Social – e eles tratam isso como se tivessem descoberto o equivalente da teoria microbiana das doenças, mas para intolerância e opressão.

A reificação dos dois princípios pós-modernos significa que o ceticismo radical pós-moderno original de que qualquer conhecimento pode ser confiável foi gradualmente transformado em uma convicção completa de que o conhecimento é construído a serviço do poder, que está enraizado na identidade, e que isso pode ser descoberto por meio de leituras atentas de como usamos a linguagem. Portanto, nos estudos acadêmicos sobre Justiça Social, lemos continuamente que o patriarcado, a supremacia branca, o imperialismo, a cisnormatividade, a heteronormatividade, o capacitismo e a gordofobia estão realmente estruturando a sociedade e infectando tudo. Eles existem em um estado de imanência, presente sempre e em todos os lugares, logo abaixo de uma superfície de aparência mais agradável que não consegue contê-los. Essa é a reificação do princípio do conhecimento pós-moderno. Essa "realidade" é considerada bastante problemática e, portanto, precisa ser constantemente identificada, condenada e desmontada, para que as coisas possam ser corrigidas. Em consequência, agora temos textos de Justiça Social – formando uma espécie de Evangelho da Justiça Social – que expressam, com absoluta certeza, que todos os brancos são racistas, todos os homens são sexistas, o racismo e o sexismo são sistemas que podem existir e oprimir mesmo sem alguém com intenções ou crenças racistas ou sexistas (no sentido usual dos termos), o sexo não é biológico e existe em um espectro, a linguagem pode ser violência literal, a negação da identidade de gênero está matando pessoas, o desejo de remediar a deficiência e a obesidade é odioso, e tudo precisa ser descolonizado. Essa é a reificação do princípio político pós-moderno.

Essa abordagem desconfia de categorias e fronteiras e procura obscurecê-las, e se concentra fortemente na linguagem como meio de criar e perpetuar desequilíbrios de poder. Ela exibe um profundo relativismo cultural, enfoca grupos marginalizados e dedica pouco tempo aos princípios universais ou à diversidade intelectual individual. Esses são os quatro temas do pós-modernismo, e eles permanecem centrais para os meios e a ética do estudo acadêmico sobre Justiça Social. No entanto, houve uma mudança de registro e tom. No novo estudo acadêmico sobre Justiça Social, os princípios e os temas da Teoria se tornaram muito mais simples e muito mais expressos sem rodeios à medida que os seus Teóricos foram ficando mais confiantes nos seus pressupostos fundamentais. O estudo acadêmico sobre Justiça Social representa a evolução do pós-modernismo em um terceiro estágio: o seu auge como um *pós-modernismo reificado*. Uma pessoa moral desperta para A Verdade Segundo a Justiça Social deve servir à sua metanarrativa, asseverando ativamente uma visão Teórica de como o mundo funciona e de como deveria funcionar.

Por causa da reificação dos princípios subjacentes, que teve início quando o pós-modernismo passou a ser aplicado, o estudo acadêmico sobre Justiça Social não se enquadra perfeitamente em nenhuma categoria da Teoria. Ele se tornou tão interseccional que apela para todas as categorias conforme a necessidade, problematizando continuamente a sociedade e até aspectos de si mesmo, e obedecendo a apenas uma regra de ouro: a própria Teoria nunca pode ser negada; a Teoria é real. O estudo acadêmico sobre Justiça Social se tornou uma espécie de Teoria de Tudo, um conjunto de Verdades inquestionáveis com um V maiúsculo, cujos pressupostos básicos foram tirados dos pós-modernos originais e consolidados nas Teorias derivadas.

Pós-modernismo em evolução

Se pensarmos nos primeiros pós-modernos do final da década de 1960 como manifestação do ceticismo radical e do desespero, e na segunda onda, do final da década de 1980, como uma recuperação em relação à desesperança e um impulso para tornar ideias básicas politicamente acionáveis, essa terceira onda, que se tornou proeminente no final da década de 2000 e no início da década de 2010, recuperou plenamente a sua certeza e o seu fervor ativista. Em grande medida, os primeiros pós-modernos estavam reagindo ao fracasso do marxismo, à estrutura analítica de longa data da esquerda acadêmica e sofrendo de grande desencanto. Como a sua estrutura teórica recomendada estava desandando, eles adotaram a atitude cínica de que nada mais era confiável. Entre as metanarrativas alvo do seu ceticismo incluíam-se o cristianismo, a ciência e o conceito de progresso, entre outras; mas, com a perda do marxismo, veio a perda de esperança de reestruturar a sociedade em direção à "justiça". Portanto, eles procuraram unicamente desmontar, desconstruir e romper as estruturas existentes ironicamente, com uma espécie de ludicidade sombria. Essa era a situação do pensamento cultural na década de 1970.

No momento em que essa primeira onda de ceticismo desesperado – a *fase altamente desconstrutiva* do pós-modernismo – se esgotou, vinte anos depois, a esquerda acadêmica tinha de certa forma recuperado a esperança e estava em busca de formas mais positivas e aplicáveis da Teoria. Ela aproveitou os dois princípios fundamentais e os quatro temas, e tentou fazer algo com eles. Assim, a Teoria pós-moderna se desenvolveu nas Teorias do pós-modernismo aplicado, no plural. Na Teoria pós-colonial, houve tentativas de reconstruir os sentidos diversos do Oriente sobre si mesmo (embora

Bhabha e Spivak tenham permanecido bastante pessimistas a esse respeito). Se pudesse, ela resgataria o "outro" do Ocidente, principalmente pondo abaixo o Ocidente. Na Teoria *queer*, a crença de que todas as categorias são socialmente construídas e performativas produziu uma forma de ativismo. Ao continuar desconstruindo categorias, obscurecendo fronteiras e vendo tudo como fluido e mutável, a Teoria *queer* procurou "libertar" as pessoas que não se encaixavam nessas categorias de sexo, gênero e sexualidade das expectativas que deveriam. A Teoria crítica da raça era mais concreta e aplicável devido às suas origens no direito, mas se baseou nas acadêmicas feministas negras para criar abordagens interseccionais que acabaram por dominar o feminismo. Acima de tudo, o feminismo interseccional buscou o empoderamento por meio de políticas identitárias e ação coletiva, o que define amplamente o clima cultural corrente. Os estudos sobre deficiência, e o recém-chegado à cena estudo sobre o corpo gordo, produziram alguns trabalhos densamente Teóricos, que se apoiam fortemente na Teoria *queer*, mas a abordagem e as premissas deles eram bastante simples: considerar a ciência médica como um constructo social, sentir orgulho das identidades das pessoas com deficiência e gordas, e militar em prol delas. Assim, na década de 1990, a virada para o pós-modernismo aplicado chegara, tornando a Teoria pós-moderna acionável e focada na identidade e na política identitária.

Com o desenvolvimento dessas Teorias no final da década de 1990 e durante a década de 2000, em diversas formas de estudos identitários – como, por exemplo, estudos de gênero, estudos sobre sexualidade e estudos étnicos – elas conjugaram cada vez mais os seus objetivos, tornando-se cada vez mais interseccionais. Em meados da década de 2000, se a pessoa estudasse um dos tópicos principais – sexo, gênero, identidade, raça, sexualidade, *status* de imigração, indigeneidade, *status* colonial, deficiência, religião e peso – esperava-se que ela incluísse como fatores todos os outros. Embora os acadêmicos pudessem – e ainda podem – ter focos específicos, houve muita mistura e fusão. Isso resultou em uma forma de estudo acadêmico geral que analisa "grupos marginalizados" e sistemas múltiplos de poder e privilégio.

Uma omissão surpreendente nessa lista de identidades interseccionais é qualquer menção significativa à classe econômica – às vezes, os acadêmicos levantam a questão, mas quase nunca substantivamente. Os marxistas

TEORIAS CÍNICAS ~~CRÍTICAS~~

tradicionais podiam ser criticados por se concentrar tão unilateralmente na classe econômica como fator decisivo na sociedade que às vezes ignoravam ou subestimavam outros eixos de opressão, particularmente aqueles contra as mulheres e as minorias sexuais. O movimento feminista iniciado no início da década de 1970 e o movimento pelos direitos dos gays pouco depois forneceram corretivos úteis a esse foco único em classe econômica. Hoje em dia, porém, a classe econômica quase não é mencionada, a menos que seja associada "interseccionalmente" com outra forma de identidade marginalizada. Portanto, não surpreende o fato de que muitas pessoas da classe trabalhadora e pobres costumem se sentir profundamente alienadas da esquerda atual – os marxistas identificam corretamente isso como tendo adotado preocupações muito burguesas. É bastante irônico que um movimento que alega problematizar todas as fontes de privilégio seja liderado por acadêmicos e ativistas de elevado nível de formação e de classe média alta que estão tão alheios ao seu *status* de membros privilegiados da sociedade.

Como muitos desses grupos marginalizados se uniram e as diversas correntes de pensamento se fundiram para criar um único e grande conjunto de questões semelhantes e concorrentes, os acadêmicos e ativistas ligados à Justiça Social também se tornaram muito mais confiantes nas suas suposições subjacentes. No início da década de 2010, a ambiguidade e a dúvida que caracterizaram o pós-modernismo até então desapareceram quase por completo e, com elas, a linguagem densa e obscura que Alan Sokal e Jean Bricmont chamaram de forma memorável de "bobagens elegantes" em meados da década de 1990.[1] Na década de 2010, a linguagem, embora ainda técnica, era muito mais clara. Eram palavras mais fortes, palavras de convicção.

Essa certeza tem as suas raízes na etapa anterior do pós-modernismo aplicado, em que ativistas acadêmicos se distanciaram do ceticismo radical, declarando que a opressão sistemática devia ser aceita como objetivamente verdadeira para ser combatida. Por exemplo, em "Mapping the Margins", de Kimberlé Crenshaw, publicado em 1991, o texto fundamental da interseccionalidade, dá-se atenção significativa à importância de distinguir "Eu sou negro" de "Eu sou uma pessoa que por acaso é negra". Outros estudiosos da Teoria crítica da raça, como bell hooks, ecoaram esse sentimento, e os Teóricos *queer* fizeram afirmações semelhantes a respeito de gays, lésbicas, bissexuais, trans, não conformados com o gênero e identidades *queer*. As

194

ESTUDO ACADÊMICO E PENSAMENTO SOBRE JUSTIÇA SOCIAL

identidades baseadas na origem nacional e na história ganharam proeminência por meio da Teoria pós-colonial, e as identidades das pessoas gordas e das pessoas com deficiência – incluindo identidades baseadas em doenças mentais como depressão e ansiedade – tornaram-se corriqueiras devido à influência dos estudos do corpo gordo e da deficiência. Na década de 2010, tanto essa abordagem como os princípios e temas pós-modernos utilizados para interagir com essas "realidades" tinham se tornado objetos de crença, e ativistas e Teóricos não tiveram medo de invocá-los.

Atualmente, o estudo acadêmico da Justiça Social está bastante investido tanto em identidade, que ele utiliza como uma lente através da qual determina o que é verdade, como em política identitária, que utiliza para agir pela mudança do mundo. Portanto, desde 2010, grande parte do estudo acadêmico é rotulado de "feminista", "*queer*" etc., *epistemologia* (o estudo do conhecimento e como ele é produzido) ou *pedagogia* (teoria da educação). Mesmo quando não usa as palavras "epistemologia" ou "pedagogia", quase todo o estudo acadêmico sobre Justiça Social está preocupado com o que é dito, o que se acredita, o que é assumido, o que é ensinado, o que é transmitido, e que vieses são importados mediante o ensino, os discursos e os estereótipos. Todo esse estudo acadêmico parte da premissa Teórica de que a sociedade funciona por meio de sistemas de poder e privilégio mantidos na linguagem, e estes criam conhecimento a partir das perspectivas dos privilegiados e negam as experiências dos marginalizados. Dessa maneira, o estudo acadêmico da Justiça Social tem como alvos a ciência[2] e quaisquer outros métodos analíticos que contradigam essas suposições ou afirmações feitas de acordo com ele.

Em consequência, o estudo acadêmico sobre Justiça Social ressente-se de qualquer coisa que coloca a razão e as evidências em primeiro plano como maneiras de saber o que é verdade e, em vez disso, exige "justiça epistêmica" e "justiça em pesquisa". O significado disso é que devemos incluir experiências vividas, emoções e tradições culturais de grupos minoritários, considerá-las "conhecimentos" e privilegiá-las em detrimento da razão e do conhecimento baseado em evidências, que é injustamente dominante. Muitas vezes, a justiça em pesquisa envolve evitar deliberadamente a citação de acadêmicos brancos, do sexo masculino e ocidentais, em favor daqueles com algum *status* interseccionalmente marginalizado. Isso pode até envolver

TEORIAS CÍNICAS ~~CRÍTICAS~~

encobrir as contribuições dos integrantes de grupos identitários privilegiados, uma prática que dificulta rastrear ideias até dos pais brancos e do sexo masculino fundadores do pós-modernismo. Em um exemplo bastante espantoso, mas típico, a filósofa feminista negra Kristie Dotson cita Gayatri Spivak copiosamente sobre "violência epistêmica", mas nunca menciona a dependência de Spivak para com Michel Foucault.[3] É improvável que se trate simplesmente de um exemplo de estudo acadêmico desleixado ou de descuido (Dotson é meticulosa, e Spivak menciona as origens foucaultianas da ideia em quase todas as páginas de "Can the Subaltern Speak?"), e tem muito mais chance de ser uma exclusão deliberada do pós-moderno inicial de acordo com a justiça em pesquisa. Como foi observado em um caso semelhante:

> Uma das críticas favoráveis que fiz do artigo considerou o seu envolvimento com a teoria interseccional, especificamente o seu uso da conceituação de poder de Michel Foucault em vez da enunciação de Patricia Hill Collins em *Pensamento feminista negro*. A minha afirmação foi dupla: se a autora tencionasse envolver significativamente questões de diversidade e pensamento feminista de maneira interseccional, então utilizar a obra de formulação de poder interseccional de uma importante teórica feminista negra faria sentido. Em segundo lugar, não ficou claro para mim que a dependência para com Foucault pudesse contribuir significativamente para o avanço do estudo acadêmico da interseccionalidade especificamente, dadas as distinções.[4]

Em outras palavras, independentemente da origem dos conceitos, a única maneira interseccionalmente responsável de fazer pesquisa é citar a obra de uma Teórica feminista negra.

Uma miscelânea de novos termos

Quando uma ideologia – isto é, uma filosofia mais um imperativo moral – reifica os seus pressupostos principais, os seus adeptos costumam desenvolver um grande interesse pelo conhecimento e a sua produção. Isso ocorre

ESTUDO ACADÊMICO E PENSAMENTO SOBRE JUSTIÇA SOCIAL

porque a ideologia precisa provar que as suas suposições se baseiam na realidade. Em geral, esse é um empreendimento basicamente filosófico – o trabalho de teólogos, metafísicos e teóricos, que reformulam o conceito de conhecimento para garantir que as suas crenças morais se qualifiquem como tal. (Eis por que Platão descreveu o conhecimento como *crenças verdadeiras justificadas*). Assim, o estudo acadêmico sobre Justiça Social está bastante interessado na relação entre identidade e conhecimento. Isso significa identificar, demonstrar e tentar romper as supostas injustiças características dos sistemas de conhecimento e de produção de conhecimento (ciências, em sentido amplo) e a maneira pela qual são transmitidas por meio da educação.

Este é um hábito muito usado pelos ideólogos. Ainda antes da influência do pós-modernismo, os estudos identitários sempre se concentraram na relação entre a identidade de uma pessoa e o que ela é capaz de saber. Por exemplo, a filosofia feminista concebeu diversas epistemologias – teorias de como o conhecimento é produzido e compreendido – na década de 1980. Três métodos principais foram utilizados para justificar as alegações feministas: empirismo feminista, teoria do ponto de vista e ceticismo radical pós-moderno. O empirismo feminista assevera que a ciência, como um processo, costuma funcionar corretamente, exceto que, antes do feminismo, era assolada por vieses centrados nos homens, o que a impedia de ser verdadeiramente objetiva. Esse método saiu de moda na década de 1990, durante a virada para o pós-modernismo aplicado e como uma vítima das "guerras da ciência"[5] daquela época. O segundo e o terceiro métodos são de interesse consideravelmente maior para o estudo acadêmico sobre Justiça Social, porque estão de acordo com o princípio do conhecimento pós-moderno de que os conhecimentos derivam da identidade; atualmente, constituem a espinha dorsal da abordagem interseccional da epistemologia. Acima de tudo, estão fundamentalmente preocupados em como conectar o conhecimento e a produção de conhecimento com as noções derivadas Teoricamente de justiça e injustiça. Também foram integrados em toda a sociedade desde 2010.

Para esse fim, o termo "injustiça epistêmica" foi cunhado por Miranda Fricker, no seu livro *Epistemic Injustice: Power and the Ethics of Knowing*, de 2007.[6] Fricker descreve a injustiça epistêmica como algo que ocorre quando alguém é prejudicado na sua capacidade como conhecedor. De acordo com

TEORIAS CÍNICAS ~~CRÍTICAS~~

Fricker, isso pode acontecer de diversas maneiras: quando uma pessoa não é reconhecida como alguém que *pode* saber algo; quando o seu conhecimento não é reconhecido como válido; quando ela é impedida de saber algo; ou quando o seu conhecimento não é compreendido. Fricker divide a injustiça epistêmica em *injustiça testemunhal* – quando as pessoas não são consideradas confiáveis por causa da sua identidade – e *injustiça hermenêutica* – quando o conhecimento de alguém não pode ser compreendido.

A análise de Fricker – que assume que certos grupos são intrinsecamente prejudicados por causa da sua identidade – não é totalmente desprovida de mérito. As pessoas costumam confiar no conhecimento de alguns indivíduos ou grupos mais do que de outros, e isso às vezes pode ser por causa de preconceitos sociais (por exemplo, racismo), e não devido ao grau real de qualificação pertinente dessas pessoas. Além disso, às vezes, membros de grupos marginalizados são frustrados na sua busca por conhecimento: por exemplo, lésbicas e gays em comunidades pequenas podem achar difícil entender a própria sexualidade, e os ateus podem ter dificuldade para compreender a própria falta de fé se nunca ouviram falar dessas questões antes.

No entanto, Fricker considerava esses problemas como criados e enfrentados por *indivíduos*, e não como *características de grupos*. Consequentemente, ela defendeu que todos cultivassem certas "virtudes", para que não cometessem injustiças epistêmicas. A sua abordagem individualista não caiu bem entre os pós-modernos da Justiça Social, que acreditam que o conhecimento está intrinsecamente ligado à identidade, e que a criticaram por ser excessivamente simplista e desprezar a necessidade de uma mudança estrutural generalizada.[7] Como a obra de Fricker é dirigida aos indivíduos, não trata principalmente da justiça *social*. Os acadêmicos, a partir de então, passaram a utilizar, expandir e reorientar a obra dela, para retratar a injustiça como uma característica pertencente aos grupos sociais e provocada pela dinâmica de poder social dentro da qual eles atuam. Desde 2007, a filosofia da Justiça Social, sobretudo em educação e direito, tem se concentrado fortemente em como o conhecimento é tratado de forma desigual – sempre, supostamente, como consequência da identidade.[8]

Isso gerou um vasto vocabulário especializado. Em 2014, Kristie Dotson expandiu e recontextualizou o conceito de injustiça epistêmica de Fricker, que ela vê como um aspecto superficial de um problema maior e menos tratável baseado em grupos identitários que ela chama de *opressão epistêmica*.[9] Supostamente, essa forma de opressão ocorre quando os conhecimentos e os métodos de produção de conhecimento que dizem que são utilizados por grupos marginalizados – incluindo sabedoria popular e feitiçaria – não estão incluídos na nossa compreensão habitual do conhecimento. Influenciados tanto pelo princípio do conhecimento pós-moderno como pelo princípio político pós-moderno, os acadêmicos ligados à Justiça Social categorizam as diferentes abordagens do conhecimento como "marginalizadas" ou "dominantes", e naturalmente preferem a primeira. Porém, eles não estão muito interessados em saber se esses métodos concorrentes são *eficazes* no sentido de aproximar as crenças da realidade; ou seja, na melhor das hipóteses, é uma preocupação secundária. Por outro lado, como o estudo acadêmico sobre Justiça Social Crítica presume que o conhecimento depende da dinâmica de poder, ele está bastante interessado nas maneiras pelas quais a identidade de uma pessoa impacta se e como alguém é compreendido e ouvido, e cunhou muitos termos para descrever isso. O trabalho de Dotson sobre opressão epistêmica foi uma continuação do seu trabalho anterior (2011) sobre *violência epistêmica* – isto é, ter o conhecimento cultural de uma pessoa reprimido por aquele de uma cultura dominante, que, para Dotson, é o resultado da *ignorância perniciosa* por parte dos ouvintes que se recusam a entender.[10] Esses termos proliferaram no início e em meados da década de 2010. Por exemplo, em 2016, o termo "exploração epistêmica" foi criado por Nora Berenstain para descrever a injustiça provocada quando se espera que as pessoas marginalizadas compartilhem o seu conhecimento.[11] Portanto, é um ato de opressão *não* se esforçar para compreender um conhecedor marginalizado nos seus próprios termos, e é um ato de exploração (leia-se: opressão) pedir a um conhecedor marginalizado que explique o seu conhecimento nos próprios termos.

Em 2013, o Teórico José Medina criou o termo melodramático "morte hermenêutica", que descreve o insucesso em ser compreendido como algo tão profundo quanto destruir o senso de *self* da pessoa. No extremo oposto desse espectro inclui-se o conceito de *privacidade hermenêutica*, que descreve o direito de não ser absolutamente compreendido.[12] Assim, as pessoas marginalizadas podem ser oprimidas até o ponto da morte psíquica por não serem compreendidas, mas o seu direito de serem completamente

TEORIAS CÍNICAS ~~CRÍTICAS~~

incompreensíveis também deve ser respeitado. Deve ser difícil negociar nesse campo minado para o indivíduo bem-intencionado determinado a não oprimir ninguém. A *injustiça testemunhal* de Fricker inspirou um número crescente de ideias afins, como *traição testemunhal*,[13] *liberdade epistêmica*[14] e *responsabilidade epistêmica*.[15] Embora pudéssemos continuar, achamos que você captou a ideia – "conhecimentos" e demandas por respeito a esses "conhecimentos" são o ponto focal em todo o estudo acadêmico sobre Justiça Social.

O que você sabe é quem você é

Qual é a razão e o propósito por trás dessa obsessão por conhecimentos e conhecedores? Contornar métodos mais rigorosos quando o rigor se interpõe entre eles e os seus objetivos ideológicos, teóricos ou práticos. Os acadêmicos ligados à Justiça Social procuram justificar isso com uma atitude que vê a ciência e a razão como injustamente privilegiadas – independentemente da sua capacidade de descrever a realidade com precisão e fazer previsões a respeito dela – em detrimento de uma grande variedade de "maneiras de saber" baseadas em identidade. Para eles, o problema é que as formas científicas de produção de conhecimento pretendem ser objetivas e universais e, pelo menos na visão da maioria das pessoas, costumam ter sucesso nesse objetivo. Como há explicações científicas baseadas em evidências para algumas das questões sociais que afetam os grupos identitários, a ciência muitas vezes se encontra em violação direta dos princípios pós-modernos, sobretudo a crença de que tudo que é importante é socialmente construído. Além disso, muitos filósofos, cientistas e outros estudiosos ofereceram argumentos fundamentados que identificam falhas nas suposições, métodos e conclusões da Teoria e do estudo acadêmico sobre Justiça Social. Esse tipo de crítica não tende a cair bem com o pós-modernismo no cerne do estudo acadêmico e do ativismo referentes à Justiça Social – de modo que os ataques baseados na Justiça Social contra a ciência e a razão são geralmente abertos e diretos. Não só porque a ciência e a razão têm o

ESTUDO ACADÊMICO E PENSAMENTO SOBRE JUSTIÇA SOCIAL

hábito irritante de revelar as falhas nas abordagens Teóricas, mas também porque elas são *universais* e, portanto, violam o princípio do conhecimento pós-moderno e o tema pós-moderno de centrar em identidade grupal, em torno dos quais o estudo acadêmico sobre Justiça Social é organizado.

Essa violação é tratada por meio do princípio político pós-moderno. Como a ciência possui um prestígio muito alto como produtora confiável de conhecimento – e como pós-modernos de Lyotard a Foucault a depreciaram como um discurso do poder dos últimos cinquenta anos –, ela costuma ser vista com grande suspeita pelos acadêmicos e ativistas ligados à Justiça Social. Frequentemente, isso é racionalizado apontando para o fato de que as pessoas tentaram às vezes usar a ciência e a razão para apoiar injustiças, sobretudo se a história for lida da maneira mais cínica possível.[16] Afirmações como essa costumam se referir a períodos da ciência muito anteriores, citando, por exemplo, argumentos do século XIX em defesa do colonialismo que agora seriam descartados como pseudociência. Outras vezes, as suspeitas resultam do fato de a ciência ter descoberto coisas que não estão em conformidade com as ideias socioconstrutivistas, tal como a existência de diferenças entre os sexos. E ainda outras vezes, essas objeções se baseiam em suposta discriminação: "(...) barreiras formais e informais à participação das mulheres e minorias raciais em empreendimentos científicos [que] tiveram o efeito de favorecer desproporcionalmente a presença e a influência de homens brancos na ciência".[17] No entanto, essas queixas costumam ser vagas. Começam com a suposição construtivista cultural de que todas as desigualdades devem ser resultado de opressão, em vez de, digamos, homens e mulheres terem interesses diferentes em geral, e são normalmente acompanhadas por apelos a atitudes e problemas que não estiveram muito em evidência por décadas.

Em vez da ciência, o estudo acadêmico sobre Justiça Social defende "outras maneiras de saber", resultantes de interpretações Teóricas de experiências vividas profundamente sentidas. Ele sustenta que a razão e o conhecimento baseado em evidências são *injustamente* favorecidos em relação à tradição, ao folclore, à interpretação e à emoção por causa dos desequilíbrios de poder contidos neles. Sem a menor consciência das implicações racistas e sexistas, a Teoria enxerga as evidências e a razão como propriedade cultural dos homens brancos ocidentais.

TEORIAS CÍNICAS ~~CRÍTICAS~~

Exemplos disso são comuns. De forma memorável, em 2012, Dotson chamou o domínio da razão e da ciência de "cultura da justificação" e defendeu, em vez disso, uma "cultura da práxis", que incorporaria várias formas de saber a fim de incluir grupos mais diversos de pessoas na filosofia.[18] Outros acadêmicos afirmaram que as abordagens racionais e científicas limitam os epistemólogos anglo-americanos de aceitar maneiras mais amplas e múltiplas de saber.[19] Ainda outros recomendam a emoção como um meio injustamente esquecido de chegar a um conhecimento confiável. Allison Wolf chama isso de "divisão razão/emoção" e a descreve como um constructo da tradição filosófica ocidental. Ela defende colocar os sentimentos em primeiro plano como maneira de saber.[20]

Essa abordagem é preocupante, paternalista e potencialmente perigosa. No entanto, o conceito subjacente de conhecimento experiencial não é totalmente desprovido de mérito. Com frequência, é mais importante saber como as coisas são sentidas do que quais são os fatos em questão. Por exemplo, se o pai de uma amiga morreu de ataque cardíaco, geralmente queremos saber como ela está se sentindo e como podemos ajudá-la no seu luto. Provavelmente, a informação factual sobre infartos do miocárdio é de menor importância naquele momento. No entanto, há fatos que podem ser conhecidos a respeito de ataques cardíacos, e é importante que esses fatos sejam precisos. Esse conhecimento não pode ser obtido simplesmente pela experiência de um ataque cardíaco ou pela perda de um ente querido por um ataque cardíaco. Às vezes, precisamos mostrar empatia pela pessoa que perdeu o seu ente querido por um ataque cardíaco, e às vezes precisamos consultar um cardiologista.

Apesar de os pós-modernos tratarem isso como se fosse algo novo e profundo, essa divisão entre fatos e experiência não é particularmente misteriosa para os filósofos fora do pós-modernismo: é a diferença entre saber *isso* e saber *como*. "Saber isso" é conhecimento proposicional, ao passo que "saber como" é conhecimento experiencial. O problema não é que essa divisão exista ou que haja informações importantes em ambos os lados dela. Os problemas surgem quando deixamos de reconhecer que a interpretação influencia, condiciona e distorce o conhecimento experiencial – às vezes profundamente – e o torna um guia não confiável para a compreensão dos fenômenos associados.

Contudo, essa confusão constitui a base do argumento de outra Teórica orientada pela Justiça Social, Alexis Shotwell, que sustenta que "concentrar-se no conhecimento proposicional como se fosse a única forma de conhecimento que vale a pena considerar é em si uma forma de injustiça epistêmica. Tal enfoque descuida dos recursos epistêmicos que ajudam as pessoas oprimidas a forjar mundos mais justos".[21] Aqui, vemos a suposição de que o conhecimento experiencial das pessoas oprimidas é de suma importância para lidar com os fenômenos do mundo real associados. E de valor fundamental por causa do princípio político pós-moderno – propicia "recursos que ajudam as pessoas oprimidas a forjar mundos mais justos". Também existe a suposição de que todas as "pessoas oprimidas" dispõem do mesmo conhecimento experiencial, aparentemente definidos pelas suas identidades. O compromisso de Shotwell com os princípios pós-modernos se confirma quando ela escreve: "Uma descrição mais rica das formas de conhecimento e uma atenção maior às experiências vividas pelas pessoas no mundo nos ajudam a identificar, analisar e reparar as injustiças epistêmicas".[22] Essa não é apenas uma preocupação sobre "a área de conhecimento desigual".[23] Essa é a *teoria do ponto de vista*.

Um tipo diferente de daltonismo

A teoria do ponto de vista funciona com base em dois pressupostos. Um é que as pessoas que ocupam as mesmas posições sociais, isto é, identidades – raça, gênero, sexo, sexualidade, *status* de aptidão e assim por diante –, terão as mesmas experiências de domínio, opressão e vontade, supondo que entendam as suas próprias experiências corretamente e as interpretem da mesma maneira. Segue-se assim a suposição de que essas experiências lhes propiciarão uma imagem mais abalizada e completa. O outro pressuposto é que a posição relativa de alguém em uma dinâmica de poder social impõe o que se pode e o que não se pode saber: assim, os privilegiados são cegados pelos seus privilégios, e os oprimidos possuem uma espécie de visão dupla,

TEORIAS CÍNICAS ~~CRÍTICAS~~

em que entendem tanto a posição dominante como a experiência de ser oprimido por ela. Como afirma a epistemóloga feminista Nancy Tuana:

> A teoria do ponto de vista foi concebida para ser um método que tornaria transparentes os valores e os interesses, como androcentrismo, heteronormatividade e eurocentrismo, subjacentes aos métodos supostamente neutros em ciência e epistemologia, e esclarece os seus impactos. Essa atenção ao objeto do conhecimento iluminou os diversos meios pelos quais as práticas opressoras podem resultar ou reforçar desigualdades epistêmicas, exclusões e marginalizações. Dessa maneira, as epistemólogas feministas e outras visaram transformar o objeto de conhecimento no sentido de enfocar o conhecimento obscurecido pelos interesses e valores dominantes e, assim, identificar e fornecer ferramentas para solapar os conhecimentos e as práticas implicados na opressão.[24]

Grosso modo, a ideia é que os membros dos grupos dominantes experimentam um mundo organizado por e para grupos dominantes, enquanto os membros dos grupos oprimidos experimentam o mundo como membros de grupos oprimidos em um mundo organizado por e para grupos dominantes. Assim, os membros dos grupos oprimidos entendem a perspectiva dominante e a perspectiva daqueles que são oprimidos, ao passo que os membros dos grupos dominantes entendem apenas a perspectiva dominante. A teoria do ponto de vista pode ser entendida por analogia como uma espécie de daltonismo, em que quanto mais privilegiada uma pessoa é, menos cores ela consegue ver. Assim, um homem branco heterossexual – sendo triplamente dominante – consegue ver apenas tons de cinza. Uma pessoa negra consegue ver tons de vermelho; uma mulher consegue ver tons de verde; uma pessoa LGBT consegue ver tons de azul; uma lésbica negra consegue ver todas as três cores – além da visão em tons de cinza que todos têm. Medina refere-se a isso como uma "consciência caleidoscópica" e "metalucidez".[25] Portanto, ter identidades oprimidas permite dimensões de visão extra. Isso dá aos oprimidos uma visão mais rica e precisa da realidade[26] – dessa maneira, devemos ouvir e acreditar nos seus relatos sobre isso.

Frequentemente, a teoria do ponto de vista é criticada por essencialismo – por pensar algo como "todos os negros se sentem assim".[27] Isso não é totalmente errado porque ela se baseia, de certo modo, em um conceito que encontramos antes: o essencialismo *estratégico*, em que membros de um grupo oprimido podem se essencializar (ou, nesse caso, a autenticidade da sua experiência vivida em relação ao poder) como meio de realizar uma ação política grupal. No entanto, os seus partidários não a defendem dessa maneira. Em geral, eles contornam essa acusação alegando que a teoria não pressupõe que todos os membros do mesmo grupo *têm a mesma natureza*, mas que *eles experimentam os mesmos problemas em uma sociedade injusta*, embora possam escolher para quais discursos eles desejam contribuir. Os membros desses grupos que discordam da teoria do ponto de vista – ou até negam que são oprimidos – são explicados como tendo internalizado a sua opressão (falsa consciência) ou como bajuladores cuja finalidade é obter favores ou recompensas do sistema dominante ("Pai Tomás" e "informantes nativos") mediante a amplificação dos discursos Teoricamente dominantes.

A teoria do ponto de vista está na origem na política identitária, e essa é a principal coisa que a diferencia fundamentalmente dos movimentos liberais pelos direitos civis. Para Patricia Hill Collins, influente feminista negra, a relação entre teoria do ponto de vista e política identitária era explícita e representava um elemento crucial de progresso.[28] Da mesma forma, mas talvez de forma mais aprofundada, Kristie Dotson, possivelmente a Teórica feminista negra mais influente do conhecimento, afirma que é quase impossível para os grupos sociais dominantes verem fora do próprio sistema de conhecimento, que é simplesmente considerado conhecimento *per se* pela sociedade predominante. Em seu artigo de 2014 "Tracking Epistemic Oppression", ela expõe ordens de opressão. As duas primeiras são as duas formas de injustiça epistêmica de Fricker. A terceira e mais profunda ordem é "incontornável". Com isso, ela quer dizer que é uma injustiça epistêmica que não pode simplesmente ser atribuída a um sistema social injusto, mas que existe dentro do próprio sistema de conhecimento. Portanto, mudá-lo a partir de dentro é quase – se não totalmente – impossível.[29] Para Dotson, os sistemas de conhecimento – "esquemas" – foram configurados especificamente para trabalhar para os grupos dominantes e excluir os outros, mas, como trabalham para os grupos dominantes tão sem percalços, nem sequer percebem que há coisas que não sabem, coisas que só podem ser conhecidas a partir de dentro dos sistemas de conhecimento oprimidos por eles.[30]

TEORIAS CÍNICAS ~~CRÍTICAS~~

Em última análise, Dotson afirma que o conhecimento é inadequado a menos que inclua o conhecimento experiencial dos grupos minoritários. Presume-se que esse conhecimento seja consistentemente diferente daquele dos grupos dominantes por causa da dinâmica de poder entre os grupos. Além disso, o conhecimento produzido pelos grupos dominantes – incluindo ciência e razão – também é simplesmente o produto das suas tradições culturais e não é superior ao conhecimento produzido por outras tradições culturais. Explicitamente, Dotson procede dos dois princípios pós-modernos. O seu argumento, que é fundamental para a teoria do ponto de vista, nega que a ciência e a razão pertençam a todos os seres humanos e sejam iguais para todos os seres humanos e, de fato, as atribui aos homens brancos ocidentais. Dotson vai além disso. A implicação lógica da sua opressão de terceira ordem é que, se alguém de um grupo dominante não concorda que os seus sistemas de produção de conhecimento são limitados por não conseguirem incluir conhecimento experiencial de fora deles é porque ele é incapaz de sair da sua própria cultura. Em outras palavras, a discordância legítima não é uma opção.

José Medina expõe essa visão de maneira acessível e aparentemente rigorosa no seu livro *The Epistemology of Resistance*, de 2013. Medina caracteriza os membros dos grupos privilegiados como "epistemicamente mimados" e sustenta que eles "têm dificuldade em aprender os seus erros, os seus preconceitos, e as restrições e as pressuposições da sua posição no mundo e a sua perspectiva".[31] O estudo do conhecimento no estudo acadêmico sobre Justiça Social se baseia na premissa de que o privilégio mima as pessoas e as torna incapazes de apreciar outras formas de conhecimento. Medina afirma que essa condição mimada gera os "vícios epistêmicos" de *arrogância epistêmica, preguiça epistêmica* e *ignorância ativa*. Para Medina, ser oprimido confere o inverso: "virtudes epistêmicas" de *humildade epistêmica, curiosidade/empenho epistêmico* e *abertura epistêmica*.[32] Esses vícios e virtudes, associados com privilégio relativo e opressão, aparecem com destaque na Teoria crítica da raça e na Teoria pós-colonial, onde um ponto de vista oprimido permite uma consciência dupla ou múltipla, porque as pessoas oprimidas atuam em sistemas diferentes simultaneamente.

A linha de pensamento, que concede dupla visão aos oprimidos, mas não ao seu opressor, é frequentemente atribuída ao marxismo, mas é mais correto dizer que o pós-modernismo e o marxismo compartilham um ancestral filosófico comum na obra do filósofo alemão Georg Wilhelm Friedrich Hegel,[33] ainda que Marx possa ter sido um canal significativo dessas ideias para os pós-modernos. Como sempre, o pós-modernismo e o marxismo apresentam diferenças significativas e intencionais. A principal diferença é se os oprimidos sofrem de falsa consciência resultante de uma imposição oculta de poder, como os marxistas acreditavam, ou se são os *opressores* que sofrem de falsa consciência, devido à sua socialização em um sistema de conhecimento que os beneficia, como os pós-modernos iriam discutir cada vez mais. O Teórico Charles Mills expressa essa diferença em relação à ideia marxista:

> Os racialmente subordinados – vítimas, afinal de contas, de genocídio, expropriação e escravidão! – muitas vezes são muito capazes de reconhecer a sua situação. Não é (ou nem sempre) que os presos carecem de conceitos, dos recursos hermenêuticos, para entender a sua situação, mas que os privilegiados carecem de conceitos e os consideram inconcebíveis ou até incompreensíveis pela sua incongruência com a ideologia supremacista branca. Mesmo que eles "ouvissem" o que os negros estavam dizendo, ainda não seriam capazes de "ouvi-los" por causa da incoerência conceitual da estrutura negra de suposições com a própria estrutura dominante. Os brancos ficam presos (invertendo a metáfora) em um estado cognitivo que os protege de lidar com as realidades de opressão social e, naturalmente, os desabilita epistemicamente.[34]

O que isso significa é que o estudo acadêmico sobre Justiça Social reifica o princípio do conhecimento pós-moderno – o torna "real" – e o une ao princípio político pós-moderno, que é um impulso para mudar os sistemas subjacentes de poder que ele supõe estarem contidos em cada interação social. Ele faz isso utilizando os quatro temas pós-modernos com um nível de convicção sem precedentes.

TEORIAS CÍNICAS ~~CRÍTICAS~~

Não deveis discordar da Teoria

Talvez o que seja mais preocupante acerca do estudo acadêmico sobre Justiça Social seja a crescente dificuldade de falar a respeito de questões relevantes para a justiça social – ou a respeito do próprio estudo acadêmico sobre Justiça Social – de qualquer outra forma que não seja nos próprios termos inflexíveis. Significa fazer isso apenas com a terminologia aprovada e aceitar a validade da teoria do ponto de vista e da política identitária. Raramente a discordância é tolerada, agora que os pressupostos pós-modernos foram reificados. Isso pode ser visto no fato de que a discordância costuma ser considerada, na melhor das hipóteses, uma incapacidade de engajamento correto com o estudo acadêmico, como se o engajamento devesse implicar aceitação, e na pior, uma falha moral profunda. Esse tipo de alegação é mais familiar à ideologia religiosa – se você não acredita, não leu o texto sagrado adequadamente ou apenas quer pecar –, mas se aplica ao que se supõe ser um estudo acadêmico rigoroso. Essa é uma consequência mais ou menos direta da reificação do pós-modernismo.

Diversas pessoas (sobretudo acadêmicos) permanecem alheias à profundidade desse problema, que se apresenta como fechamento ideológico, relutância em aceitar qualquer discordância e uma vontade autoritária de impor aos outros uma concepção de Justiça Social de sociedade e imperativo moral.[35] Cuidar da justiça na sociedade não é um problema – na verdade, é necessário para uma sociedade saudável. Também não é inerentemente um problema se ideias ruins entram na academia e ganham popularidade. É assim que o conhecimento avança, dando espaço a todos os tipos de ideias nos nossos centros de aprendizagem, onde podem ser examinadas, testadas e criticadas. (Algumas das ideias mais bem estabelecidas de hoje – como a teoria cosmológica do "Big Bang" – foram consideradas loucas e antiéticas no passado.) No entanto, um problema surge quando qualquer escola de pensamento se recusa a submeter as suas ideias a um escrutínio rigoroso, rejeita esse tipo de análise por princípio e assevera que qualquer tentativa de sujeitá-las a uma crítica cuidadosa é imoral, insincera e prova da sua tese. Para ter uma noção da gravidade desse problema, consideremos três exemplos da década de 2010.

ESTUDO ACADÊMICO E PENSAMENTO SOBRE JUSTIÇA SOCIAL

Exemplo 1: *Being White, Being Good: White Complicity, White Moral Responsibility, and Social Justice Pedagogy,* de Barbara Applebaum (2010)

Neste livro, Barbara Applebaum, educadora ligada à Justiça Social, utiliza o princípio do conhecimento pós-moderno e o princípio político pós-moderno para sustentar que todos os brancos são cúmplices do racismo, por causa da sua participação automática no sistema de poder e privilégio descrito pela Teoria crítica da raça. Embora este livro não seja muito conhecido pelo público em geral, é um texto de referência nos círculos das Teorias críticas da branquitude e da educação, porque representa um avanço na ideia de que todos os brancos têm o privilégio (um conceito que remonta a 1989 e à virada para o pós-modernismo aplicado) de insistir que todos os brancos são, portanto, ativamente cúmplices do racismo. Ela escreve:

> Os estudantes brancos costumam supor que a responsabilidade começa e termina com a consciência do privilégio. No entanto, ao admitir ou confessar o privilégio, os estudantes brancos são realmente capazes de evitar a admissão da sua cumplicidade no racismo sistêmico.[36]

Isso realmente diz que confessar o privilégio branco está longe de ser suficiente. Os estudantes brancos devem aceitar a sua cumplicidade permanente em perpetuar o racismo sistêmico simplesmente por serem brancos. Presume-se que eles aprenderam, internalizaram e estão perpetuando o racismo mesmo sem saber. Se isso o faz lembrar da noção de Foucault de discursos poderosos atuando através de todos na sociedade, você tem razão. "Parte integrante do entendimento de como o discurso funciona é a noção de poder foucaultiana",[37] Applebaum informa. "Não só o discurso é o prisma através do qual a realidade ganha sentido", ela diz, "mas o poder também atua por meio do discurso para constituir sujeitos".[38] Mais uma vez, temos essa imagem do poder funcionando como uma rede, mediante as pessoas posicionadas nela, cada uma atuando e falando de acordo com as suas diretrizes – um pouco como a colmeia dos Borg de *Jornada nas estrelas* (alerta nerd!).

Applebaum exige que as pessoas acreditem nesse paradigma, ainda que ela seja rápida em assinalar que não está proibindo *tecnicamente* a discordância. Ela escreve:

TEORIAS CÍNICAS ~~CRÍTICAS~~

Uma pessoa pode discordar e permanecer envolvida com o material, por exemplo, fazendo perguntas e procurando esclarecimento e compreensão. No entanto, as negações funcionam como uma maneira de se distanciar do material e se retirar sem envolvimento.[39]

Assim, uma pessoa pode fazer perguntas acerca da tese de Applebaum e tentar entendê-la, mas a negação da "Verdade" (o que geralmente pensamos como discordância) só pode significar que a pessoa não se envolveu com o material o suficiente ou da maneira certa. Em outras palavras, Applebaum parte da suposição de que a sua tese é verdadeira. Ela tem certeza de que está de posse da Verdade (de acordo com a Justiça Social) – e repreende aqueles que discordam: "O mero fato de que eles podem questionar a existência da opressão sistêmica é uma função do seu privilégio de escolher ignorar discussões de opressão sistêmica ou não".[40] Alguém pode ser perdoado por pensar que Applebaum não está realmente aberta à possibilidade de que as pessoas possam discordar dela. Os seus alunos certamente parecem pensar assim:

> Os alunos de cursos que tornam explícita a injustiça sistêmica costumam reclamar nas avaliações dos professores de que não puderam discordar no curso. Frequentemente, os alunos sustentam que tais cursos doutrinam uma visão específica sobre o racismo que eles não estão dispostos a aceitar.[41]

Applebaum defende o bloqueio dessa discordância estudantil. Ela dá o exemplo de um aluno do sexo masculino que questionou a diferença salarial de gênero:

> Permitir que ele expresse a sua discordância e gaste tempo tentando desafiar as suas crenças costuma ter um custo para os alunos marginalizados, cujas experiências são (mesmo que indiretamente) descartadas pelas alegações dele.[42]

A Teoria crítica da educação sustenta que é perigoso permitir que os estudantes expressem tal discordância. Isso ocorre por causa da sua dependência para com o princípio do conhecimento pós-moderno – a realidade social e o que é aceito como verdadeiro são construídos pela linguagem. A discordância permitiria que discursos dominantes fossem reafirmados, expressados e ouvidos, o que a Teoria percebe como não seguro. Como Applebaum explica: "A linguagem constitui a nossa realidade, fornecendo a estrutura conceitual a partir da qual o significado é dado".[43] Ela acrescenta: "Mesmo se alguém recuar para a posição em que apenas fala por si mesmo, a sua fala ainda não é neutra e ainda reforça a continuidade dos discursos dominantes por omissão".[44] Dado esse entendimento do poder da linguagem (um tema pós-moderno) e o seu impacto na justiça social (mediante o princípio político pós-moderno), é essencial controlar o que pode e o que não pode ser dito. Esse imperativo impregna o estudo acadêmico sobre Justiça Social.

Após definir a única forma legítima de "discordância" como investir mais esforço para entender (leia-se: concordar) e descartar a discordância real como recusa a se envolver com a Verdade, Applebaum continua:

A resistência não poderá atrapalhar as discussões em classe! Claro, aqueles que se recusam a se envolver podem interpretar erroneamente isso como uma declaração de que não poderão expressar a sua discordância, mas isso é só precisamente *porque* estão resistindo ao engajamento.[45] (grifo no original)

A resistência é mesmo inútil.

Exemplo 2: "Tracking Privilege-Preserving Epistemic Pushback in Feminist and Critical Race Philosophy Classes", de Alison Bailey (2017)

Nesse ensaio, Bailey sustenta que qualquer um que discorde do estudo acadêmico sobre Justiça Social é insincero e está simplesmente tentando preservar estruturas de poder injustas, a serviço de um sistema de produção de conhecimento que privilegia homens brancos heterossexuais e impede a Justiça Social. Ela define isso desta maneira: "A resistência epistêmica de preservação de privilégios é uma variedade de ignorância deliberada que grupos dominantes habitualmente empregam durante as conversas em que estão tentando tornar as injustiças sociais visíveis".[46] Bailey supõe que as críticas ao estudo acadêmico sobre Justiça Social são apenas tentativas de ignorar deliberadamente A Verdade Segundo a Justiça Social. Além disso, as críticas ao trabalho referente à Justiça Social são imorais e prejudiciais. Bailey nos diz:

TEORIAS CÍNICAS ~~CRÍTICAS~~

Enfoco essas respostas de manutenção de terreno porque são abrangentes, tenazes e têm grande semelhança com as práticas de pensamento crítico, e porque acredito que a sua circulação ininterrupta cause danos psicológicos e epistêmicos aos membros dos grupos marginalizados.[47]

Como os acadêmicos ligados à Justiça Social, tal como Bailey, presumem que as discordâncias em relação aos seus trabalhos devem ser fruto de falhas intelectuais e morais, nenhuma discordância pode ser tolerada:

Tratar a resistência epistêmica de preservação de privilégios como uma forma de engajamento crítico valida e permite que ela circule mais livremente; isso, como discutirei posteriormente, pode causar violência epistêmica aos grupos oprimidos.[48]

Portanto, deve ser bloqueada e substituída pelo estudo acadêmico sobre Justiça Social. De fato, para Bailey, o pensamento crítico em si é um problema: ele precisa ser substituído pela "pedagogia crítica" (em que a palavra "crítica" significa algo diferente). Ela explica:

A tradição do pensamento crítico se preocupa principalmente com a adequação epistêmica. Ser crítico é mostrar bom senso ao reconhecer quando os argumentos são falhos, as asserções carecem de evidência, as afirmações da verdade apelam a fontes duvidosas ou os conceitos são elaborados e aplicados de modo descuidado. (...) A pedagogia crítica considera as alegações que os alunos fazem em resposta às questões de justiça social não como proposições a serem avaliadas pelo seu valor de verdade, mas como expressões de poder que funcionam para reinscrever e perpetuar as desigualdades sociais. A sua missão é ensinar aos alunos maneiras de identificar e mapear como o poder molda a nossa compreensão do mundo. Esse é o primeiro passo para resistir e transformar as injustiças sociais.[49]

Essa é uma admissão explícita de que o objetivo de Bailey não é buscar a verdade, mas ensinar uma compreensão específica de Justiça Social, para fins de ativismo. Embora este ensaio não tenha sido muito influente, vale a pena analisá-lo porque é um exemplo muito claro de como as aulas de filosofia podem ser usadas para instruir os alunos na Verdade Segundo a Justiça Social. Que este artigo tenha sido publicado pela *Hypatia*, principal revista de filosofia feminista, nos dá uma indicação preocupante do que é considerado aceitável nas áreas de estudo acadêmico sobre Justiça Social, como isso pode influenciar a educação e quão confiante e clara é essa manifestação atual do pós-modernismo reificado.[50]

Bailey se refere às discordâncias com as abordagens da Justiça Social como "textos sombra", para sugerir que as críticas escritas à Justiça Social não são sinceras nem úteis, e não devem ser consideradas como estudo acadêmico genuíno. A imagem de *textos sombra*, segundo Bailey, vem da ideia de um investigador sombreando a sua marca: "A palavra 'sombra' evoca a imagem de algo caminhando bem ao lado de outra coisa sem envolvê-la".[51] Os dois exemplos de textos sombra que ela dá incluem um aluno mostrando que os homens também podem ser vítimas de violência doméstica e uma aluna sustentando que alguém pode *mencionar* um insulto racista para discuti-lo sem usá-lo como insulto. Bailey responde:

> Estamos discutindo racismo institucional. Jennifer, aluna branca de filosofia, compartilha uma história sobre uma pichação racista que usa a palavra "n". Ela diz a palavra animando-a com aquele gesto de entre aspas com dois dedos para sinalizar que a está mencionando. Peço para Jennifer considerar a história da palavra e como pode significar algo diferente vindo de bocas brancas. Peço a ela para não a usar. Ela dá um miniaula para a classe a respeito da distinção entre uso e menção, lembrando-me que "é um conceito fundamental em filosofia analítica" e que é "perfeitamente aceitável mencionar, mas não usar a palavra em discussões filosóficas"[52]. (...) Caso Jeniffer continue a usar conceitos filosóficos a serviço de uma recusa mais ampla de entender a história desumanizante da palavra-n, então "Eu mencionei, mas não usei a palavra 'n-----'" é um texto sombra.[53]

Em vez de considerar a validade desses argumentos, ou dar aos alunos a chance de discuti-los, Bailey presume que eles estão simplesmente tentando preservar o privilégio dos homens e dos brancos. Portanto, ela os usa como aulas práticas de fracassos em relação aos envolvimentos genuínos. "Aprender a reconhecer textos sombra pode oferecer atrito epistêmico: eles

TEORIAS CÍNICAS ~~CRÍTICAS~~

ajudam a classe a se concentrar no que os textos sombra fazem, em vez de apenas no que dizem", ela escreve.[54] Ou seja, Bailey está orientando os alunos nas suas aulas de filosofia a não se envolverem com o argumento, mas sim a reconhecerem qual discurso de poder eles podem estar alimentando. Isso está em perfeita consonância com os dois princípios pós-modernos.

Os alunos nas aulas de filosofia de Bailey são ensinados a identificar imediatamente as visões contrárias como resistência da assunção da Verdade da Justiça Social e como uma espécie de "ignorância". Ela acha que quando as pessoas discordam é porque algo "desencadeou a resistência".[55] Ela escreve:

> Peço aos alunos que considerem como a identificação dos textos sombra pode ajudar a rastrear a produção da ignorância. (...) É essencial para eles compreender que o rastreamento da ignorância requer que a nossa atenção se concentre não em alguns indivíduos problemáticos, mas no aprendizado para identificar padrões de resistência e vincular hábitos que produzem ignorância a uma recusa estratégica da compreensão.[56]

É difícil não perceber o tom ativista combativo aqui. Como Applebaum, Bailey possui uma certeza sacerdotal da própria correção e a necessidade concomitante de reeducar e bloquear qualquer um que discorde. Isso marca uma mudança significativa em relação ao ceticismo radical dos primeiros pós-modernos, mas está de acordo com a maneira pela qual os princípios pós-modernos e a sua aplicação evoluíram ao longo do último meio século.

Exemplo 3: *White Fragility: Why It Is So Hard to Talk to White People about Race*, publicado no Brasil pela Faro Editorial com o título *Não basta não ser racista, sejamos todos antirracistas* de Robin DiAngelo (2018)

Neste livro, a palestrante sobre "estudos de branquitude" Robin DiAngelo desenvolve o conceito de "fragilidade branca" que ela expôs pela primeira vez em um artigo bastante citado com esse título em 2011.[57] Ela começa com uma forte afirmação objetiva da verdade:

> Os brancos na América do Norte vivem em um ambiente social que os protege e os isola do estresse racial. Esse ambiente isolado de proteção racial

ESTUDO ACADÊMICO E PENSAMENTO SOBRE JUSTIÇA SOCIAL

forja expectativas brancas de bem-estar racial, enquanto, ao mesmo tempo, reduz a capacidade de tolerância ao estresse racial, levando ao que eu chamo de Fragilidade Branca.[58]

Por si só, isso pode ser *insight* útil, que leve os brancos a refletir com mais profundidade sobre os seus preconceitos possivelmente inconscientes. No entanto, DiAngelo continua a insistir que a sociedade está impregnada pela supremacia branca e que qualquer discordância com as suas ideias é o resultado de uma fraqueza que foi socializada em pessoas brancas por meio do privilégio delas:

> A fragilidade branca é um estado em que até mesmo uma quantidade mínima de estresse racial se torna intolerável, o que desencadeará uma variedade de movimentos defensivos. Esses movimentos incluem a exibição externa de emoções como raiva, medo e culpa, e comportamentos como argumentação, silêncio e abandono de uma situação indutora de estresse.[59]

Quaisquer sentimentos negativos a respeito de ter o perfil traçado racialmente e ser responsabilizado por uma sociedade racista são considerados como sinais de ser "frágil" e como evidência de cumplicidade – se não conluio – com o racismo. Os brancos são beneficiários cúmplices do racismo e da supremacia branca. Isso é A Verdade Segundo a Justiça Social – a discordância não é permitida. DiAngelo é bem explícita sobre isso. Se discordar, permanecer em silêncio e ir embora são evidências de fragilidade – meros "movimentos defensivos" –, a única maneira de a pessoa evitar ser "frágil" é permanecer parada, não mostrar emoções negativas e concordar com A Verdade – após o que a pessoa deve participar ativamente na descoberta da Verdade; isto é, aprender a como desconstruir a branquitude e o privilégio branco, que é cobrado como o trabalho necessário de "antirracismo".

Isso é muito desconcertante. DiAngelo, mulher branca, afirma que todos os brancos são racistas e que é impossível não ser, por causa dos sistemas de discursos racistas poderosos em que nascemos.[60] Ela insiste que somos cúmplices na falta de outra opção e, portanto, somos responsáveis por lidar com esses sistemas. Como Applebaum, DiAngelo sustenta que

TEORIAS CÍNICAS ~~CRÍTICAS~~

não importa se os brancos individualmente são boas pessoas que desprezam o racismo e não têm consciência de ter quaisquer preconceitos racistas:

> Ser bom ou mau não é relevante. O racismo é um sistema de múltiplas camadas integrado na nossa cultura. Todos nós somos socializados no sistema de racismo. O racismo não pode ser evitado. Os brancos têm pontos cegos em relação ao racismo, e eu tenho pontos cegos em relação ao racismo. O racismo é complexo, e não preciso entender todas as nuances do *feedback* para validá-lo. Os brancos estão, assim como eu, investidos inconscientemente no racismo. O preconceito está implícito e é inconsciente.[61]

Essa abordagem pessoal permeia *White Fragility*. O mesmo acontece com o coletivismo e a rejeição da individualidade. DiAngelo escreve como uma pessoa branca se dirigindo a outras pessoas brancas e insiste que "nós" devemos ver o mundo do jeito que ela vê:

> Este livro está enraizado assumidamente na política identitária. Sou branca e estou me dirigindo à dinâmica comum dos brancos. Estou escrevendo principalmente para um público branco; quando uso o termo nós, estou me referindo ao coletivo branco.[62]

Para Teóricos como DiAngelo, os brancos são um coletivo por causa da sua posição na rede de poder da sociedade – eles não podem deixar de se beneficiar do racismo e, portanto, devem resolver isso. Além do mais, os brancos são, de acordo com DiAngelo, "socializados em um sentimento de superioridade profundamente internalizado de que não temos consciência ou que nunca podemos admitir para nós mesmos".[63] Tudo o que os brancos podem fazer é se tornar mais conscientes da sua relação com o poder e conscientemente enfrentar isso – sem cessar. Esse é o princípio político pós-moderno em ação.

DiAngelo também rejeita os princípios liberais do individualismo e do "daltonismo" – que a raça de uma pessoa é irrelevante para o seu valor, como Martin Luther King Jr. disse. Na Verdade Segundo a Justiça Social, os valores liberais são racistas porque permitem que os brancos se escondam das "realidades" do próprio racismo e supremacia branca. DiAngelo prega:

Para desafiar as ideologias do racismo, como o individualismo e o daltonismo, nós, como brancos, devemos suspender a nossa percepção de nós mesmos como raça única e/ou de fora. Explorar a nossa identidade racial coletiva interrompe um privilégio básico de domínio – a capacidade de se ver apenas como um indivíduo.[64]

Provavelmente, DiAngelo é a manifestação mais pura da concepção pós-moderna de sociedade. Como os seus contemporâneos, ela exibe uma convicção inabalável dos princípios e temas pós-modernos. Isso indica que eles foram reificados como o fundamento da metanarrativa da Justiça Social.[65] De modo preocupante, as suas ideias, mais do que quaisquer outras, romperam os limites da academia e se popularizaram. O livro *White Fragility* foi um *best-seller* do *The New York Times* por mais de seis meses, e DiAngelo o promoveu em uma extensa turnê mundial. Outro livro de DiAngelo sobre o enfrentamento do racismo, como ela o enxerga, já está a caminho.

Resumo: tornando reais os princípios e temas pós-modernos

O estudo acadêmico da Justiça Social não se vale apenas dos dois princípios pós-modernos e dos quatro temas pós-modernos: ele os trata e aos seus pressupostos subjacentes como contextos óbvios moralmente corretos – como A Verdade Segundo a Justiça Social. Portanto, constitui uma terceira fase distinta do pós-modernismo, que chamamos de *pós-modernismo reificado*, porque trata as abstrações no cerne do pós-modernismo como se fossem verdades reais sobre a sociedade.

Para entender como as três fases do pós-modernismo se desenvolveram, imagine uma árvore com raízes profundas na teoria social da esquerda radical.[66] A primeira fase, ou *fase altamente desconstrutiva*, desde a década de 1960 até a década de 1980 (em geral, chamada simplesmente de "pós-modernismo"), nos deu o tronco da árvore: a Teoria. A segunda fase, desde a década de 1980 até meados da década de 2000, que chamamos de *pós-modernismo aplicado*, nos deu os ramos: as Teorias e os estudos mais aplicáveis,

TEORIAS CÍNICAS ~~CRÍTICAS~~

incluindo a Teoria pós-colonial, a Teoria *queer*, a Teoria crítica da raça, os estudos de gênero, os estudos do corpo gordo, os estudos da deficiência e muitos estudos críticos de *qualquer coisa*. Na atual terceira fase, que começou em meados da década de 2000, a Teoria deixou de ser uma suposição para ser A Verdade, uma verdade dada como certa. Isso nos deu as folhas da árvore do estudo acadêmico sobre Justiça Social, que mistura as abordagens anteriores conforme necessário. Em todas as três fases, a constante é a Teoria, que se manifesta nos dois princípios pós-modernos e nos quatro temas pós-modernos.

O estudo acadêmico da Justiça Social não apenas apresenta o princípio do conhecimento pós-moderno – que a verdade objetiva não existe e o conhecimento é socialmente construído e um produto da cultura – e o princípio politico pós-moderno – a sociedade é construída pelo conhecimento por meio da linguagem e dos discursos, concebidos para manter os dominantes no poder sobre os oprimidos. Ele os trata como A Verdade, não tolera discordâncias e espera que todos concordem – caso contrário, serão "cancelados". Vemos isso no foco obsessivo em quem pode produzir conhecimento e como, e no desejo explícito de "contaminar" o maior número possível de disciplinas com os métodos referentes à Justiça Social.[67] Isso se reflete em um desejo claro de alcançar a "justiça" epistêmica e em pesquisa ao afirmar que a produção de conhecimento rigoroso é apenas um produto da cultura branca, masculina e ocidental e, portanto, não melhor do que as experiências vividas interpretadas Teoricamente dos membros de grupos marginalizados, que devem ser constantemente promovidas e colocadas em primeiro plano.

Em geral, os quatro temas pós-modernos não são tratados pelos acadêmicos ligados à Justiça Social Crítica como uma reificação do pós-modernismo. Eles são facetas da Verdade Segundo a Justiça Social. A indefinição de fronteiras e o relativismo cultural típicos das Teorias do pós-modernismo aplicado são desenvolvidos adicionalmente, em uma tentativa de apagar o limite entre o conhecimento produzido com rigor e a experiência vivida (de opressão). A identidade grupal é tratada como uma parte tão integrante do funcionamento da sociedade que aqueles investidos na Justiça Social promoveram a política identitária grupal desagregadora a níveis extremos. A crença no poder avassalador da linguagem, que deve ser examinada e purificada, é simplesmente dada como certa.

Isso tem tido diversas consequências. Os acadêmicos e os ativistas dedicam um enorme esforço para procurar e acentuar as menores infrações, sendo essa a abordagem "crítica". De forma escrupulosa, eles examinam a fala atual e passada das pessoas, sobretudo nas redes sociais, e punem os provedores de discursos de "ódio". Se a pessoa envolvida é considerada influente, a turba pode até tentar acabar completamente com a carreira dela. Robin DiAngelo chama qualquer coisa, exceto concordância deferente, de "fragilidade branca"; Alison Bailey caracteriza a discordância como "ignorância deliberada" e um jogo de poder para preservar o privilégio de alguém; Kristie Dotson caracteriza a divergência como "perniciosa"; Barbara Applebaum despreza qualquer crítica aos métodos Teóricos da Justiça Social, considerando-a "conversa sobre cores" e "ignorância branca".

O estudo acadêmico sobre Justiça Social representa a terceira fase na evolução do pós-modernismo. Nessa nova encarnação, o pós-modernismo não se caracteriza mais pelo ceticismo radical, desespero epistêmico, niilismo e tendência lúdica, mas pessimista, para decompor e desconstruir tudo que achamos que sabemos. Atualmente, procura aplicar métodos desconstrutivos e princípios pós-modernos para a tarefa de criar mudança social, que avança sobre *tudo*. Sob o disfarce de estudo acadêmico da Justiça Social, o pós-modernismo se tornou uma grande e abrangente explicação da sociedade – uma metanarrativa – por si só.

Assim, voltemos à contradição no cerne do pós-modernismo reificado: como pessoas inteligentes podem professar tanto o ceticismo radical como o relativismo radical – o princípio do conhecimento pós-moderno – e, ao mesmo tempo, asseverar a Verdade Segundo a Justiça Social (Teoria) com certeza absoluta?

A resposta parece ser que o ceticismo e o relativismo do princípio do conhecimento pós-moderno são atualmente interpretados de uma maneira mais restritiva: que é impossível para os seres humanos obterem conhecimento confiável empregando evidência e razão, mas, agora é alegado, o conhecimento confiável pode ser obtido ouvindo a "experiência vivida" dos membros dos grupos marginalizados – ou o que é realmente mais exato, as

TEORIAS CÍNICAS ~~CRÍTICAS~~

interpretações das pessoas marginalizadas das próprias experiências vividas, depois que foram devidamente coloridas pela Teoria.

A dificuldade com esse tipo de "maneira de saber" sobre a Justiça Social é, porém, a mesma que com todas as "epistemologias" gnósticas que dependem de sentimentos, intuição e experiência subjetiva: o que devemos fazer quando as experiências subjetivas das pessoas entram em conflito? O princípio liberal abrangente da resolução de conflitos – apresentar os melhores argumentos e discutir a questão, recorrendo à melhor evidência disponível sempre que possível – é completamente eliminado por essa abordagem. Na verdade, é anunciado como uma conspiração usada para reprimir os marginalizados. Se diferentes membros do mesmo grupo marginalizado – ou membros de diferentes grupos marginalizados – oferecem interpretações incompatíveis das suas "experiências vividas", como essa contradição pode ser reconciliada? A resposta do senso comum – que pessoas diferentes têm experiências e interpretações diferentes, e que não há contradição lógica nisso – não basta nesse caso, porque a epistemologia da Justiça Social sob a reificação do pós-modernismo alega que essas "experiências vividas" revelam verdades objetivas sobre a sociedade, e não simplesmente as crenças de algumas pessoas sobre as suas experiências.

A resposta radicalmente relativista – que duas ou mais afirmações podem ser simultaneamente verdadeiras – às vezes é tentada, mas, afinal de contas, não faz muito sentido. Em vez disso, o que os acadêmicos ligados à Justiça Social parecem fazer na prática é selecionar certas interpretações favorecidas da experiência de pessoas marginalizadas (aqueles em consonância com a Teoria) e sagrar essas como as "autênticas"; todas as outras são explicadas como uma internalização infeliz de ideologias dominantes ou interesse próprio cínico. Assim, a contradição lógica entre relativismo radical e absolutismo dogmático é resolvida, mas ao preço de tornar a Teoria da Justiça Social completamente irrefutável e irrevogável: por mais que a evidência sobre a realidade (física, biológica e social) ou o argumento filosófico possa ser apresentado, a Teoria sempre pode explicar e sempre explica. Nesse sentido, não estamos muito longe, de fato, dos cultos apocalípticos que previram o fim do mundo em um dia específico, mas reafirmaram as suas crenças com fervor adicional quando aquele dia passou sem intercorrências. (A espaçonave vinda para destruir a Terra realmente

ESTUDO ACADÊMICO E PENSAMENTO SOBRE JUSTIÇA SOCIAL

veio, mas os extraterrestres mudaram de ideia quando viram a devoção dos membros do culto.)

Portanto, não é exagero observar que os Teóricos da Justiça Social criaram uma nova religião, uma tradição de fé que é ativamente hostil à razão, à refutação, ao desmentido e à discordância de qualquer tipo. Na verdade, todo o projeto pós-moderno agora parece, em retrospecto, uma tentativa inconsciente de desconstrução das velhas metanarrativas do pensamento ocidental – ciência e razão, juntamente com religião e sistemas econômicos capitalistas – para abrir espaço para uma religião totalmente nova, uma fé pós-moderna baseada em um Deus morto, que vê misteriosas forças *mundanas* em sistemas de poder e privilégio e que santifica a vitimização. Cada vez mais, essa é a religião fundamentalista da esquerda teoricamente secular.[68]

A Teoria não permaneceu confinada à academia. Primeiro aplicado, depois reificado, o pós-modernismo sob a forma de Justiça Social deixou as universidades, difundiu-se – com zelo evangélico – por meio dos diplomados e através das redes sociais e do jornalismo ativista. Tornou-se uma força cultural significativa com uma influência profunda – e muitas vezes negativa – na política. Pode parecer um tipo obscuro e peculiar de teorização acadêmica, mas não pode ser ignorado. O que tudo isso significa? O que vai acontecer a seguir? E o que precisa ser feito a respeito disso? Os dois últimos capítulos deste livro tratarão dessas questões.

Capítulo 9

A JUSTIÇA SOCIAL EM AÇÃO

A TEORIA SEMPRE PARECE BOA NO PAPEL

A Teoria rompeu os limites da academia e exerce uma profunda influência na nossa cultura. Isso pode parecer implausível. Como Teorias herméticas sobre conhecimento, poder e linguagem podem sobreviver fora do ambiente exclusivo da torre de marfim e afetar a vida cotidiana? A funcionária do supermercado está mesmo lendo Gayatri Spivak na hora do café? O seu médico está devorando a Teoria *queer* no vagão do metrô? Qual é a probabilidade de o seu técnico de computador ler epistemologia feminista no seu tempo livre ou de o seu comentarista esportivo favorito ser bem versado em Teoria crítica da raça?

Não muita. Mas não é isso que estamos discutindo. A Teoria é obscura, e a maioria das pessoas nunca se envolve com ela diretamente. No entanto, muitos de nós somos influenciados por ela, e ninguém está totalmente a salvo dos seus abusos. Recentemente, no Reino Unido, um avô deficiente e empacotador chamado Brian Leach foi demitido pelo seu empregador, a rede de supermercados Asda, por compartilhar no Facebook um esquete cômico de Billy Connolly, que um dos seus colegas considerou islamofóbico.[1] Isso resulta das aplicações da Teoria pós-colonial. Nos Estados Unidos, o engenheiro de software James Damore foi demitido pela Google por escrever um memorando interno afirmando que, em média, homens e mulheres se diferenciam psicologicamente – em uma tentativa de buscar soluções para

A JUSTIÇA SOCIAL EM AÇÃO

a disparidade de gênero de quatro homens para uma mulher no setor de tecnologia.[2] Isso resulta dos pressupostos subjacentes da Teoria e do feminismo interseccional. O comentarista de futebol britânico e comediante Danny Baker perdeu o emprego na BBC por não perceber que a foto de um chimpanzé com um casaco elegante e um chapéu-coco poderia ser interpretada como racista.[3] Isso resulta da maneira pela qual a Teoria crítica da raça descreve o mundo. Enquanto isso, todos os principais eventos de mídia em Hollywood são obcecados por identidade e representação, enquanto médicos em todo o mundo ocidental enfrentam o desafio de aconselhar pacientes obesos sobre a saúde deles sem que a gordura os envergonhe.[4]

Exemplos inquietantes como estes surgem o tempo todo, mas muitas pessoas não consideram que há muito com que se preocupar. Elas vão recordar que o sr. Leach foi readmitido, dizer que as opiniões do sr. Damore poderiam encorajar estereótipos, sugerir que o sr. Baker deveria ter se dado conta das conotações da imagem símia, e concordar que há problemas de representação em Hollywood, embora salientando que os médicos realmente poderiam ser mais sensíveis. Sim, elas vão admitir, nós ouvimos histórias sobre protestos no *campus*, mas os universitários sempre protestaram. Eles são jovens e idealistas. É praticamente um rito de passagem. Além disso, os relatos de estudantes intolerantes são exagerados. Geralmente, trata-se de alguns ativistas das universidades de elite[5] que exigem alertas de gatilho, espaços seguros e boicotes de todos que discordam deles.[6] A maioria dos estudantes continua a apoiar a liberdade de expressão. Eles costumam manter a cabeça baixa e se concentrar no seu trabalho, especialmente em faculdades comunitárias e outras instituições da classe trabalhadora. Por que devemos nos preocupar com as ações de alguns estudantes das universidades mais elitistas? Yale poderia muito bem estar em Nárnia, no que diz respeito a muitas pessoas.

Desse ponto de vista, esses problemas não estão afetando o mundo real o suficiente para serem uma prioridade. Diante da ascensão da demagogia, do populismo, do nacionalismo e das correntes anti-intelectuais na direita – que atualmente detêm o poder político nos Estados Unidos e no Reino Unido –, e do crescimento dos movimentos de extrema direita em toda a Europa e fora de lá, devemos mesmo nos preocupar com o fato de algumas pessoas estarem demasiado zelosas no seu apoio à igualdade? Talvez haja

TEORIAS CÍNICAS ~~CRÍTICAS~~

alguns gritos, arremessos de *milk-shakes* e uma janela quebrada ocasional, mas o terrorismo de extrema direita está em ascensão,[7] e as comunidades *on-line* da extrema direita – a *"alt-right"*[8] [direita alternativa] e os *"incels"*[9] [celibatários involuntários] – estão proliferando e fomentando atos de violência muito mais graves. Será que os esquerdistas liberais não deveriam concentrar a sua atenção nisso, em vez de se preocuparem com alguns artigos acadêmicos malucos e estudantes histriônicos?

Para abordar essa dúvida não totalmente irracional, vamos recorrer a fontes populares. Faremos o possível para convencê-lo de que o que está acontecendo nas universidades é uma questão genuína, que essas ideias estão afetando o mundo real, e que corrigir o problema nas universidades não é um alheamento em relação à luta conta a direita populista e anti-intelectual, mas sim parte imprescindível disso.[10]

O que está acontecendo nas nossas universidades e por que isso é importante?

Há uma questão que começa nas nossas universidades e chega até a Justiça Social. O aspecto mais imediato do problema é que o estudo acadêmico sobre Justiça Social é transmitido aos alunos, que depois vão para o mundo. Esse efeito é mais intenso nas áreas associadas à Justiça Social, que ensinam os alunos a serem céticos em relação à ciência, razão e evidências; a considerarem o conhecimento como vinculado à identidade; a captarem a dinâmica do poder opressor em cada interação; a politizarem cada faceta da vida; e a aplicarem os princípios éticos de forma desigual, de acordo com a identidade. Porém, a Justiça Social também se materializa como uma cultura predominante no *campus*, que aceita muitas dessas ideias como contextos óbvios. Nos Estados Unidos, atualmente, a maioria das universidades possui pré-requisitos de "diversidade": essas ideias são ensinadas a todos, como parte do currículo geral. É comum subestimar esse problema. Costumamos deparar com a suposição de que, uma vez formados, os alunos terão que aprender habilidades para se colocar no mercado de trabalho e que isso

A JUSTIÇA SOCIAL EM AÇÃO

resolverá a questão: assim que ingressarem no "mundo real", eles terão que deixar para trás essas posições ideológicas a fim de encontrar emprego. Mas e se eles simplesmente levarem as suas crenças para o mundo profissional e recriarem esse mundo para se ajustar a eles?

Infelizmente, é exatamente isso que vem acontecendo. O mundo real está mudando para absorver as habilidades desses alunos, e uma indústria da Justiça Social, que já vale bilhões de dólares, está se formando, toda dedicada a treinar empresas e instituições a promulgar e policiar A Verdade Segundo a Justiça Social. Um novo cargo intitulado (com uma ou outra variação) "Diretor de Diversidade, Equidade e Inclusão" foi criado para mudar a cultura organizacional de acordo com a ideologia da Justiça Social. Esses diretores são os arquitetos e executores de revoluções suaves; são inquisidores, à procura de episódios de preconceito e desequilíbrio. Também não são cargos marginais. Previsivelmente, estão concentrados sobretudo no ensino superior, onde, de acordo com alguns relatórios nos Estados Unidos, os diretores de diversidade vêm aumentando rapidamente em número, e ganham três vezes mais que o norte-americano médio e mais do que o corpo docente acadêmico.[11] No entanto, os diretores de diversidade, equidade e inclusão não se limitam à academia; eles também afloram nos departamentos administrativos e de recursos humanos, inclusive nas prefeituras. De acordo com um importante site de classificados de emprego do Reino Unido, empregos para cargos relacionados à igualdade e diversidade são especialmente comuns na Equality and Human Rights Commission, em associações profissionais, na Law Society, em escolas e universidades, na polícia, em grandes empresas do setor privado, nas administrações municipais, nos sindicatos e no Civil Service.[12] Tornaram-se a regra, e não a exceção, para diversas instituições e empresas de porte razoável. Portanto, agora, esses diretores e executivos exercem um poder institucional, social e cultural significativo.

Nas universidades, o problema não se limita a cursos específicos. Hoje, acredita-se que "equipes de resposta a preconceitos" existam em mais de duzentas universidades norte-americanas e atendam a todo o *campus*, como o seu nome sugere, respondendo a relatórios de preconceitos baseados em identidade.[13] Embora algumas equipes sejam rápidas em salientar que não têm o poder de impor *diretamente* qualquer tipo de punição ou controle em

225

TEORIAS CÍNICAS ~~CRÍTICAS~~

relação à fala e só podem proporcionar "educação e persuasão",[14] isso é alarmante, se não orwelliano, dependendo do que é considerado preconceito e de que educação e treinamento são oferecidos para corrigi-lo. Isso é especialmente verdadeiro porque podem levar *indiretamente* à sanção ou afastamento, apresentando relatórios de preconceito a administradores como chefes de departamento, diretores e reitores de universidades com recomendações de ação. Mas o que constitui "preconceito" nesses casos? Como as ofensas que os alunos reclamaram incluem, entre outras, apoio ao presidente Donald Trump, neve esculpida em forma de pênis e expressões de racismo como "Eu não vejo cor", e o preconceito é operacionalmente definido como "estado de espírito", parece que os detectores de sensibilidade podem ser ajustados em um nível bastante alto.[15] Embora os alunos relatados mantenham o direito de não se submeterem à educação, é provável que muitos não queiram se arriscar ao opróbrio concomitante, e simplesmente irão autocensurar quaisquer ideias problemáticas. Isso não favorece o debate saudável e a diversidade de pontos de vista, que são fundamentais para a produção de conhecimento nas universidades. Também semeia discórdia nas comunidades do *campus* e nos ambientes de trabalho nos quais os graduados se encaixarão, que podem se tornar mais disfuncionais como resultado.

Também houve tentativas mais evidentes de silenciar certas opiniões no *campus*. As políticas de boicote contra grupos jurídicos ou políticos específicos e certas figuras públicas se tornaram comuns,[16] ainda que muitas vezes passem despercebidas. Certas opiniões – opiniões *acadêmicas* compartilhadas por profissionais – são consideradas muito perigosas ou até "violentas" para ter permissão para uma tribuna. Ao contrário das iniciativas de boicote – em que alguém que foi convidado para falar tem o convite cancelado –, as políticas que desaprovam certas opiniões atraem pouca atenção. No Reino Unido, mais da metade das universidades restringe a fala, sobretudo certas opiniões a respeito de religião e identidade trans.[17]

Esse problema é expansivo. Uma consequência é que, uma vez assumido, o estudo acadêmico e a ética referentes à Justiça Social substituem completamente o estudo acadêmico confiável e rigoroso de questões de justiça social, condenando e considerando todas as outras abordagens como cúmplices da intolerância sistêmica e, portanto, inconcebíveis – ou, na prática, impublicáveis e puníveis. Os casos de dois acadêmicos, Bruce Gilley

A JUSTIÇA SOCIAL EM AÇÃO

e Rebecca Tuvel, vêm imediatamente à mente. Tuvel escreveu um artigo para a *Hypatia*, revista mais importante da filosofia feminista, investigando paralelos entre identidades transracial e transgênero e defendendo *status* de identidade transracial. No entanto, para a Teoria, raça e gênero são muito diferentes. Para a Teoria *queer*, reivindicar o *status* de transgênero é destruir as categorias de sexo e gênero, que são Teorizadas para restringir as pessoas, mas reivindicar uma identidade transracial, como sabemos da Teoria crítica da raça, seria ignorar o significado social de raça e fazer uma reivindicação ilegítima de uma experiência vivida de opressão. Isso é visto como falar de pessoas não brancas e apagá-las. Tuvel – professora assistente não titular – pagou o preço pelo passo em falso. Não só houve uma retratação por causa do seu artigo,[18] e não só a *Hypatia* sofreu catastroficamente por aceitá-lo,[19] mas Tuvel também foi submetida a uma cruel caça às bruxas.[20] Os seus colegas a criticaram publicamente pela sua insensibilidade, ainda que alguns admitissem em particular que concordavam secretamente com ela.[21]

O caso de Bruce Gilley foi, talvez, ainda mais extremo. Depois de anos investigando sociedades pós-coloniais, sobretudo com base em estudiosos em contextos pós-coloniais genuínos, ele escreveu "The Case for Colonialism": um contrapeso nuançado à tese central da Teoria pós-colonial de que o colonialismo é sempre e apenas ruim para o colonizado. O seu artigo foi revisado e aceito para publicação na revista especializada *Third World Quarterly* – com consequências explosivas. Imediatamente, acusações foram dirigidas contra Gilley na Universidade Estadual de Portland, onde ele trabalha, e apelos foram feitos pedindo a retirada do artigo, para que ele perdesse o emprego e até para que o seu doutorado fosse revogado.[22] Os editores da revista que publicou o artigo foram igualmente expostos ao ridículo. Protestos incluindo ameaças de morte levaram à retratação por parte da revista.[23] Esses dois casos, e um punhado de outros, mostram que o estudo acadêmico sobre Justiça Social censura ideias acadêmicas que desaprova.

Embora alguns estudos sobre gênero, raça e sexualidade sejam empíricos e rigorosos, e possam ajudar a corrigir desequilíbrios na sociedade, são solapados por outros que não são. Isso cria uma crise de confiança em torno de alguns dos tópicos mais importantes do nosso momento político atual. Alguns acadêmicos descaracterizam críticas a estudos de má qualidade e antiéticos como motivados pelo ódio a grupos minoritários ou mulheres.

TEORIAS CÍNICAS ~~CRÍTICAS~~

Isso é surpreendente. Procure imaginar um paralelo em outras áreas. Pareceria razoável afirmar que aqueles que não concordam com estudos não comprovados e antiéticos em medicina simplesmente odeiam pessoas doentes e não se importam com o seu sofrimento? Será que as pessoas dizem: "Sim, alguns artigos ruins são adicionados ao corpo do conhecimento médico, mas também há outros bons!", em vez de tentar eliminar os artigos ruins para que as pessoas não recebam tratamentos perigosos ou ineficazes? Não, porque reconhecemos que a medicina segura e eficaz é essencial para o sucesso humano. Mas o mesmo acontece com estudos rigorosos sobre questões (de justiça) sociais. Os acadêmicos dessa área devem saber disso melhor do que ninguém. Em nenhuma disciplina séria vemos tão claramente uma vontade de ser moralmente correto (ou justo), em vez de factual e teoricamente correto. Talvez essa vontade seja a característica mais óbvia do estudo acadêmico sobre Justiça Social.

Esses problemas também afetaram outras disciplinas além dos estudos identitários, sobretudo nas humanidades e nas artes. A literatura, filosofia e história há muito tempo aceitaram e, às vezes, até exigiram a inclusão da Teoria nos seus cursos. A Teoria pós-colonial e a análise feminista – tanto materialista quanto pós-moderna – são especialmente comuns. Outras formas de análise simplesmente não são permitidas, na melhor das hipóteses, e são consideradas como intoleravelmente tendenciosas, ofensivas ou violentas, na pior. Até mesmo cursos como ciência, tecnologia, engenharia e matemática foram afetados. Desde 2010, tem havido um número crescente de propostas de dentro da *engenharia*, defendendo o uso de conceitos da Justiça Social nessa profissão. Em 2015, um artigo propôs que um engenheiro deve "demonstrar competência na prestação de serviços sociotecnológicos que são sensíveis à dinâmica de diferença, poder e privilégio entre pessoas e grupos culturais".[24] No livro *Engineering and Social Justice*, publicado pela Purdue University Press, lemos diversas variações sobre o mesmo tema e uma recomendação inquietante: "(...) ir além das visões de verdade como objetiva e absoluta é a mudança mais fundamental que precisamos no ensino da engenharia".[25] Enquanto isso, apresentaram-se argumentos de que a matemática é intrinsecamente sexista e racista por causa do seu foco na objetividade e na prova, e por causa de resultados díspares no ensino da matemática entre grupos raciais. Um artigo de 2018 afirma:

A JUSTIÇA SOCIAL EM AÇÃO

Baseando-se em visões de mundo indígenas para reconceituar o que é a matemática e como ela é praticada, defendo um movimento contra objetos, verdades e conhecimento rumo a uma maneira de estar no mundo que é guiada pelos primeiros princípios – matematx. Essa mudança do pensamento da matemática como um substantivo para matematx como um verbo possui potencial para honrar as nossas conexões mútuas como pessoas humanas e não humanas, para equilibrar a resolução de problemas com alegria e para manter a bifocalidade crítica ao nível local e global.[26]

Não fica claro como isso poderia melhorar a matemática, mas a agenda política aqui é evidente – e alarmante. Currículos semelhantes estão sendo seriamente considerados para implantação em escolas públicas em todos os níveis na área de Seattle.[27]

Como isso afeta o mundo todo?

O que acontece na universidade não fica na universidade. As universidades são centros culturais, institutos de pesquisa e salas de *educação*. A cultura universitária se espalha para a cultura mais ampla quase por osmose. Muitas pessoas gravitam em torno dos eventos, produções e programas de divulgação universitários e, portanto, são influenciadas pela sua cultura. As universidades estão entre os melhores e, de modo ideal, os *menos tendenciosos* centros de produção de conhecimento – basta comparar com outros centros de pesquisa ligados a empresas ou *think tanks* motivados politicamente. Como sociedade, recorremos às universidades para ajudar a identificar em que declarações, ideias e valores podemos confiar. As universidades, então, transmitem informação e cultura intelectual aos alunos. Dessa maneira, essas instituições produzem a elite educacional e cultural, que mais tarde seguirá carreira profissional, comandará setores econômicos, criará instituições beneficentes, produzirá mídia e definirá políticas públicas. Trabalhando de forma correta, as universidades são inestimáveis. Trabalhando de forma incorreta, são meios de doutrinação cultural prejudicial inigualáveis.

TEORIAS CÍNICAS CRÍTICAS

A manifestação mais visível do estudo acadêmico sobre Justiça Social é o ativismo pela Justiça Social. O exemplo mais notório disso é visto nas ações do autoproclamado grupo antifascista Antifa,[28] mas o ativismo pela Justiça Social pode assumir diversas formas: protestos pacíficos, perseguição persistente e assédio,[29] arremesso de *milk-shakes*[30], objeção ao uso de quimonos como "apropriação cultural",[31] dizer às pessoas para "checar os seus privilégios", fazer trabalho "antirracismo". O ativismo pela Justiça Social possui influência significativa em muitas áreas da sociedade, principalmente por meio das redes sociais. Como observado, empresas de prestígio como Google, BBC e Asda demitiram funcionários com base em reclamações formuladas em termos de Justiça Social e trazidas à atenção por meio das redes sociais. Embora a maioria das pessoas – incluindo os próprios donos de empresas – provavelmente não endosse as ideias da Justiça Social, essas ideias são bem influentes, conforme demonstrado pelo fato de que os gigantes da tecnologia, da mídia e do varejo estão prontos para aplacar os seus defensores.

Grandes empresas também são cada vez mais chamadas a prestar contas por causa dos seus produtos. Em 2019, a Macy's se viu no centro de um protesto que começou com *um tuíte de uma pessoa ofendida*. A empresa teve que pedir desculpas publicamente por produzir um prato que mostrava o tamanho das porções em comparação com o tamanho de um jeans (o que foi considerado *"fat shaming"*, ou seja, humilhação do gordo).[32] A Macy's parou de vender o jeans. A Nissin, gigante japonesa de macarrão instantâneo, desculpou-se e retirou o anime que retratava um tenista haitiano-japonês de pele clara e traços europeus.[33] A Gucci pediu desculpas e parou de vender um suéter que algumas pessoas acreditavam que produzia o efeito de *"blackface"*.[34] A mesma acusação foi feita em relação a alguns sapatos produzidos por Katy Perry, agora retirados de circulação.[35]

Talvez não seja surpreendente que as grandes corporações tenham cedido tão facilmente à pressão da Justiça Social. Afinal, o objetivo prioritário delas é ganhar dinheiro, e não defender valores liberais. Como a maioria dos consumidores e eleitores dos países ocidentais apoia a ideia geral de justiça social, e como a maioria das pessoas não consegue entender a diferença entre justiça social e Justiça Social, as grandes corporações por vezes optam por ceder às demandas dos ativistas pela Justiça Social, pelo menos em questões menores que não afetam muito os resultados financeiros, por

A JUSTIÇA SOCIAL EM AÇÃO

achar que esse é um modo astuto de manter um relacionamento favorável com o seu público.

Isso também pode explicar de alguma forma a posição insossa de muitas administrações universitárias. Embora as universidades dos países ocidentais devessem ser defensoras fervorosas dos valores liberais, como a liberdade de debate, elas estão se tornando cada vez mais burocratizadas, com o poder sendo retirado dos professores e transferido para os administradores – e cada vez mais sendo administradas como negócios com fins lucrativos. Os administradores universitários são tão sensíveis às relações públicas quanto os executivos corporativos, ainda que o ambiente político em que transitam seja bastante diferente (sobretudo em relação às universidades públicas, que estão à mercê direta dos políticos eleitos). Isso gera um conjunto complexo de pressões sobre os administradores universitários, em que a proteção da liberdade acadêmica não costuma ser a maior prioridade.

Atualmente, as plataformas *on-line* parecem estar se prendendo a regras e códigos de conduta inconsistentes e muitas vezes aparentemente inexplicáveis. O YouTube,[36] o Patreon,[37] o Facebook,[38] e o Twitter[39] foram criticados por banir ou desmonetizar certas figuras consideradas problemáticas em termos de Justiça Social, mas também enfrentaram censura por terem permitido a divulgação de *"fake news"* e viabilizado câmaras de eco*, incluindo a formação de comunidades de extrema direita, perpetuando assim a polarização e o extremismo. Essa é uma questão complicada, que não pode ser abordada adequadamente aqui, mas precisa ser mencionada.

Os ativistas pela Justiça Social são bastante visíveis nas redes sociais e têm particular interesse em punir as pessoas que são influentes na mídia e nas artes. Os pedidos de punição de celebridades, artistas, atletas e outros indivíduos proeminentes, que falaram contra a Justiça Social, muitas vezes involuntariamente, costumam ser chamados de "cultura do cancelamento".[40] Frequentemente, essa prática arrepiante envolve a destruição total da carreira e reputação de uma pessoa por algo que ela pode ter dito décadas atrás ou quando era adolescente. O ator negro Kevin Hart foi forçado a desistir de apresentar o Oscar, por exemplo, quando tuítes antigos contendo piadas

---

* Uma câmara de eco se refere a situações em que as crenças são amplificadas ou reforçadas pela comunicação e repetição dentro de um sistema fechado e isolado de refutação.

TEORIAS CÍNICAS ~~CRÍTICAS~~

homofóbicas foram descobertos[41] e, posteriormente, quando se feriu em um acidente de carro, muitos ativistas orientados pela Justiça Social *celebraram* o fato. A apresentadora lésbica Ellen DeGeneres também foi censurada pela sua defesa idônea dele. O seu crime: aceitar o *mea culpa* de Hart em nome de uma comunidade, algo que não foi aprovado por algumas integrantes. DeGeneres já havia causado indignação por tuitar uma foto cômica em que ela aparecia montada nas costas do velocista jamaicano Usain Bolt, o que alguns ativistas acharam que sugeria um clichê racista.[42] Matt Damon, astro de Hollywood, ficou sujeito à fúria feminista *on-line* ao dizer que o assédio sexual ocorria em espectro amplo, descrevendo um tapinha no traseiro como diferente de um estupro.[43] O apresentador de tevê Mario Lopez foi pressionado a pedir desculpas por uma turba *on-line* indignada com a sua opinião de que os pais não deviam aceitar sem criticar uma identidade de gênero autodefinida de uma criança de três anos.[44] A estrela do tênis Martina Navratilova foi atacada por afirmar que não é justo que tenistas trans compitam contra mulheres cis.[45] John McEnroe também foi criticado por dizer que Serena Williams ocuparia a posição 700 no ranking se jogasse contra tenistas homens. Mais tarde, ele disse que se arrependia da declaração, mas que não considerava terrível dizer que existem diferenças físicas entre homens e mulheres.[46] Os exemplos são quase intermináveis.

Tudo isso provém de ativistas que adotaram a Teoria. A sua suposição subjacente, que é central para a Teoria, é que o preconceito está em toda parte, sempre, escondido logo abaixo da superfície. O trabalho do Teórico como ativista é examinar textos, eventos, cultura, atividades, lugares, espaços, atitudes, mentalidades, fraseado, vestuário e todos os outros artefatos culturais concebíveis em busca do preconceito, depois expô-lo e purgá-lo, e às suas fontes, da sociedade – ou pelo menos aos meios de produção cultural. Às vezes, tal como acontece com a foto de DeGeneres montada nas costas de Usain Bolt, esse preconceito é visto como uma tentativa de sustentar uma cultura supostamente "supremacista branca" (que é acusada de considerar os homens negros como "burros de carga"). Outras vezes, como quando DeGeneres defendeu Hart, isso é interpretado como falar sobre uma comunidade marginalizada e apagar a sua identidade, negando a sua alegação de ofensa ou vitimização. E ainda outras vezes – como em relação a Damon, Lopez, Navratilova e McEnroe –, o problema é simplesmente dar uma opinião que contraria a própria Teoria.

A JUSTIÇA SOCIAL EM AÇÃO

O policiamento pela Justiça Social da linguagem e do pensamento também afeta a própria arte. Em geral, as objeções recaem em uma de duas categorias às vezes contraditórias: por um lado, não representar grupos minoritários, e por outro, apropriar-se de aspectos da cultura minoritária. O ativismo pela Justiça Social assume que as atitudes racistas e supremacistas são onipresentes e olha atentamente até encontrar exemplos. Vai calcular a proporção de mulheres, pessoas não brancas, pessoas trans, gays ou lésbicas, pessoas com deficiência ou pessoas gordas em um livro ou filme, e protestar se algum grupo estiver sub-representado, na sua opinião. A ausência, a deturpação ou a sub-representação de tais grupos é entendida como "apagamento" de minorias e "negação da sua existência", enquanto defende a supremacia branca, o patriarcado, a heteronormatividade, a cisnormatividade, o capacitismo ou a gordofobia.

A questão oposta – *apropriação* – também é uma fonte significativa de reclamações. Isso se baseia na ideia da teoria do ponto de vista, em que o conhecimento está enraizado na "experiência vivida" e é considerado abominável que um personagem com uma identidade marginalizada seja criado ou representado por alguém que não é membro do seu grupo. Portanto, vemos demandas de que os atores representem apenas personagens dos seus grupos identitários – assim, uma mulher hétero não pode representar uma mulher lésbica ou trans em um filme, nem uma pessoa fisicamente apta pode assumir o papel de uma pessoa com deficiência. Da mesma forma, vemos pedidos para que escritores com identidades marginalizadas específicas sejam empregados nos bastidores porque é proibido que outros "falem" de uma experiência de opressão. Essas situações se tornam lugares frutíferos para importação da Justiça Social para a mídia, pois os ativistas que exigem esses papéis estão forjando as suas carreiras por meio disso.

Às vezes, as preocupações a respeito de representação de minorias e de apropriação se somam – como quando ativistas trans pressionaram Scarlett Johansson a não representar um personagem transmasculino.[47] No entanto, outras vezes essas demandas são mutuamente contraditórias, como quando J.K. Rowling foi condenada por não incluir pessoas não brancas entre seus protagonistas e não ter personagens explicitamente gays ou trans em *Harry Potter*,[48] mas também foi criticada por incluir tradições mágicas dos índios norte-americanos.[49] Músicos e artistas são particularmente

TEORIAS CÍNICAS ~~CRÍTICAS~~

vulneráveis a acusações de apropriação cultural. Madonna foi criticada por se apropriar da cultura indiana e latina, e Gwen Stefani, por se apropriar da estética japonesa e indígena norte-americana.[50] Mesmo os artistas negros não estão imunes: Rihanna foi acusada de apropriação da cultura chinesa,[51] e Beyoncé, de apropriação dos estilos indianos de Bollywood.[52] Evidentemente, isso obstrui a produção artística. É assim que a Teoria se parece quando posta em prática.

A mídia e a arte também podem sofrer um impacto negativo quando livros, artes plásticas, filmes ou videogames são examinados como "discurso" e problematizados com base na dinâmica de poder da qual elas "falam". Claro, existem exemplos genuínos de estereótipos negativos, e críticas legítimas e análises criteriosas podem ser feitas a respeito deles. No entanto, grande parte da análise recente dos "discursos" é bastante interpretativa e irrefutável. Mesmo os livros infantis do Dr. Seuss podem ser considerados racistas,[53] e as representações de negros no cinema podem ser criticadas com base em supostos estereótipos que incluem mulheres negras sendo apresentadas como personagens fortes e tenazes.[54] Parece difícil resolver essa questão, pois é provável que mulheres negras fracas e submissas também não caíssem bem. Essa abordagem severa é especialmente comum na análise de gênero. Por exemplo, acadêmicas e ativistas feministas mediram a quantidade de palavras ditas por mulheres em comparação com homens em certos filmes,[55] e criticaram o retrato sexualizado das mulheres.[56]

Isso não é apenas enfadonho, mas também é custoso, inclusive para os membros dos grupos que alega ajudar. Além de lançar dúvidas sobre análises mais rigorosas e ponderadas, a análise feminista pós-moderna, que assume um discurso de gênero que permeia tudo, pode limitar a gama de possíveis personagens femininos. A 20th Century Fox foi obrigada a se desculpar após expor um *outdoor* mostrando a supervilã Mística de *X-Men* sendo sufocada por Apocalipse, que foi criticado por feministas como Rose McGowan, que reclamaram da "violência gratuita contra as mulheres" retratada na imagem.[57] Parece que as super-heroínas e as vilãs não podem se meter em brigas ou devem vencê-las sem nunca ser atingidas. Da mesma forma, houve crítica à personagem Sansa Stark, de *Game of Thrones*, por dizer que se tornou mais forte por ter sofrido estupro e abuso. Algumas feministas acharam que isso fazia o jogo da cultura do estupro, justificando de alguma

A JUSTIÇA SOCIAL EM AÇÃO

forma o estupro.[58] Se você não é uma vítima perpétua, sob esse ponto de vista, você é cúmplice das forças do mal. De forma conveniente, essa análise ignora o fato de que um personagem masculino, Theon, também sofre tortura sexual e até tem o seu pênis decepado – e também se torna um personagem mais forte em consequência. Como as personagens femininas podem ser retratadas como poderosas e resilientes se não conseguem superar o abuso, a violência e a adversidade? Essas restrições tendem a tornar as personagens femininas menos interessantes – um efeito que já estamos começando a ver. Por exemplo, embora muitas pessoas celebrassem a introdução de uma "Doutora" na série *Doctor Who*, alguns críticos quiseram saber por que os produtores a apresentaram como uma personagem menos imperfeita e, portanto, menos complexa do que os Doutores.[59] Parece provável que isso tenha sido feito para evitar despertar a ira feminista.

Uma preocupação potencialmente ainda maior é o impacto que o estudo acadêmico sobre Justiça Social está tendo na medicina. O ativismo que sustenta que a deficiência e a obesidade são socialmente construídas e que as tentativas de combatê-las estão enraizadas no ódio às pessoas com deficiência e aos obesos podem ser positivamente perigosas. Alguns exemplos concretos dos problemas enraizados nos estudos sobre deficiência podem ser encontrados no ativismo em torno do autismo, da surdez e das doenças mentais.

Por exemplo, uma forma de ativismo referente ao autismo cresceu rapidamente nos últimos anos. Ela está enraizada na premissa de que as pessoas com espectro autista não devem ser consideradas deficientes. Há muito mérito nesse argumento, já que inúmeros indivíduos autistas altamente funcionais mostraram que são seres humanos perfeitamente valorosos e felizes, que só estão conectados de maneira atípica, e há muitas evidências de que, na média, o autismo está correlacionado com habilidades de sistematização superiores.[60] No entanto, outras pessoas autistas e seus cuidadores mostraram que o autismo pode muitas vezes ser extremamente incapacitante e penoso, e que o ativismo referente ao autismo torna mais difícil para aqueles mais gravemente afetados receberem apoio.[61] Outros assinalaram que as regras complicadas da Justiça Social sobre linguagem, preconceito e interações sociais costumam ser especialmente difíceis para os autistas seguirem, e que os neurologicamente atípicos, que tendem a ser

TEORIAS CÍNICAS ~~CRÍTICAS~~

super-representados em carreiras como tecnologia, engenharia e física, são particularmente vulneráveis a entrar em conflito com tais regras.[62] James Damore, o técnico autista da Google – que respondeu literalmente a um pedido de opinião sobre como ter mais mulheres na área de tecnologia e foi demitido posteriormente – é um bom exemplo. Também é preocupante o fato de que ativistas ligados ao autismo tenderam a responder a alegações anticientíficas de que vacinas causam autismo com acusações de capacitismo – por que supor que ser autista é algo ruim? – em vez de mostrar que as alegações não eram verdadeiras. Isso turva águas já perigosamente turvas.

Como os ativistas ligados à surdez apontam, os implantes cocleares às vezes funcionam de maneira imperfeita e podem ser desorientadores e estressantes de usar: portanto, os surdos não devem ser pressionados a tolerá-los.[63] Todavia, os ativistas ligados à surdez também alegaram de modo desconcertante que oferecer aos pais de crianças surdas a opção de colocar implantes é semelhante ao genocídio de surdos. Alguns têm defendido a política identitária surda, que considera desertores aqueles que desejam tentar restaurar a sua audição. Isso está longe de ser útil.

O ativismo ligado à saúde mental também costuma considerar a doença mental como uma identidade marginalizada. Um problema com essa abordagem é que as pessoas tendem a se apegar às suas identidades, e isso pode desencorajar alguns de procurar tratamento e tentar se recuperar. Outro problema é que os pacientes podem confundir sintomas de doença física com características psicossomáticas imaginárias de uma doença mental que confere *status* de identidade como estresse, ansiedade ou depressão. Embora os ativistas tenham feito um bom trabalho ao abordar estigmas cruéis, ignorantes e contraproducentes associados a problemas de saúde mental, elevar a doença mental ao *status* de identidade portadora de vitimização é extremamente inútil, sobretudo para as vítimas, já que leva alguns a considerarem as suas doenças não como tratáveis, mas sim como aspectos intrínsecos da sua identidade.

Um problema semelhante aparece em relação ao ativismo gordo, já que ser gordo também é uma identidade marginalizada, de acordo com o estudo acadêmico sobre Justiça Social. Isso é potencialmente ainda mais perigoso. Central ao ativismo gordo é a crença de que a obesidade só é considerada prejudicial à saúde por causa do ódio à pessoa gorda e porque confiamos muito nos discursos científicos. Essa visão é bastante sedutora para muitas pessoas perigosamente obesas, principalmente mulheres, que têm muita dificuldade para perder peso. Em vez de procurar apoio médico ou psicológico, elas podem aprender a amar os seus corpos como eles são. O movimento de positividade corporal promove modelos com obesidade mórbida como belos e saudáveis, apesar das inúmeras evidências de que a obesidade está ligada a diabetes, doenças cardíacas, ovários policísticos, problemas articulares e respiratórios e diversas formas de câncer.[64] Os ativistas gordos fizeram campanha contra a organização Cancer Research depois que a instituição beneficente prestou informação sobre os riscos nos seus *outdoors*.[65] Outros fizeram campanhas contra modelos magras na publicidade.[66] Existem dezenas de sites que informam pessoas com obesidade mórbida como achar um médico que não lhes diga que o seu peso é prejudicial à saúde. Essa atitude pode matar.

Culturas de mimos e vitimização

Essas mudanças sociais exemplificam os princípios e os temas pós-modernos em ação. Embora talvez menos de 10% da população sustente tais ideias,[67] elas exercem considerável influência sobre como a sociedade se entende. Isso nos revela que o pós-modernismo, agora sob uma forma aplicável e reificada, não só está vivo e bem, mas também vem se tornando rapidamente cada vez mais dominante nas nossas sociedades. Dois livros importantes, ambos publicados em 2018, abordam as causas, as manifestações e os perigos potenciais dessas mudanças sociais: *The Coddling of the American Mind: How Good Intentions and Bad Ideas Are Setting Up a Generation for Failure*,[68] de Greg Lukianoff e Jonathan Haidt, e *The Rise of Victimhood Culture: Microaggressions, Safe Spaces, and the New Culture Wars*,[69] de Bradley Campbell e Jason Manning. Lukianoff e Haidt enfocam a psicologia, enquanto Campbell e Manning, a sociologia, mas as suas abordagens são complementares. Esses são aspectos diferentes do mesmo fenômeno.

Em *The Coddling of the American Mind*, Lukianoff e Haidt registram um decréscimo drástico da resiliência e da capacidade dos jovens de lidar

TEORIAS CÍNICAS ~~CRÍTICAS~~

com ideias difíceis e sentimentos feridos. Os autores não menosprezam essas lutas, mas enfatizam que são uma consequência penosa da aceitação de três "Grandes Inverdades": a crença de que as pessoas são frágeis ("Tudo o que não nos mata nos torna mais fracos"), a crença no raciocínio emocional ("Sempre confie nos seus sentimentos") e a crença no Nós contra Eles ("A vida é uma batalha entre pessoas boas e pessoas más"). A tese central deles é que essas inverdades se combinam para gerar uma abordagem psicológica do mundo que funciona como uma espécie de terapia cognitivo-comportamental (TCC) reversa. A TCC permite que as pessoas superem hábitos de catastrofização e as incentiva a colocar as coisas em perspectiva, pensar a respeito dos acontecimentos com calma e benevolência, e agir de forma adequada. As Grandes Inverdades, por outro lado, incentivam uma mentalidade negativa, paranoica e autossabotadora.

Diríamos que esses são alguns dos problemas psicológicos que decorrem da Teoria. A crença de que as pessoas são frágeis e que se enfraquecem por experiências desagradáveis ou perturbadoras é Teorizada no estudo acadêmico e no ativismo referentes à Justiça Social como grupos marginalizados sendo prejudicados, apagados, invalidados ou submetidos à violência por discursos dominantes. O compromisso de sempre confiar nos próprios sentimentos, em vez de tentar ser objetivo ou benevolente, reflete o foco da Justiça Social no conhecimento experiencial em detrimento do conhecimento objetivo. Isso também está ligado à identidade. Para a Teoria, as experiências e as emoções dos marginalizados são fidedignas (isto é, quando apoiam a Teoria; são falsas de um modo ou de outro quando não apoiam). As experiências, emoções e argumentos dos brancos – a menos que concordem com os pressupostos da Justiça Social – só podem ser considerados como sinais de fragilidade, e não como posições eticamente e/ou factualmente defensáveis. Tudo isso é sustentado pela crença de que a vida é uma batalha entre pessoas boas e pessoas más, como representada por discursos dominantes e marginalizado, nos quais alguns tentam manter sistemas opressores de poder e privilégio à custa dos outros.

Em *The Rise of Victimhood Culture*, Campbell e Manning descrevem os diferentes modos de resolução de conflitos sociais em diferentes épocas e culturas. Eles analisam como as pessoas se relacionam entre si, moralizam essas relações, estabelecem o seu lugar no mundo e buscam *status* e justiça.

238

Eles identificam o recente surgimento de uma cultura de vitimização, que difere tanto da *cultura da dignidade* como da *cultura da honra*. Em uma cultura de honra, eles explicam, é importante se recusar a ser dominado por quem quer que seja. Assim, as pessoas são bastante sensíveis a desfeitas e reagem a qualquer indicação de desrespeito com agressão imediata ou até violência. A autossuficiência é um valor fundamental nesse tipo de cultura, que dominou o mundo ocidental por centenas de anos e ainda prevalece em algumas culturas não ocidentais e em certas subculturas do Ocidente, tal como as gangues de rua. Foi substituída pela cultura da dignidade, que também enfatiza a autossuficiência, mas incentiva um tipo diferente de resiliência. Em uma cultura de dignidade, as pessoas são incentivadas a ignorar a maioria das desfeitas, ser menos sensíveis aos insultos verbais, solucionar à maioria dos problemas entre os indivíduos e superar conflitos graves por meios legais, em vez de fazer justiça com as próprias mãos.

A nova cultura de vitimização vislumbrada por Campbell e Manning compartilha a sensibilidade da cultura da honra com a desfeita, mas reage com uma demonstração de fraqueza em vez de força. Mantém a confiança nas autoridades da cultura da dignidade para resolver conflitos, em vez de fazer justiça com as próprias mãos, mas prescinde do seu compromisso de tentar ignorar desfeitas ou buscar uma solução pacífica primeiro. Na cultura da vitimização, o *status* resulta de ser visto como vitimizado e, portanto, obter o apoio de terceiros solidários. Em consequência, funciona para gerar simpatia nos outros e para tornar públicos casos de ajuda ao longo desse eixo. Por isso, tende a captar desequilíbrios de poder e vitimização em muitas interações – e até ocasionalmente, inventá-los –, para explorar aquilo a que Campbell e Manning se referem como "a moeda moral natural da vitimização".[70] A ascensão dessa cultura tem muito a ver com a concepção pós-moderna do mundo como construído em sistemas de poder e privilégio perpetuados na linguagem e na sua mais recente manifestação reificada, que assume que a opressão é onipresente, procura tornar visível essa opressão e tem o objetivo de desmontá-la.

A valorização da vitimização e a abordagem Teórica que se concentra em como o poder oprime e marginaliza andam de mãos dadas. As vítimas vindicam a Teoria, ganhando assim *status* com aqueles que a endossam. O imperativo moral é proteger os marginalizados das formas não óbvias de

TEORIAS CÍNICAS ~~CRÍTICAS~~

dano contidas em atitudes e discursos. Para identificar esses problemas, é necessário analisar a sociedade por meio das três Grandes Inverdades de Lukianoff e Haidt. Para abordá-las, é preciso prescindir da valorização da força da cultura da honra e a resiliência da cultura da dignidade para desprezar e abraçar o que Campbell e Manning chamaram de cultura da vitimização.

Sob vários aspectos, o surgimento dessa cultura da vitimização e de mimos em grande parte do Ocidente sugere que o ativismo pela justiça social (no sentido real) se tornou vítima do próprio sucesso. As acusações de que as pessoas que enfocam microagressões e vacilos pronominais não têm nenhum problema *real* para se preocupar subestimam até que ponto esses problemas são sinceramente experimentados como dolorosos (como Lukianoff e Haidt mostram, houve um aumento no número de suicídios entre os jovens, embora as razões para esse aumento possam ser mais complicadas). No entanto, uma sociedade que é livre para se preocupar com gafes sociais aparentemente menores ou ideias e atitudes indesejadas é uma em que a maioria dos seus membros provavelmente não está experimentando nenhuma situação de risco de vida direta.

Na sua discussão da parentalidade paranoica e "segurancismo", Lukianoff e Haidt sustentam que os pais costumam deixar de celebrar a erradicação de doenças fatais como difteria e poliomielite[71] e a diminuição de produtos e práticas perigosas, que reduziram drasticamente a mortalidade infantil.[72] Em vez disso, eles enfocam ansiosamente coisas menores que ainda podem ser potencialmente prejudiciais. Além disso, o foco mudou do dano físico para o desconforto psicológico, criando uma expectativa de *segurança emocional*.[73] Da mesma forma, Campbell e Manning constatam que as pessoas parecem mais inclinadas a procurar evidências de racismo e intolerância onde são menos evidentes, observando:

> Pensamos em Émile Durkheim, sociólogo francês do século XIX, que pediu de forma memorável aos seus leitores para imaginar o que aconteceria em uma "sociedade de santos". A resposta é que ainda haveria pecadores porque "falhas que parecem perdoáveis ao leigo" criariam escândalo ali.[74]

Apresentamos um argumento semelhante, afirmando que o desenvolvimento das ideias pós-modernas no contexto da Justiça Social, com foco

A JUSTIÇA SOCIAL EM AÇÃO

em atitudes de discursos racistas, sexistas e homofóbicos, e a catastrofização deles, coincidiu com a redução radical de tais atitudes e discursos. Não é por acaso que a virada para o pós-modernismo aplicado começou no final da década de 1980, no momento em que o Movimento pelos Direitos Civis, o feminismo liberal e o Orgulho Gay começaram a ver retornos decrescentes após vinte anos de progresso bastante rápido em direção à igualdade racial, de gênero e LGBT ao nível jurídico e político. Com as leis de Jim Crow desmanteladas, os Impérios caídos, a homossexualidade masculina legalizada e a discriminação com base na raça e no sexo criminalizada, a sociedade ocidental tinha recentemente se conscientizado e se envergonhado da sua longa história de opressão de grupos marginalizados e queria continuar corrigindo esses erros. Depois que as batalhas jurídicas mais significativas foram vencidas, tudo o que restou a enfrentar foram atitudes e discursos sexistas, racistas e homofóbicos. O pós-modernismo, com o seu foco nos discursos de poder e no conhecimento socialmente construído, estava perfeitamente posicionado para lidar com isso. No entanto, com a continuidade do declínio do racismo, sexismo e homofobia, estudos cada vez mais aprofundados das situações, dos textos e dos argumentos Teóricos sempre mais complicados foram necessários para detectá-los. A análise Teórica cada vez mais interpretativa dos discursos encontrados nas abordagens da Justiça Social é um reflexo direto da redução radical da injustiça social.

Justiça Social Institucionalizada – um estudo de caso

Há o perigo significativo de a Justiça Social impor as suas crenças construtivistas sociais nas instituições da sociedade. Um ótimo estudo de caso disso é proporcionado pelos acontecimentos na Evergreen State College, que foi dominada pelas ideias da Teoria crítica da raça, em geral, e especificamente pelas ideias da Teórica e educadora Robin DiAngelo. Quando o professor de biologia Bret Weinstein se opôs à solicitação aos brancos de que eles se ausentassem do *campus* por um dia, um contingente de estudantes ativistas reagiu furiosamente. O resultado foi o caos: os estudantes ativistas começaram a protestar e se revoltar contra os acontecimentos em todo o *campus*. Os trabalhos na faculdade foram totalmente interrompidos e a formatura teve que ser realizada fora do *campus*. Os estudantes ativistas cercaram o reitor, George Bridges, e o depreciaram repetidas vezes, insistindo que ele sempre baixasse as mãos ao falar e que cedesse a todas as suas exigências.[75] O problema chegou ao ponto em que os estudantes ativistas armaram barricadas contra a polícia, mantiveram professores como reféns e, armados com tacos de beisebol, pararam os carros em busca de Weinstein. Enquanto isso, lamentaram ruidosamente a própria falta de segurança no *campus* como "corpos negros e morenos", mesmo quando o reitor falou para a polícia do *campus* recuar e deixar tudo acontecer sem obstáculos.

O *campus* mergulhou na insanidade da turba, e a Evergreen ainda não se recuperou disso. De maneira mais arrepiante e mais reveladora, os manifestantes tanto não estavam dispostos a ouvir como, aparentemente, eram incapazes de compreender os pontos de vista contra os quais protestavam. Quando Weinstein pediu evidências de que a faculdade era racista, os estudantes ativistas gritaram com ele e disseram que o próprio pedido era racista. Eles insistiram que, se Weinstein tivesse algum entendimento de como era ser negro, ele saberia. A evidência deles era que eles viviam a experiência todos os dias. Assim, em vez de defenderem as suas alegações incendiárias sobre a faculdade, que aparentavam não ser apoiadas por nenhum dado, os estudantes ativistas simplesmente entoaram *slogans* de Justiça Social como "o silêncio branco é violência", e exigiram que o departamento de ciências fosse monitorado, e o seu corpo docente, reunido, treinado novamente e punido pelas suas visões inerentemente problemáticas.

Há uma resposta de uma palavra do motivo pelo qual isso aconteceu: Teoria. O que houve na Evergreen é uma demonstração em escala microcósmica do que ocorre quando a Teoria é aplicada em uma instituição autônoma em um ambiente do mundo real. A instituição Evergreen se preparou para a destruição ao aceitar o suficiente das visões de "antirracismo" de educadores críticos da raça como Robin DiAngelo – especialmente a ideia de fragilidade branca – para ter perdido a sua capacidade de montar uma defesa contra os manifestantes. Na verdade, quando alguns estudantes negros expressaram apoio a Weinstein e fizeram declarações semelhantes às

A JUSTIÇA SOCIAL EM AÇÃO

dele, a turba os calou com gritos e desprezou a própria experiência vivida deles, muito provavelmente porque não se alinhava com a experiência "autêntica" detalhada pela Teoria. Assim, uma vez que um número suficiente de pessoas, sobretudo a professora Naima Lowe, que lecionava estudos de mídia no Evergreen na época da crise, acusou a faculdade de ser uma instituição racista invadida pela supremacia branca, o corpo docente e os administradores, que tinham assumido conceitos "antirracistas" da Teoria crítica da raça, não tiveram alternativa a não ser aceitar a acusação e começar a fazer as mudanças exigidas.

O que mais eles podiam fazer? A Teoria da "fragilidade branca", entre outras, amarrou as suas mãos de tal maneira que fazer qualquer outra coisa era, aos olhos da Teoria prevalecente, confirmar a sua cumplicidade em relação ao próprio problema que eles tinham todos os motivos para negar. Os poucos que, como Bret Weinstein, contestaram, expressaram ceticismo, pediram evidências, mantiveram as suas posições, negaram a acusação, votaram silenciosamente contra ou fizeram esforços consistentes para examinar a solução proposta com seriedade foram, portanto, acusados de participação no sistema racista e tachados de racistas. Ao ter aceitado que "a questão não é 'o racismo ocorreu?', mas sim 'como o racismo se manifestou nessa situação?'",[76] a única conclusão possível era que eles estavam trabalhando para uma organização intrinsecamente racista. Essas eram as acusações. Ao ter admitido a ideia da Justiça Social de que a única maneira possível de *não* ser cúmplice do racismo é aceitar a acusação e assumir uma quantidade infinita de trabalho antirracismo, como ditado pela Teoria, eles se revelaram impotentes contra uma minoria extremista de professores e alunos, especialmente quando administradores como o novo reitor, George Bridges, se juntaram a essa minoria. É muito improvável que a maioria dos alunos e professores da Evergreen, que eram simpáticos às preocupações expressas pela Justiça Social, soubesse que era a isso que estavam aderindo.

Essa dinâmica é previsível depois que a Teoria é introduzida em um sistema fechado. As ideias começam a ganhar alguma aceitação por parte da população, que se torna partidária simpatizante e começa a assumir a visão de mundo Teórica. Nesse estado, ela "sabe" que o preconceito sistêmico está presente em todas as instituições, incluindo na sua própria, e que se esconde sob a superfície necessitando de exposição e problematização

TEORIAS CÍNICAS ~~CRÍTICAS~~

por meio dos métodos "críticos". Com o tempo, um incidente Teoricamente relevante ocorre ou, como pode ter sido o caso na Evergreen, é fabricado, e os Teóricos naquela instituição começam a se concentrar atentamente nas "problemáticas" reveladas no fundo do problema. Isso será interpretado sistematicamente, e a comunidade se fragmenta à medida que cada discussão e cada argumento se convertem em uma série de acusações e leituras atentas de cada afirmação feita por qualquer pessoa que não esteja sendo suficientemente Teórica. Fazer qualquer coisa, exceto concordar e assumir a luta em nome da Teoria, é considerado como "prova" de cumplicidade com o problema sistêmico no cerne da instituição, e não há nenhum recurso possível. Se um número suficiente de ativistas adotar bastante Teoria na instituição no momento em que o incidente ocorrer – e sempre haverá um incidente um dia, já que até mesmo um mal-entendido ou uma gafe será considerado –, a Teoria consumirá a instituição. Se ela deixar de existir, terá merecido porque foi sistematicamente preconceituosa. Se sobreviver, mesmo como fragmento do seu antigo *self*, fará isso em consonância com a Teoria ou como um campo de batalha tóxico em torno da Teoria. Isso não é um defeito da Teoria, mas uma característica. É o que o método "crítico" no seu cerne pretendia fazer desde o início. Na verdade, essa dinâmica se desenrolou em diversos cenários além da Evergreen, incluindo fóruns *on-line* dedicados a passatempos como tricô,[77] o Movimento do Ateísmo do início da década de 2010,[78] e até igrejas conservadoras.[79]

A teoria sempre parece boa no papel

As ideias do estudo acadêmico sobre Justiça Social costumam parecer boas no papel. É quase sempre assim com as teorias ruins. Consideremos o comunismo, por exemplo. O comunismo apresenta a ideia de que uma sociedade avançada e tecnológica pode se organizar em torno da cooperação e dos recursos compartilhados, reduzindo ao mínimo a exploração humana. As injustiças que surgem das disparidades entre vencedores e perdedores do capitalismo podem ser eliminadas. Com informações suficientes

A JUSTIÇA SOCIAL EM AÇÃO

– informações que são extremamente difíceis de se obter sem mercados, como sabemos agora –, com certeza podemos redistribuir bens e serviços de maneiras muito mais justas e equitativas, e certamente os benefícios morais são suficientes para motivar todas as pessoas de bem a participarem desse sistema. Temos apenas que incluir todos no roteiro. Todos nós só temos que cooperar. Essa é a teoria. Mas, na prática, o comunismo gerou algumas das maiores atrocidades da história e foi responsável pela morte de milhões de pessoas.

O comunismo é um grande exemplo da tendência humana de deixar de reconhecer como as nossas melhores teorias podem fracassar de forma catastrófica na prática, mesmo que os seus adeptos sejam motivados pela visão idealista do "bem maior". O pós-modernismo começou como uma rejeição ao comunismo, juntamente com todas as outras grandes teorias pertencentes à Idade Moderna, ao Iluminismo, e as crenças pré-modernas que vieram antes dele. Os Teóricos cínicos que agora reconhecemos como os pós-modernos originais estabeleceram as bases para uma nova abordagem Teórica da húbris humana. Em vez de seguir os passos dos seus predecessores, que tentaram grandes e abrangentes explicações e visões de como o mundo poderia e deveria funcionar, eles quiseram destruir tudo, até os alicerces. Eles não eram apenas céticos em relação a visões específicas do progresso humano: eles eram radicalmente céticos quanto à possibilidade de progresso. Esse cinismo foi eficaz. Ao se tornar politicamente acionável, esse cinismo foi especificamente aplicado para recriar a sociedade – não só para reclamar dela – e, assim, evoluiu para as Teorias que encaramos hoje, especialmente no estudo acadêmico e no ativismo referentes à Justiça Social. No papel, essas Teorias parecem dizer coisas boas. Vamos chegar ao fundo do preconceito, da opressão, da marginalização e da injustiça, e curar o mundo. Se todos pudéssemos nos importar um pouco mais, e nos importar da maneira correta, poderíamos abrir o nosso caminho para o lado certo da história. Temos apenas que incluir todos no roteiro. Só precisamos fazer com que todos cooperem. Só é preciso que ignoremos qualquer problema e juremos solidariedade à causa.

Não vai funcionar. A Justiça Social é uma Teoria bonita que, uma vez posta em prática, fracassará e poderá causar danos enormes durante o processo. A Justiça Social não pode ter sucesso porque não corresponde à

TEORIAS CÍNICAS ~~CRÍTICAS~~

realidade ou às intuições humanas básicas de justiça e reciprocidade, e porque é uma metanarrativa idealista. No entanto, as metanarrativas podem parecer convincentes e obter apoio suficiente para influenciar significativamente a sociedade e a maneira como ela pensa o conhecimento, o poder e a linguagem. Por quê? Em parte, porque nós, seres humanos, não somos tão inteligentes quanto pensamos que somos; em parte, porque a maioria de nós é idealista em pelo menos algum nível; em parte, porque tendemos a mentir para nós mesmos quando queremos que algo funcione. Contudo, a Teoria é uma metanarrativa, e, na verdade, as metanarrativas não são confiáveis.

Os pós-modernos têm toda a razão. No entanto, erraram de forma desastrosa ao confundir sistemas eficazes e adaptativos com metanarrativas. As religiões e muitas construções teóricas são metanarrativas, mas o liberalismo e a ciência *não* são. O liberalismo e a ciência são sistemas – não apenas pequenas teorias elegantes – porque são *autocéticos* em vez de *autoinfalíveis*, intencionalmente. Esse é um ceticismo fundamentado – não um radical. O liberalismo e a ciência priorizam o *empírico*, em vez do *teórico*. São autocorretivos. Os sistemas liberais, como o capitalismo regulamentado, a democracia republicana e a ciência, resolvem os conflitos submetendo economias, sociedades e produção de conhecimento a processos evolucionários que – ao longo do tempo e com esforço persistente – geram sociedades confiáveis, governos e declarações provisoriamente verdadeiras sobre o mundo. A prova é que quase tudo mudou nos últimos quinhentos anos, sobretudo no Ocidente. Como a Teoria mostra, esse progresso foi problemático às vezes, mas ainda tem sido um *progresso*. As coisas estão melhores do que há quinhentos anos, para a maioria das pessoas na maior parte do tempo, e isso é inegável.

Capítulo 10

UMA ALTERNATIVA À IDEOLOGIA DA JUSTIÇA SOCIAL

LIBERALISMO SEM POLÍTICA IDENTITÁRIA

A Teoria pós-moderna e o liberalismo não existem apenas em tensão: os dois estão quase diretamente em conflito entre si. O liberalismo vê o conhecimento como algo que podemos aprender sobre a realidade, mais ou menos objetivamente; a Teoria vê o conhecimento como completamente criado por seres humanos – histórias que contamos a nós mesmos, em grande medida a serviço involuntário de manter a nossa posição social, o nosso privilégio e poder. O liberalismo abarca categorização precisa e clareza de compreensão e exposição; a Teoria não define fronteiras e apaga categorias, enquanto se deleita com a ambiguidade fabricada. O liberalismo preza os valores humanos individuais e universais; a Teoria rejeita ambos, em favor da identidade grupal e da política identitária. Embora os liberais de esquerda tendam a favorecer os menos favorecidos, o liberalismo em geral põe no centro a dignidade humana; a Teoria se concentra na vitimização. O liberalismo incentiva a discordância e o debate como meio de chegar à verdade; a Teoria rejeita ambos como forma de reforçar os discursos dominantes que suprimem certas perspectivas e insiste que *não podemos* alcançar "a" verdade, mas só as "nossas" verdades, que estão enraizadas nos nossos valores. O liberalismo aceita a teoria da verdade por correspondência, ou seja, uma afirmação é verdadeira se descreve com precisão a realidade; a Teoria promove a ideia de que a verdade é um "jogo de linguagem" e que as palavras, em última análise, apenas apontam para outras palavras e nunca podem corresponder concretamente à realidade – a menos que essas palavras descrevam opressão. O liberalismo aceita críticas, mesmo de si mesmo, sendo, portanto, autocorretivo; a Teoria não pode ser criticada. O liberalismo acredita no progresso; a Teoria é radicalmente cínica quanto à possibilidade de progresso. O liberalismo é inerentemente construtivo por causa dos processos evolucionários que engendra; a Teoria é inerentemente corrosiva por causa do seu cinismo e apego a métodos que chama de "críticos". Isso não surpreende, já que os métodos críticos sempre foram intencional e explicitamente críticos do *liberalismo* como meio de organização social, política e econômica.

O liberalismo também contém as características e os defeitos que permitiram que a Teoria pós-moderna solapasse o seu *status* público. Ao tolerar diferenças de opinião e diversidade de pontos de vista, o liberalismo permite que as pessoas não apoiem o liberalismo. Ao insistir na liberdade de debate, o liberalismo permite e até acolhe explicitamente críticas aos seus próprios pressupostos. Ao proclamar os valores humanos universais, o liberalismo chama a atenção para as maneiras pelas quais as sociedades ocidentais, tanto do passado como do presente, deixaram de viver à altura desses valores proclamados. Ao proclamar a igualdade jurídica e política de todos os cidadãos, o liberalismo chama a atenção para as maneiras pelas quais alguns cidadãos obtiveram muito mais influência política do que outros. Por estar sempre focada no progresso, a sociedade liberal ilumina as suas próprias imperfeições, na expectativa de que elas possam ser corrigidas ou pelo menos mitigadas. O liberalismo não é perfeito, mas é o antídoto à Teoria.

Uma sociedade liberal pode ser insatisfatória porque é totalmente impessoal. Sob uma ordem liberal, nenhum indivíduo ou grupo deve receber tratamento especial. Nem todo o mundo gosta disso. Além do mais, como o liberalismo pretende ser perfeitamente imparcial no seu *front-end*, ele cria injustiças no seu *back-end*,* algumas das quais podem ser graves e precisam ser ajustadas. O capitalismo, por exemplo, é o sistema econômico puramente

---

* Termos generalizados que se referem às etapas inicial e final de um processo. O *front-end* é responsável por coligir a entrada do usuário em várias formas e processá-la para adequá-la a uma especificação em que o *back-end* a possa utilizar.

UMA ALTERNATIVA À IDEOLOGIA DA JUSTIÇA SOCIAL

liberal. Após termos implantado esse sistema, descobrimos que o capitalismo totalmente não regulamentado é uma catástrofe – foi contra isso que Karl Marx reagiu. Por mais paradoxal que possa parecer, devido ao poder dos monopólios e à influência de atores desonestos, o livre mercado requer regulamentação – uma infraestrutura que impede que o sistema fique fora de controle. Os antigos gregos também reconheceram a tirania inerente à ordem política liberal – a democracia – quando não é devidamente administrada. A experiência norte-americana, em particular, reconheceu que o ajuste republicano chamado de *democracia representativa*, envolvendo divisões de poder e limitações dos poderes do governo, é um componente necessário dos sistemas democráticos e os impede de cair sob o domínio da turba e da tirania da maioria. Esses sistemas dependem totalmente da abordagem liberal para a produção de conhecimento. A Teoria pós-moderna enxerga as falhas da ordem liberal e dos seus sistemas de produção de conhecimento de uma forma cínica – como meios pelos quais os poderosos encobrem o potencial limitador da opressão – e se concentra em quão injustos podem ser, sobretudo para aqueles que começam em desvantagem, já que o sistema não possui mecanismos para compensar a falta de sorte deles. Isso, portanto, destruiria os sistemas.

Uma dificuldade adicional com o liberalismo é que ele é de difícil definição, o que o abre para a desconstrução Teórica. O liberalismo talvez seja mais bem compreendido como o desejo de tornar a sociedade gradualmente mais justa, mais livre e menos cruel, um objetivo prático após o outro. Isso ocorre porque o liberalismo é um sistema de resolução de conflitos, e não uma solução para conflitos humanos. Sendo um sistema que funciona por meio de contribuições dos seus participantes, não oferece a ninguém em particular em quem depositar a nossa confiança, o que viola as nossas intuições humanas mais profundas. Não é revolucionário, mas também não é reacionário: o seu impulso não é virar a sociedade do avesso, nem impedir que ela mude. Em vez disso, o liberalismo é sempre um trabalho em curso. Isso ocorre porque ele realmente funciona: leva ao progresso. Assim, à medida que resolve cada problema, avança para novos problemas, encontrando continuamente novos conflitos para resolver e novos objetivos a alcançar. Dessa maneira, o liberalismo envolve um processo evolucionário, e processos desse tipo estão, por definição, sempre em construção e nunca se completam.

249

TEORIAS CÍNICAS ~~CRÍTICAS~~

Portanto, invariavelmente, esses processos cometem erros e às vezes até dão completamente errado, antes de serem submetidos a críticas e correções necessárias. A problematização é a maneira pela qual a Teoria explora esses erros. Quando bem feita, pode ser útil, pois destaca os problemas antes que fiquem fora de controle – a disposição dos sistemas liberais de aceitar a autocrítica é, de fato, a *característica* do liberalismo que métodos críticos como a Teoria pós-moderna exploram para solapar. Quando feita cinicamente, como acontece com a Teoria, pode destruir a confiança das pessoas no sistema liberal e ocultar delas que foi esse sistema que tornou a modernidade possível.

O liberalismo também é de difícil localização. Faz pouco sentido falar de quando ele começou ou como se desenvolveu, ainda que possamos mencionar filósofos que articularam a sua essência, a maioria dos quais viveu no Ocidente na Idade Moderna. Entre esses pensadores, incluem-se Mary Wollstonecraft, John Stuart Mill, John Locke, Thomas Jefferson, Francis Bacon, Thomas Paine e muitos outros. Eles buscaram inspiração em pensadores anteriores de outras tradições, chegando até a Grécia Antiga, dois mil anos antes, e forneceram conceitos e argumentos que continuam a persuadir e inspirar liberais até hoje. No entanto, eles não inventaram o liberalismo, que não pertence a um período histórico nem a uma localização geográfica. O impulso subjacente para o liberalismo pode ser encontrado em todo tempo e lugar, sempre que se quiser modificar um sistema existente a fim de manter os acertos e eliminar as falhas, sobretudo quando essas falhas restringem, oprimem ou prejudicam as pessoas. Ele existe em tensão com outros impulsos, sobretudo aqueles que não confiam em um *sistema* impessoal para resolver eventuais problemas. Isso torna o liberalismo particularmente suscetível à corrupção pós-moderna, porque os Teóricos cínicos podem usar essas falhas e esses danos como desculpa para condenar o próprio liberalismo.

Por que a liberdade de debate é tão importante?

Todos nós estamos acostumados a pensar na liberdade de expressão como um direito humano universal consagrado nas constituições dos países democráticos e na Declaração Universal dos Direitos Humanos. Ao considerar a liberdade de expressão dessa maneira, tendemos naturalmente a enfocar o direito do falante de dizer no que acredita, sem censura ou punição. Mas esse foco nos leva às vezes a esquecer a importância fundamental da liberdade de expressão para os *ouvintes* ou *potenciais ouvintes* – e sobretudo para os ouvintes que *discordam* do falante (assim como aqueles que estão indecisos).

Esse importante aspecto da liberdade de debate foi enfatizado por John Stuart Mill no seu ensaio *Sobre a liberdade*, de 1859:

> Mas o mal singular de silenciar a expressão de uma opinião é que isso rouba o gênero humano, tanto a posteridade quanto a geração existente, e aqueles que discordam da opinião ainda mais do que aqueles que estão de acordo.[1]

Há duas maneiras, Mill afirma, em que a censura prejudica os oponentes da opinião que está sendo censurada. Em primeiro lugar: "Se a opinião é correta, a humanidade se priva da oportunidade de trocar o erro pela verdade".[2] E em segundo lugar: "Se errada, perde aquilo que quase constitui um grande benefício – a percepção mais clara e a impressão mais vívida da verdade, produzida pela sua colisão com o erro".[3]

O primeiro dano invocado por Mill é claro: a supressão de uma ideia verdadeira – como a supressão pela Igreja Católica, no século XVII, da ideia de que a Terra gira em torno do Sol, e não o contrário – regride a humanidade de diversas maneiras. Mas mesmo que a opinião da maioria esteja correta em muitos aspectos, e a opinião que está sendo censurada esteja basicamente errada, permitir o debate aberto ainda é fundamental para permitir que a opinião da maioria seja refinada e melhorada.

O segundo dano invocado por Mill é mais sutil, mas não menos importante, e para ilustrá-lo ele pega um exemplo de uma esfera normalmente menos controversa que a política ou a religião: a saber, a ciência. Isaac Newton fundou a física moderna em 1687, escrevendo as equações do que veio a ser chamado de mecânica newtoniana e que hoje em dia são ensinadas em todo curso de física do primeiro ano do ensino médio. Ao longo do século seguinte, os cientistas acumularam evidências esmagadoras, tanto de observações terrestres como astronômicas, de que a física newtoniana estava

TEORIAS CÍNICAS ~~CRÍTICAS~~

correta (a ponto de prever com precisão, em 1846, a existência e a localização exata do até então desconhecido planeta Netuno). Mas suponhamos que, em algum momento dessa história, o governo (ou apenas as universidades) tivesse decidido que, em vista da evidência esmagadora da correção da mecânica newtoniana, seria dali em diante proibido questioná-la. Nesse caso, Mill observa, então teríamos muito menos razão para acreditar no quão correta é a mecânica newtoniana! É precisamente o fato de a mecânica newtoniana ter resistido ao debate livre e aberto que nos dá uma segurança tão justificada na sua validade:

> Se até mesmo a filosofia newtoniana não pudesse ser questionada, a humanidade não poderia sentir a completa garantia da sua verdade como sente agora. As crenças para as quais temos mais justificativas não repousam em nenhuma salvaguarda, mas num convite permanente para o mundo inteiro prová-las infundadas. Se o desafio não for aceito, ou for aceito e a tentativa falhar, ainda assim estaremos bastante longe da certeza, mas teremos feito o melhor que o estado atual da razão humana permite; não teremos desprezado nada que pudesse dar à verdade uma chance de nos alcançar.[4]

De fato, essa história tem uma reviravolta interessante, que Mill não podia ter previsto e que ilustra o seu primeiro dano. Acontece que a mecânica newtoniana não está correta! É uma aproximação muito boa para quase todos os propósitos práticos, mas não é exatamente correta. Isso foi descoberto por Albert Einstein entre 1905 e 1915, mais de trinta anos depois da morte de Mill: a mecânica newtoniana foi substituída e suplantada pela relatividade geral e especial de Einstein. Mas esse importante avanço na ciência poderia nunca ter ocorrido se a crítica à teoria de Newton tivesse sido proibida. (E com isso, as aplicações tecnológicas – desde a radioterapia contra o câncer até o Sistema de Posicionamento Global [GPS, na sigla em inglês] – que se valem da relatividade de Einstein de uma forma ou de outra.)[5]

Basicamente, Mill estava preocupado com a censura por governos ou autoridades eclesiásticas, mas os argumentos em favor da liberdade de debate se aplicam de maneira idêntica à censura realizada por empresas, universidades ou até mesmo grupos de cidadãos comuns – autoproclamados guardiões da virtude pública – exercendo o poder do ostracismo social.

UMA ALTERNATIVA À IDEOLOGIA DA JUSTIÇA SOCIAL

Assim, mesmo se a Teoria estivesse 99% correta, e seus críticos (como nós) 99% errados, a liberdade de debate ainda seria benéfica para os Teóricos: em primeiro lugar, por permitir a eles melhorar ainda mais a sua Teoria e, em segundo lugar, por lhes dar – e a nós – mais *confiança racional* na correção da Teoria em virtude do seu confronto bem-sucedido com ideias opostas. No entanto, se aquilo que os Teóricos estão procurando não for confiança racional na verdade das suas ideias – e costuma não ser, já que a razão e a verdade objetiva são frequentemente entendidas como manifestações opressoras do poder branco, ocidental e masculino –, mas simplesmente o sentimento subjetivo de certeza, então a liberdade de debate pode, infelizmente, tornar-se, do ponto de vista deles, opcional ou mesmo contraproducente. Lamentavelmente, essa atitude é amplamente demonstrada pela relutância bastante conspícua dos Teóricos em se envolver em debates, e pela tendência de considerar as tentativas dos outros de se envolver com eles como *fragilidade, ignorância intencional* ou *resistência epistêmica de preservação de privilégios*.

A Teoria não entende o liberalismo

O liberalismo possui pressupostos firmes de liberdade individual, igualdade de oportunidades, inquirição livre e aberta, liberdade de expressão e debate, e humanismo, e, embora esses sejam ideais amplos, também são fortes e consistentes. É por isso que eles prevaleceram de forma lenta mas segura nos últimos quinhentos anos e produziram as sociedades mais livres e mais iguais, com o menor sofrimento e opressão que o mundo já conheceu. O sucesso do liberalismo pode ser atribuído a alguns pontos fundamentais. Ele se orienta intrinsecamente para objetivos, resolve problemas, se autocorrige e – apesar do que os pós-modernos pensam – é genuinamente *progressista*. Embora alguns membros da extrema direita possam querer deter o progresso ou até considerar que ele já foi longe demais, e alguns membros da extrema esquerda considerem o progresso um mito e insistam que a vida nas democracias liberais ainda é opressora como sempre foi (obrigado,

TEORIAS CÍNICAS ~~CRÍTICAS~~

Foucault), o liberalismo aprecia o progresso e é otimista de que ele continuará. No espectro liberal, que abarca pessoas tanto de direita quanto de esquerda, todos concordam que o liberalismo implica progresso, ainda que a velocidade e os meios desse progresso sejam objeto de debate.

Para o psicólogo cognitivo Steven Pinker, é muito importante que valorizemos quanto progresso fizemos nas democracias liberais – e que devemos esse progresso ao humanismo iluminista – se quisermos que continue:

> Uma democracia liberal é uma conquista valiosa. Até a chegada do Messias, sempre existirão problemas, mas é melhor resolver esses problemas do que começar uma conflagração e esperar que algo melhor surja das cinzas e dos ossos. Ao deixar de atentar para os dons da modernidade, os críticos sociais envenenam os eleitores contra os guardiões confiáveis e os reformadores incrementais que podem consolidar o enorme progresso que desfrutamos e fortalecer as condições que nos trarão mais.[6]

O jornalista Edmund Fawcett, em um prefácio da edição em brochura do seu livro *Liberalism: The Life of an Idea*, de 2015, aborda a crítica de que o liberalismo é muito amplo e mal definido para ter um *locus* produtivo para se organizar em torno. Diz Fawcett:

> O liberalismo está destinado a ser amplo. Entre as suas conquistas notáveis, incluiu-se a criação de um tipo de política em que profundas discórdias éticas e conflitos agudos de interesse material podem ser mediados, aplacados ou mantidos sob controle, em vez de combatidos tendo em vista uma vitória total.[7]

Com referência a uma resenha da edição anterior de capa dura do livro, ele acrescenta, em tons elegantemente irritados:

> Samuel Brittan objetou no *Financial Times* que, depois de 1945, o meu liberalismo incluiu todos, exceto "autoritários e totalitários". Se ele tivesse acrescentado "populistas e teocratas" aos que excluí, eu teria recebido a sua reclamação como um elogio. A democracia liberal não é o único caminho atraente para o capitalismo atual. Os caminhos não liberais também lançam acenos. Entre eles, incluem-se o autoritarismo, o nacionalismo popular e o totalitarismo religioso.

UMA ALTERNATIVA À IDEOLOGIA DA JUSTIÇA SOCIAL

Eu gostaria de dizer que uma compreensão do liberalismo que excluiu tais alternativas estava fazendo bem o seu trabalho de definição.[8]

Essa é uma boa maneira de entender o liberalismo: como oposição ao iliberalismo. Embora o liberalismo possa ser de difícil definição, o iliberalismo é facilmente reconhecível nos estados totalitários, hierárquicos, censórios, feudais, patriarcais, coloniais ou teocráticos, e nas pessoas que desejam viabilizar tais estados, limitar as liberdades ou justificar as desigualdades. Os liberais se opõem a isso, não porque desejam estabelecer o próprio regime autoritário, mas porque se opõem a todos esses regimes. Portanto, o liberalismo é expansivo, mas não é fraco. Para Fawcett, os quatro temas do liberalismo são "aceitação do conflito, resistência ao poder, fé no progresso e respeito pelas pessoas".[9] O liberalismo aceita que vai estar sempre lutando contra poderes injustos e opressores e atuando como mediador entre ideias diferentes. Ele se opõe não ao conservadorismo, mas ao tipo de conservadorismo que procura conservar hierarquias de classe, raça e gênero. Os movimentos pós-modernos também combatem os sistemas de poder opressores, mas não têm fé no progresso – e tampouco acreditam que podemos continuar a progredir persistindo nas coisas que fazemos bem e reformando as que fazemos mal. Além disso, o liberalismo respeita as pessoas tanto como indivíduos quanto como membros da humanidade. Não respeita grupos identitários ou coletivos *per se*: valoriza o individual e o universal; o ser humano e a humanidade.

Para o jornalista e ensaísta Adam Gopnik, o liberalismo é inseparável do humanismo. Ele observa:

O liberalismo possui muitas bocas, mas o liberalismo que aqueles de nós que se consideram humanistas liberais querem defender – em oposição tanto à esquerda, com quem às vezes temos causas comuns, quanto à direita, com quem às vezes compartilhamos premissas comuns – possui um verdadeiro ponto, igualmente potente, igualmente claro. *O liberalismo é uma prática política em evolução, que defende a necessidade e a possibilidade de uma reforma social (imperfeitamente) igualitária e uma tolerância cada vez maior (se não absoluta) em relação à diferença humana por meio de conversas, manifestações e debates fundamentados e (principalmente) livres.*[10] (grifos no original)

TEORIAS CÍNICAS ~~CRÍTICAS~~

Isso é pluralismo, mas não relativismo; acolhe a diversidade de pontos de vista, mas não se compromete a respeitar todas as opiniões por princípio. Gopnik enfatiza a necessidade de conversa e *debate*. Esse é o mercado das ideias, em que as melhores ideias acabam prevalecendo, permitindo o avanço da sociedade. Isso se opõe tanto à posição conservadora de que algumas ideias são sagradas (literalmente ou não) e não devem ser contestadas como à posição pós-moderna de que algumas ideias são perigosas e não devem ser verbalizadas. O liberalismo é otimista, e o humanismo confia nos seres humanos. Se formos capazes de reunir todas as nossas ideias, sem restrições, e incentivar a liberdade de expressão e o debate cívico, poderemos tornar o mundo melhor. Isso não é uma fantasia utópica. É algo confuso, imperfeito e lento. Além disso, os últimos quinhentos anos mostraram que funciona. Gopnik escreve: "O que o liberalismo tem a seu favor são os fatos. Os liberais não conseguem nada – exceto tudo, mais cedo ou mais tarde".[11] Os liberais, ele nos diz:

> (...) acreditam em reformas, e não na revolução, porque os resultados chegaram: funcionam melhor. As mudanças sociais positivas mais permanentes são feitas de modo incremental, e não por meio de transformação revolucionária. Originalmente, isso era algo como um instinto temperamental, uma preferência pela paz social adquirida a um preço razoável, mas neste momento é uma preferência racional. Os objetivos nomeáveis dos manifestos socialistas e até marxistas do século XIX – educação pública, sistema de saúde gratuito, papel do governo na economia, voto feminino – foram todos alcançados, na maioria das vezes pacificamente e com sucesso, mediante leis reformistas em países liberais. A tentativa de alcançá-los por decreto e comando, na União Soviética, na China e em outros lugares, gerou catástrofes, morais e práticas, em uma escala ainda quase impossível de captar.[12]

Quando Gopnik afirma que o liberalismo é a preferência *racional*, é difícil discordar dele dada a evidência de que os métodos liberais funcionam e – apesar da sua abordagem incremental – funcionam bastante rápido. Não é por acaso que o liberalismo, o racionalismo e o empirismo caminham juntos sob a bandeira do "Iluminismo" ou que, juntos, diminuíram muito o sofrimento humano por meio de melhorias tecnológicas, infraestrutura eficaz e avanços médicos e científicos, além da defesa dos direitos humanos. Esses conceitos se apoiam e se reforçam mutuamente. Apesar da afirmação pós-moderna de que o pensamento iluminista estava e está muito confiante de que possui todas as respostas, ele é, de fato, caracterizado pela dúvida e pela humildade acerca da capacidade da humanidade. Para Pinker:

> Tudo começa com o ceticismo. A história da insensatez humana e a nossa própria suscetibilidade a ilusões e falácias nos contam que homens e mulheres são falíveis. Portanto, devemos buscar boas razões para acreditar em algo. Fé, revelação, tradição, dogma, autoridade, o brilho extático da certeza subjetiva são todos receitas para o erro e devem ser rejeitados como fontes de conhecimento.[13]

Isso parece ceticismo em relação às metanarrativas? É porque é. Esse ceticismo – tratado com responsabilidade sob o pensamento liberal – nos ajudou a avançar tanto e tão rápido que alguns se dão ao luxo de dedicar a sua vida a teorias obscuras anti-iluministas, em vez de ganhar a vida como agricultores de subsistência, que é melhor do que morrer no parto ou de varíola. O pós-modernismo não inventou o ceticismo: ele o perverteu em um cinismo corrosivo. Embora os Teóricos pós-modernos nos digam frequentemente que os liberais e os humanistas são regressivos e querem nos levar para trás, são eles que defendem o retorno às narrativas locais gratificantes, à revelação e ao "brilho extático da certeza subjetiva", em vez de buscar o progresso da maneira que tem funcionado tão bem.

Alguns podem sustentar que uma valorização do Iluminismo e do avanço da ciência e da razão implica apoio a atrocidades como escravidão, genocídio e colonialismo, que acompanharam o nosso "progresso". Isso poderia parecer um bom argumento se não fosse pelo fato de que a escravidão, as invasões e as ocupações brutais aconteceram ao longo da história. O que houve de especial na Idade Moderna é que o liberalismo emergente mostrou que essas atividades estavam erradas. Outros podem dizer que o progresso é um mito porque o nazismo, o Holocausto e o comunismo genocida aconteceram há menos de um século – e *depois* do Iluminismo. Isso seria razoável se o argumento fosse que tudo o que veio depois do Iluminismo foi liberal. Na verdade, esses fenômenos mostram o que acontece

TEORIAS CÍNICAS ~~CRÍTICAS~~

quando o totalitarismo pode predominar sobre o liberalismo. O liberalismo nem sempre foi vitorioso, nem sempre prevalecerá. No entanto, a vida é muito melhor quando isso acontece e devemos agir para garantir isso.

Apesar das suas deficiências, o liberalismo é melhor para os seres humanos. Como Pinker sustenta em *Enlightenment Now*:

> Os dados mostram que os países mais liberais também são, em média, mais instruídos, mais urbanos, menos fecundos, menos consanguíneos (com menos casamentos entre primos), mas pacíficos, mais democráticos, menos corruptos e menos vítimas de crimes e golpes.[14]

É surpreendente que no mesmo período de vinte anos (1960 a 1980) durante o qual as mulheres conquistaram acesso à contracepção e a salários iguais para trabalhos iguais, a discriminação racial e sexual no emprego e em outras áreas se tornou ilegal e a homossexualidade foi descriminalizada, os pós-modernos surgiram e declararam que era hora de parar de acreditar no liberalismo, na ciência, na razão e no mito do progresso. A única explicação para isso é que, em seu niilismo e desespero (especialmente com o fracasso do comunismo), eles não conseguiram entender o que é o progresso e como ele é alcançado. Não sigamos os seus passos. Não deixemos de acreditar no liberalismo, na ciência, na razão e no progresso. Em vez disso, façamos um esforço conjunto para defender o conhecimento baseado em evidências, a razão e os princípios éticos consistentes. A maneira de fazer isso foi bem descrita por Jonathan Rauch, sob o rótulo de "ciência liberal".

Ciência liberal

Em 1992, o jornalista Jonathan Rauch escreveu uma defesa apaixonada do liberalismo em um livro intitulado *Kindly Inquisitors: The New Attacks on Free Thought*. Nele, Rauch explica as virtudes do método de produção de conhecimento no qual o liberalismo se apoia, que ele chama de "ciência liberal". Essa ideia é descrita como o "sistema intelectual liberal"[15] e apresentada como a contribuição liberal para "a indústria da realidade", "encarregada de produzir afirmações verdadeiras sobre o mundo externo".[16] Para Rauch, a ciência liberal é um sistema que aplica duas regras consistentes: a "regra cética" e a "regra empírica".[17] Ele resume essas regras como *"ninguém tem a palavra final"* e *"ninguém tem autoridade pessoal"*,[18] respectivamente, sustentando que "essas regras peculiares são duas das convenções sociais mais bem-sucedidas que a espécie humana já desenvolveu".[19] Por quê? Porque "essas duas regras definem um sistema de tomada de decisão que as pessoas podem concordar em usar para descobrir em quais opiniões vale a pena acreditar",[20] e isso funciona porque o sistema "não pode corrigir o resultado com antecedência ou definitivamente (sem palavra final)" e "não pode distinguir entre os participantes (sem autoridade pessoal)".[21]

Rauch compara o "princípio liberal" com quatro outros, cada um dos quais se mostra decisivamente inadequado para a sua tarefa: procurar afirmações que sejam suficientemente confiáveis para serem chamadas de *conhecimento* e resolver conflitos nas discordâncias que inevitavelmente surgem em torno dessas afirmações. Esses quatro princípios são os seguintes: o princípio fundamentalista, o princípio igualitário simples, o princípio igualitário radical e o princípio humanitário.

"O princípio fundamentalista: Quem conhece a verdade deve decidir quem tem razão"[22]

O princípio fundamentalista é o alicerce das teocracias e dos regimes totalitários seculares; mas também vemos esse impulso fundamentalista na natureza cada vez mais autoritária do estudo acadêmico e do ativismo referentes à Justiça Social e nas suas tentativas de bloquear as críticas. Será esse o caminho do totalitarismo, se os fundamentalistas conseguirem chegar ao poder.

"O princípio igualitário simples: Todas as crenças de pessoas sinceras têm igual direito ao respeito"[23]

Isso implica que algo não precisa ser verdadeiro para ser respeitado. Esse é o tipo de relativismo epistemológico e moral subjacente ao estudo acadêmico e ao ativismo referente à Justiça Social.

"O princípio igualitário radical: É como o princípio igualitário simples, mas as crenças das pessoas em classes ou grupos historicamente oprimidos merecem especial consideração"[24]

Isso está no cerne do estudo acadêmico da "injustiça epistêmica", que tem caracterizado grande parte da Teoria desde 2010. Baseia-se na teoria do ponto de vista e na crença de que todas as ideias são igualmente válidas, embora algumas tenham sido desvalorizadas devido ao preconceito e agora precisem ser colocadas em primeiro plano.

"O princípio humanitário: Qualquer uma das opções acima, mas com a condição de que a primeira prioridade seja não causar danos"[25]

Essa é a justificativa para censurar certas ideias que se acredita que causam sofrimento psicológico, "violência epistêmica" ou apagamento de certos grupos de seres humanos – um argumento encontrado em todo estudo acadêmico e ativismo da Justiça Social.

"O princípio liberal: A verificação de cada um por meio de críticas públicas é a única maneira legítima de decidir quem tem razão"[26]

Ao contrário dos outros quatro, este último princípio não pode ser aceito pelo pensamento pós-moderno sobre a Justiça Social. A Teoria insiste que não é aceitável criticar algumas ideias. Ela também sustenta que não é possível estabelecer se uma pessoa tem razão ou não avaliando a solidez das suas ideias – isso dependerá da sua identidade ("posicionalidade") e disposição para empregar os discursos certos. Na prática, a "verificação de cada um por cada um" é impossível na Teoria, pois as pessoas de diferentes grupos identitários nunca conseguem se entender plenamente. Essa é a essência do princípio do conhecimento pós-moderno. É evidente que o pós-modernismo contém uma rejeição ao liberalismo na sua própria essência.

Se rejeitamos a abordagem liberal de geração de conhecimento, só nos restam as alternativas iliberais, e, conforme estas ganham *status* moral e os seus pressupostos subjacentes são cada vez mais adotados, tornam-se ainda mais fundamentalistas. Essa é a essência do princípio político pós-moderno.

De forma concisa, Rauch expressa a diferença crucial entre ciência liberal e os dois princípios pós-modernos, sobretudo como vistos no pós-modernismo aplicado e reificado: "A ciência liberal insiste absolutamente na liberdade de crença e expressão, mas *rejeita absolutamente a liberdade de conhecimento*" (grifos no original).[27] Nos sistemas liberais, as pessoas são livres para acreditar em qualquer coisa que quiserem e são livres para defender qualquer coisa que quiserem, mas afirmar que tais crenças são *conhecimento* e exigir que sejam respeitadas como tal é outra questão.

No estudo acadêmico e no ativismo referentes à Justiça Social e, cada vez mais, numa sociedade contaminada por isso, a liberdade de "conhecimento" é a moeda universal – desde que o "conhecimento" fale de "opressão" e esteja em consonância com a Teoria. Dizer o contrário, de acordo com a Teoria, é colaborar com a intolerância. Os resultados não são bons. Incluem uma erosão do sistema pelo qual geramos afirmações confiáveis sobre a realidade e uma perda concomitante do sistema de resolução de conflitos que a ciência liberal desenvolveu para fornecer. Isso leva a divisões sociais, já que as pessoas perdem a capacidade de falar umas com as outras em termos compartilhados e não possuem meios objetivos para solucionar diferenças de opinião. Você tem "a sua verdade" e eu tenho "a minha verdade" e, quando essas divergem, não há meios de resolução. Tudo o que podemos fazer é recorrer à nossa seita – ou seja, as pessoas que compartilham as nossas experiências subjetivas –, tentarmos reivindicar a vitimização e torcermos para que o que está em discussão não esteja usando a "verdade" para construir uma ponte ou implantar cuidados médicos – e que ninguém procure solucionar a disputa pela violência. Na prática, isso provoca a denominacionalização do "conhecimento", que, por sua vez, gera uma crise de confiança em todas as afirmações de conhecimento. Esse é o resultado em qualquer sistema que se curvou ao princípio do conhecimento pós-moderno e à Teorização dele decorrente. Isso não ajuda ninguém, e – como os acadêmicos ligados à Justiça Social gostam de assinalar – os maiores perdedores em tal situação são aqueles que já estão marginalizados e oprimidos. Foi dito com razão: a verdade nos libertará. Chega de Justiça Social.

TEORIAS CÍNICAS ~~CRÍTICAS~~

Os princípios e os temas à luz do liberalismo

Podemos fazer muito melhor do que estabelecer denominações de "verdade". Cada um dos princípios e temas pós-modernos possui uma essência de verdade e aponta para um problema que precisa ser tratado, mas nenhum desses problemas é tratado com eficácia pelo pós-modernismo. Há uma alternativa à Justiça Social para liberais e partidários da modernidade que se preocupam com questões de justiça social. Ela envolve a rejeição quase total de dois princípios pós-modernos e também dos quatro temas pós-modernos, em favor de um paradigma mais antigo – o liberalismo universal, alimentado pela produção de conhecimento científico-liberal. Isso, então, é um chamado para lembrar o valor da razão e das abordagens baseadas em evidências para aquisição de conhecimento, caracterizado pela sua liberdade em relação a pressupostos políticos predeterminados e pela sua ética consistentemente liberal. Também devemos reconhecer que, embora muito pouco do que os pós-modernos e os seus descendentes acadêmicos e ativistas apresentem seja original, o projeto liberal deve aceitar as críticas suscitadas por eles e responder como sempre faz: autocorrigindo-se, adaptando-se e progredindo.

Não há nada que a Teoria pós-moderna possa fazer que o liberalismo não possa fazer melhor, e já passou da hora de recuperar a confiança para argumentar em favor disso, aplicar o liberalismo para corrigir as suas deficiências do passado e orientá-lo rumo a desafios futuros, e seguir em frente. Então, como podemos contestar os princípios e temas pós-modernos com simplicidade e confiança e mostrar aos hesitantes que as ideias liberais devem triunfar no mercado intelectual? Podemos começar reconhecendo no que a Teoria acerta, para rejeitar a sua abordagem obstinada para os problemas que destaca.

O PRINCÍPIO DO CONHECIMENTO PÓS-MODERNO

O princípio do conhecimento pós-moderno supõe que o conhecimento é um artefato cultural socialmente construído. Isso é verdadeiro em um sentido banal, mas falso no sentido profundo pretendido pelo pós-modernismo.

UMA ALTERNATIVA À IDEOLOGIA DA JUSTIÇA SOCIAL

Com certeza, o conhecimento faz parte do reino das ideias, e o fato de uma ideia ser ou não considerada "verdadeira" em uma determinada cultura diz algo sobre essa cultura. No entanto, existem maneiras melhores e piores de obter conhecimento (provisório) a respeito do que está acontecendo no mundo. Os melhores métodos – razão e evidências – também são artefatos culturais, mas são inegavelmente eficazes em peneirar afirmações que descrevem e predizem com precisão o que está ocorrendo por aí, tanto física quanto socialmente. Precisamos rejeitar o princípio do conhecimento pós-moderno vendo-o pelo que ele é – um jogo de linguagem – e restabelecer o entendimento geral de que o conhecimento é difícil de encontrar, mas pode ser obtido por meio dos processos da ciência liberal. A confiança na ciência não é ingênua – temos evidências de que a ciência funciona – e, sem dúvida, ela não é racista, sexista ou imperialista. A ciência e a razão não são ideias brancas, ocidentais e masculinas, e é racista e sexista sugerir que são. A ciência e a razão pertencem a todos. Na verdade, seriam inúteis se não pertencessem.

No entanto, o princípio do conhecimento pós-moderno nos fornece uma essência de valor maior. Desde as objeções de Foucault ao uso indevido das afirmações científicas sobre loucura e sexualidade até a insistência dos Teóricos críticos da raça de que os problemas das minorias não estão sendo levados a sério, o pós-modernismo está cheio de apelos para sermos menos arrogantes e *ouvirmos*. O princípio do conhecimento pós-moderno nos exorta a fazer um trabalho melhor de *ouvirmos e considerarmos* e de *ouvirmos e investigarmos*. No entanto, não temos obrigação de "ouvirmos e acreditarmos" ou de "calarmos a boca e ouvirmos". As demandas que contornam ou descartam o rigor epistemológico, mesmo em favor da melhor das causas, não podem ser cumpridas em uma sociedade liberal, porque as causas simplesmente não são mais bem atendidas dessa maneira. Em geral, sob certos aspectos, os *insights* das pessoas sobre o mundo são precisos, mas elas também tendem a interpretar esses *insights* incorretamente porque pode ser difícil chegar ao fundo das coisas. Por exemplo, o valor de uma lei não pode ser medido melhor pela experiência vivida daqueles a quem ela ajudou ou prejudicou. Os primeiros tendem a pedir a sua preservação, enquanto os últimos desejam a sua revogação – e ambas as perspectivas são válidas, mas incompletas. A abordagem liberal consistiria em ouvir ambas as partes,

TEORIAS CÍNICAS ~~CRÍTICAS~~

considerar os seus pontos atentamente e apresentar argumentos sobre o que precisa ser conservado e o que deve ser reformado. *Ouvir e considerar* nos pede para levarmos a sério algumas informações importantes que poderíamos ignorar, e então avaliarmos de modo justo e racional a totalidade das evidências e dos argumentos; *ouvir e acreditar* incentiva o viés de confirmação, dependendo de quem nos sentimos moralmente obrigados a ouvir. Se seguirmos essa regra, entenderemos mal muitas coisas importantes e, em consequência, a regra vai se fragilizar, e o resultado será ouvir ainda menos do que já ouvimos e deveríamos ouvir.

O PRINCÍPIO POLÍTICO PÓS-MODERNO

O princípio político pós-moderno sustenta que a construção social do conhecimento está intimamente ligada ao poder, e que a cultura mais poderosa tanto cria os discursos aos quais se concede legitimidade como determina o que consideramos ser verdade e conhecimento de maneiras a manter seu domínio. Esse princípio vê o mundo como um jogo de poder de soma zero e como uma teoria da conspiração sem conspiradores individuais. Essa é uma visão sombria e embrutecedora que, inspirada em Michel Foucault, surge da leitura mais cínica possível da história do progresso, da modernidade e do projeto iluminista. Não aceita que o progresso humano é sempre incremental e cheio de erros – alguns dos quais com consequências terríveis, mas a partir dos quais aprendemos e continuamos a aprender. Parece se sentir pessoalmente ferido pela falta de onisciência dos nossos cientistas (embora o método científico em si seja baseado naquele reconhecimento preciso da falibilidade humana).

O princípio político pós-moderno precisa desaparecer. Sim, discursos nocivos podem ganhar poder indevido, disfarçar-se como conhecimento legítimo e, assim, prejudicar a sociedade e as pessoas. Devemos permanecer conscientes disso. O pós-modernismo em si é um desses discursos. Estamos retrucando. Estamos argumentando contra isso. Vale a pena considerar a ideia de que as pessoas nascem em certos discursos que moldam o seu entendimento; a ideia de que aprendem a repetir esses discursos a partir das suas posições na estrutura de poder, sem sequer perceber se o que estão

UMA ALTERNATIVA À IDEOLOGIA DA JUSTIÇA SOCIAL

fazendo é prejudicial e absurdo. A alegação de que, por exemplo, as mulheres negras que defendem ideias de Justiça Social estão *"woke"* e que todas as outras mulheres negras que não aceitam tais ideias foram submetidas a lavagem cerebral para empregar discursos de poder que as oprimem é uma narrativa em causa própria, arrogante e presunçosa, mas é o que acontece quando vinculamos conhecimento a identidade e Teorizamos variações na experiência e na interpretação como inautênticas ou confusas.

Como liberais, não temos que fazer isso. Podemos apoiar os argumentos dos liberais de cada grupo identitário e podemos avaliar se estão em conformidade com as evidências e a razão, sem alegar que qualquer argumento é representativo de "mulheres" ou de "pessoas não brancas". Sabemos exatamente que ideias defendemos e por que, e podemos respeitar os ativistas pela Justiça Social pressupondo que eles também sabem.

1. A INDEFINIÇÃO DE FRONTEIRAS

É sensato ser cético em relação a categorias e limites rígidos. Eles devem ser constantemente testados, estimulados e movidos sempre que necessário. O ceticismo radical, que não tem nenhum método para melhorar a precisão das categorias, mas simplesmente desconfia das categorias por princípio, é extremamente inútil – e a realidade permanece não afetada por ele. Podemos usar a razão para chegar a conclusões provisórias e criar modelos hipotéticos e testá-los. Existem categorias válidas e inválidas e existem argumentos a favor e contra o uso de categorias específicas para rotular pessoas. A ciência e a razão podem fornecer informações que podemos utilizar para fortalecer os argumentos *liberais* e desmascarar tanto os argumentos socialmente conservadores quanto os pós-modernos.

A visão pós-moderna simplista, tão dominante na Teoria *queer*, que enxerga as categorias como inerentemente opressoras, simplesmente não se justifica. Se alguém quiser defender que homens e mulheres não se encaixam perfeitamente em parâmetros convencionais – e, portanto, não devem ser limitados pelas características, habilidades e papéis tradicionalmente atribuídos ao seu sexo – poderá usar a ciência para mostrar que não, o liberalismo para afirmar que não deveriam, e a razão empregará a primeira a

TEORIAS CÍNICAS ~~CRÍTICAS~~

serviço do último. Uma compreensão da ciência e da matemática – em particular, estatísticas básicas – revela o quão equivocado é o apelo para obliterar categorias. A realidade biológica é tal que, cognitiva ou psicologicamente, homens e mulheres são populações imensamente sobrepostas com distribuições um pouco diferentes de características médias – um fato que nos permite prever tendências, mas pode nos dizer muito pouco sobre qualquer indivíduo específico. Para os Teóricos *queer*, que receiam que a dependência na biologia confine homens e mulheres a papéis distintos, dizemos: "Olhem para os dados". A ciência já sabe que a variação humana existe e que a natureza tende a ser confusa.

2. O PODER DA LINGUAGEM

O foco pós-moderno no poder da linguagem também tem alguma justificativa, visto que foi a linguagem que permitiu aos seres humanos desenvolver a ciência, a razão e o liberalismo. A linguagem possui o poder de convencer e persuadir, mudar mentes e transformar a sociedade. É por isso que defendemos um mercado de ideias, permeado pelo princípio liberal de Rauch – de modo que os seres humanos possam empregar o poder de reunir todas as suas ideias e ver quais são as melhores, usando os métodos que sabemos que podem funcionar. Mesmo os seres humanos mais inteligentes costumam raciocinar mal quando estão sozinhos ou em grupos ideologicamente homogêneos, porque utilizamos a razão sobretudo para justificar os nossos desejos, crenças e intuições subjacentes.[28] Estamos no nosso melhor em um grupo de pessoas com diferentes intuições e diferentes raciocínios, do qual ninguém pode escapar com uma afirmação em causa própria sem contestação. Sob tais circunstâncias, podemos alcançar grandes feitos.

O pensamento de que a justiça social é muito mais bem servida com a restrição do que pode ser dito e o banimento de algumas ideias e terminologias e a imposição de outras não é sustentado pela história, pelas evidências ou pela razão. O poder de especificar algumas ideias virtuosas e, portanto, exprimíveis, e outras terríveis e, portanto, proibidas está sempre nas mãos daqueles que sustentam a visão da maioria (ou que detêm o poder político). Historicamente, a censura não funcionou bem para ateus ou para minorias religiosas, raciais ou sexuais – então, não há nenhuma razão para acreditar que a Teoria contém um ingrediente mágico que pode fazer a censura funcionar de maneira diferente. Exortamos os defensores da Justiça Social a verem que quanto mais alcançarem o seu objetivo de controlar o discurso, mais claro se tornará que a sua ideologia é hegemônica: um discurso dominante opressor que atua em busca de poder e, portanto, precisa ser desconstruído e combatido. Teremos prazer em ajudar com isso.

3. O RELATIVISMO CULTURAL

A única essência aproveitável do relativismo cultural é algo que ninguém nega: algumas culturas fazem algumas coisas de maneira diferente e, em vários casos, as diferenças não importam muito e são interessantes de aprender e compartilhar. No entanto, a produção de conhecimento transcende culturas específicas – assim como a produção de conhecimento *moral*. Todos nós vivemos no mesmo mundo, e somos todos seres humanos em primeiro lugar e seres humanos de culturas específicas em segundo; portanto, a maior parte do que é verdade sobre o mundo não tem nada a ver conosco e a maior parte do que é verdade *sobre nós* é verdade sobre nós *como seres humanos* e não como membros de qualquer cultura específica. É tão perigoso quanto absurdo fingir que não podemos fazer nenhum julgamento a respeito de práticas de uma cultura diferente da nossa. Apesar das diferenças culturais relativamente pequenas entre países e seitas diferentes, todos nós compartilhamos uma única cultura humana, baseada em uma natureza humana universal. A gama de variação humana pode ser grande, mas não é *tão* grande. (A distância entre qualquer um de nós é incomensuravelmente menor do que a distância entre qualquer um de nós e os nossos vizinhos primatas mais próximos, os chimpanzés e os bonobos.) As estruturas sociais que conduzem à prosperidade, liberdade e segurança dos seus cidadãos são quase certamente limitadas pela natureza da humanidade, e quaisquer tentativas de trabalhar por um ideal fora disso estão fadadas ao fracasso.[29]

A justiça social – o princípio, não a ideologia – só pode ser cumprida se tivermos princípios consistentes. Os direitos das mulheres, os direitos LGBT e a igualdade racial ou de casta devem ser direitos de todos ou de

TEORIAS CÍNICAS ~~CRÍTICAS~~

ninguém. As alegações de que apenas as mulheres, os LGBT e os membros de um grupo minoritário de uma cultura ou subcultura específica podem criticar a opressão do seu próprio grupo são uma falha de empatia e consistência ética. Nós prejudicamos a causa dos direitos humanos se punimos alguém que aponta os abusos humanitários como imperialistas ou racistas. Com razão, os liberais não fazem isso. Ao acreditar na liberdade individual e nos direitos humanos universais, podemos apoiar aqueles que defendem essas coisas – companheiros liberais – onde quer que estejam e quaisquer que sejam as suas normas culturais dominantes. Não devemos sentir hesitação em apoiar a igualdade de direitos, as oportunidades e as liberdades de todas as mulheres, todas as pessoas LGBT e todas as minorias raciais e religiosas, porque esses valores não pertencem ao Ocidente, mas a todos os liberais em todos os lugares – e eles estão em *todos os lugares.*

4. A PERDA DO INDIVIDUAL E DO UNIVERSAL

Há alguma verdade na observação de que o individualismo e o universalismo não podem descrever toda a experiência humana. As pessoas existem em comunidades, o que afeta como elas experimentam o mundo e as oportunidades disponíveis a elas. Pessoas diferentes processam informações de maneiras diferentes e possuem valores fundamentais diferentes.[30] Compreender a experiência da opressão, em algum nível, requer ter sido oprimido ou ter ouvido muito e possuir uma imaginação vívida. Um liberalismo que se concentra exclusivamente no indivíduo e na humanidade em geral pode deixar de ver como certos grupos identitários são desfavorecidos. Uma atenção maior a esse aspecto da identidade é justificada, ainda que não exclua todas as outras preocupações.

As abordagens da Justiça Social que se concentram *exclusivamente* na identidade grupal e ignoram a individualidade e a universalidade estão condenadas ao fracasso pela simples razão de que as pessoas são indivíduos e compartilham uma natureza humana comum. A política identitária não é um caminho para o empoderamento. Não existe uma "única voz de pessoas de cor", de mulheres, de trans, gays, pessoas com deficiência ou pessoas gordas. Mesmo uma amostra aleatória relativamente pequena retirada

UMA ALTERNATIVA À IDEOLOGIA DA JUSTIÇA SOCIAL

de qualquer um desses grupos revelará visões individuais amplamente variadas. Isso não nega a probabilidade de que o preconceito ainda exista e de que as pessoas que o sentem são as mais propensas a ter consciência dele. Ainda precisamos "ouvir e considerar", mas precisamos ouvir e considerar uma variedade de experiências e opiniões de membros de grupos oprimidos, e não apenas um único que foi arbitrariamente rotulado de "autêntico" porque representa a visão essencializada pela Teoria.

O estudo acadêmico e o ativismo referentes à Justiça Social também são limitados pelas suas visões construtivistas sociais, muitas vezes chamadas de teorias de tábula rasa.[31] Isso leva acadêmicos e ativistas a negar a possibilidade de uma natureza humana universal; uma negação que torna a empatia entre grupos muito difícil. Essa negação não é um bom presságio para grupos minoritários, e essa visão não foi compartilhada por Martin Luther King Jr., pelas feministas liberais e pelos ativistas do Orgulho Gay das décadas de 1960 e 1970. A mensagem geral deles era fortemente (embora de forma imperfeita) liberal, individual e universal, e teve sucesso ao apelar para a empatia e a justiça. "Eu tenho um sonho de que um dia os meus quatro filhos pequenos viverão em uma nação em que não serão julgados pela cor da sua pele, mas pelo conteúdo do seu caráter", o dr. King disse,[32] apelando para o orgulho dos norte-americanos brancos do seu país como a terra de oportunidades e o seu senso de justiça, e fazendo causa comum com eles nas suas esperanças para a próxima geração.[33] Ele invocou a empatia deles e enfatizou a sua humanidade compartilhada. Será que se ele, como Robin DiAngelo, tivesse pedido aos norte-americanos brancos que fossem "um pouco menos brancos, o que significa um pouco menos opressores, indiferentes, defensivos e arrogantes",[34] isso teria surtido o mesmo efeito? Achamos que não. Uma compreensão da natureza humana é essencial para qualquer tentativa de melhorar a sociedade.

Os seres humanos são capazes de grande empatia e de terrível insensibilidade e violência. Nós evoluímos dessa maneira porque foi do nosso interesse tanto cooperar nos nossos próprios grupos como competir contra os outros. Portanto, em grande medida, a nossa empatia é limitada àqueles que consideramos como membros da nossa própria tribo, e o nosso desprezo cruel e violência são reservados àqueles considerados como concorrentes ou traidores. Ao procurar expandir o nosso círculo de empatia cada vez

TEORIAS CÍNICAS ~~CRÍTICAS~~

mais, o humanismo liberal alcançou uma igualdade humana sem precedentes. Ele fez isso valorizando a melhor parte da nossa natureza – a nossa empatia e o nosso senso de justiça.[35] Ao procurar dividir os seres humanos entre grupos identitários marginalizados e seus opressores, a Justiça Social corre o risco de alimentar as nossas piores tendências – o nosso tribalismo e o nosso espírito vingativo. Isso não pode funcionar bem para as mulheres, para os grupos minoritários ou para a sociedade em geral.

Talvez o que seja mais frustrante na Teoria é que ela tende a considerar literalmente ao contrário todas as questões que são a sua principal preocupação, em grande medida devido à sua rejeição da natureza humana, da ciência e do liberalismo. Ela atribui significado social às categorias raciais, o que inflama o racismo. Tenta retratar categorias de sexo, gênero e sexualidade como meras construções sociais, o que solapa o fato de que as pessoas costumam aceitar minorias sexuais porque reconhecem que expressão sexual varia *naturalmente*. Descreve o Oriente como o oposto do Ocidente e, assim, perpetua o próprio orientalismo que procura desfazer. É muito provável que a Teoria entre em combustão espontânea em algum momento, mas poderá causar muito sofrimento humano e danos sociais antes disso. As instituições que ela vem atacando antes de sofrer um colapso perderão muito do seu prestígio e influência, e podem não sobreviver. Também pode nos deixar à mercê de nacionalistas e populistas de direita, que representam uma ameaça potencial ainda maior ao liberalismo.

Combustível para a política identitária de extrema direita

Um dos maiores problemas com a política de identidade da esquerda identitária é que ela valida e incentiva a política de identidade da direita identitária. A política de identidade da direita havia muito sustentava que os brancos deviam deter todo o poder em uma sociedade, que a cultura ocidental devia dominar o mundo e que os homens deviam ter um papel dominante na esfera pública, e as mulheres, um papel passivo no lar. A heterossexualidade era considerada normal e moralmente boa (dentro de certas estruturas de gênero), ao passo que a homossexualidade era uma perversão e moralmente má. Quando a esquerda liberal desafiou explicitamente tudo isso e defendeu o ponto de vista de que as pessoas não deviam ser avaliadas pela sua raça, pelo sexo ou sexualidade, alcançou uma superioridade moral convincente em relação aos grupos de direita que pensavam o contrário.

Os liberais, liderados pelo Movimento pelos Direitos Civis, feminismo liberal e Orgulho Gay, venceram de forma esmagadora essa batalha de ideias na segunda metade do século XX e conquistaram a igualdade jurídica com base na raça, no gênero e na sexualidade. Eles foram tão bem-sucedidos que, no final da primeira década do século XXI, os conservadores tradicionais também aceitaram isso em grande medida. Aqueles grupos social ou religiosamente conservadores que ainda acreditavam que mulheres, negros ou gays deviam ser limitados a determinados papéis na vida ou que negavam direitos iguais passaram a ser reconhecidos como detentores de uma posição radical de "extrema direita" e podiam esperar danos à reputação em uma sociedade liberal.

No entanto, essa mudança drástica e rápida na concepção da sociedade dos papéis de gênero, das relações raciais e da liberdade sexual ainda é muito frágil e nova. As feministas liberais tiveram que trabalhar muito para convencer a sociedade de que as mulheres são tão intelectualmente rigorosas e psicologicamente fortes quanto os homens. Levou tempo para derrotar estereótipos acerca de as mulheres serem propensas à histeria e ao pensamento emocional, serem sensíveis demais para lidar com a esfera pública e precisarem ser protegidas de ideias ou pessoas difíceis. Nem as minorias raciais consideraram que foram imediatamente reconhecidas por uma sociedade de maioria branca como cidadãos igualmente inteligentes e éticos. As narrativas do colonialismo e de Jim Crow, que sustentavam que os não brancos eram pouco inteligentes, irracionais, emocionalmente instáveis e inescrupulosos, não desapareceram de um dia para o outro. Na verdade, levaram décadas para desaparecer. Da mesma forma, gays, lésbicas, bissexuais e transgêneros não passaram a ter aceitação imediata por parte da sociedade em geral depois de terem as suas vidas sexuais descriminalizadas, as suas identidades de gênero legalmente apoiadas ou os seus relacionamentos comprometidos reconhecidos em casamento. Em vez disso, enfrentaram uma longa batalha cultural tentando convencer os apreensivos

TEORIAS CÍNICAS ~~CRÍTICAS~~

conservadores sociais de que não tinham nenhuma "agenda" para destruir a família, a heterossexualidade, a masculinidade ou a feminilidade.

No entanto, essas batalhas estavam sendo ganhas. Tornou-se normal que as mulheres tivessem carreiras profissionais e fossem consideradas adultas competentes, capazes de enfrentar as duras realidades da vida pública. Tornou-se normal que pessoas de minorias raciais fossem professores, médicos, juízes, cientistas, políticos e contadores. Um número cada vez maior de homossexuais se sentiu à vontade para falar dos seus parceiros socialmente e no trabalho, e para ser afetuosos uns com os outros em público. A aceitação das pessoas trans estava demorando mais, pois são uma minoria muito pequena, têm problemas especificamente complicados para resolver e contradizem a compreensão de muitas pessoas a respeito de sexo de gênero, mas a situação vinha melhorando – pelo menos até recentemente. Agora, a Justiça Social Crítica ameaça reverter – e parece estar revertendo – grande parte desse progresso, e faz isso de duas maneiras.

Em primeiro lugar, as abordagens da Justiça Social reinscrevem os estereótipos negativos contra as mulheres e as minorias raciais e sexuais pelo tipo de Teorias que desenvolve. Grande parte do seu feminismo infantiliza as mulheres, sugerindo que elas são frágeis, tímidas, carecem de ação e exigem grande parte da esfera pública suavizada para elas. Os argumentos a favor da "justiça em pesquisa" baseados em crenças tradicionais e religiosas, emoções e experiências vividas orientalizam pessoas não brancas, sugerindo que a ciência e a razão não são para elas – contra todas as evidências históricas e atuais. As abordagens que priorizam a política identitária, como vemos no panteão interseccional, visam não só recolocar a importância social nas categorias de identidade como também torná-las centrais – e a sua natureza unidirecional não será algo que permanecerá sob o controle da Teoria. As tentativas autoritárias de impor em que as pessoas devem acreditar sobre gênero e sexualidade e a linguagem em que devem expressar essas crenças em nome da Justiça Social estão criando rapidamente uma resistência hostil à aceitação geral das pessoas trans em particular.

Em segundo lugar, a abordagem crítica da Justiça Social incentiva o tribalismo e a hostilidade pela sua abordagem agressivamente desagregadora. Enquanto os Movimentos pelos Direitos Civis funcionaram tão bem porque usaram uma abordagem universalista – todos deveriam ter direitos iguais

UMA ALTERNATIVA À IDEOLOGIA DA JUSTIÇA SOCIAL

– que apelava para as intuições humanas de justiça e empatia, a Justiça Social utiliza a abordagem simplista da política identitária que atribui culpa coletiva aos grupos dominantes – os brancos são racistas, os homens são sexistas, e as pessoas heterossexuais são homofóbicas. Isso contraria explicitamente o valor liberal estabelecido de não julgar as pessoas pela sua raça, gênero ou sexualidade, e é extremamente ingênuo esperar que isso não produza um renascimento em sentido contrário da política identitária de direita. Os argumentos de que é aceitável ser preconceituoso contra brancos, homens, heterossexuais ou cisgêneros por causa de desequilíbrios de poder históricos não funcionam bem com intuições humanas de reciprocidade.

Se uma maioria se sentir ameaçada por uma minoria ruidosa com poder institucional, ela tenderá a tentar mudar essas instituições, e não apenas por causa de temores paranoicos de perder o domínio e o privilégio que já tiveram. Se for socialmente aceitável falar depreciativamente de "branquitude" e exigir punição de alguém que se interprete como expressando "antinegritude", isso será experimentado como injusto pelos brancos. Se for aceitável caracterizar como patologia a masculinidade e falar odiosamente dos homens e, ao mesmo tempo, ser hipersensível a qualquer coisa que possa ser chamada de "misoginia", quase metade da população (assim como grande parte da outra metade que gosta dela) tenderá a digerir mal isso. Se os cisgêneros, que correspondem a 99,5% da população, forem acusados de transfobia por simplesmente existirem, por deixarem de usar a terminologia correta, por permitirem que os órgãos genitais influenciem as suas preferências de namoro ou até por terem crenças de Teoria não *queer* sobre gênero, isso tenderá a resultar em muito antagonismo injusto contra pessoas trans (a maioria das quais também não acredita nisso).

Certamente há diversas causas para a atual onda direitista, dentre elas coisas que nada têm a ver com o estudo acadêmico ou ativismo da Justiça Social, mas, sem dúvida, nem um nem outro estão ajudando. Da maior importância, no entanto, é que uma vez que a Justiça Social se esforçou tanto para estabelecer a hegemonia absoluta sobre os discursos pertinentes a essas questões – sobretudo na esquerda e no centro –, outras vozes razoáveis e moderadas são as menos propensas a entrar na conversa com alternativas razoáveis e moderadas aos pronunciamentos da Justiça Social sobre essas questões. Isso deixa apenas aqueles com as vozes mais extremas para

TEORIAS CÍNICAS ~~CRÍTICAS~~

se manifestar contra a Justiça Social, e ao grau que possam ser percebidas como falando uma verdade óbvia que ninguém mais dirá, elas conseguirão o apoio que de outra forma não seriam capazes de obter. Dessa maneira, por meio do silenciamento sistemático e quase total das vozes razoáveis e moderadas da esquerda, do centro e centro-direita, a Justiça Social abre a si e a nossa sociedade da forma mais precária e certa a uma reação autoritária da extrema direita. (Isso, então, elas interpretarão inutilmente, é claro, como mais uma prova de que a nossa sociedade é tão degenerada e preconceituosa quanto sempre insistiram que ela é – uma profecia autorrealizável que nenhum de nós terá que sofrer se estivermos dispostos a nos manifestar enquanto podemos.)

Uma breve discussão sobre soluções

Houve quem tenha sugerido soluções bastante drásticas para o problema do pós-modernismo. Alguns, incluindo o primeiro-ministro Viktor Orbán, da Hungria,[36] afirmaram que deveríamos banir os estudos de gênero e outros cursos baseados na Teoria pós-moderna. Essas pessoas os consideram tão socialmente prejudiciais que merecem ser proibidos. Nós nos opomos com veemência a essa postura. Não podemos combater o iliberalismo com o iliberalismo ou contra ameaças à liberdade de expressão proibindo a expressão dos censores. Não devemos nos tornar o que odiamos. Caso contrário, não poderemos esperar ser apoiados por aqueles que odeiam o que odiamos – isto é, liberais de todas as tendências; da esquerda, da direita e do centro.

Outras pessoas afirmaram que os cursos ligados à Justiça Social não deveriam ser financiados com dinheiro público. Elas apresentam um argumento razoável de que não se deve esperar que o pagador de impostos financie o estudo acadêmico que não é rigoroso nem ético. Também discordamos disso. Os governos não devem ter o controle sobre o que as universidades ensinam – tal movimento equivaleria ao estabelecimento de uma espécie de Ministério da Verdade. Embora também desejemos que as universidades patrocinem estudos rigorosos, e não acreditemos que o

UMA ALTERNATIVA À IDEOLOGIA DA JUSTIÇA SOCIAL

pós-modernismo se qualifique como tal, um terrível precedente seria criado se os governos – em vez de as universidades – tomassem essa decisão. Se um governo teocrático chegasse ao poder, ou um governo influenciado pela esquerda pós-moderna, por exemplo, ele poderia decidir que a ciência ou qualquer outra coisa de que não gostasse era socialmente prejudicial e pros-crevê-la. É importante defender o direito das pessoas de ter ideias pós-mo-dernas e expressá-las a quem quiser ouvir. No entanto, também é importante impedi-las de ganhar poder institucional – algo que, como o Capítulo 9 mostra, já está acontecendo.

Nas sociedades liberais, já temos a resposta para o problema de como lidar com sistemas filosóficos reificados que ameaçam se impor à sociedade: essa resposta é chamada de *secularismo*. O secularismo é mais conhecido como um princípio legal: a "separação entre a Igreja e o Estado". Mas esse princípio se baseia em uma ideia filosófica mais profunda – qual seja, por mais certo que possa estar de que tem a posse da verdade, você não tem o direito de impor a sua crença à sociedade como um todo. Interpretado em termos gerais, isso significa que você pode defender as crenças morais que quiser e exigir que as pessoas as sigam (dentro dos limites legais) em uma comunidade voluntária, cujos membros adotam essas crenças como questões de consciência privada, mas não pode impô-las a pessoas de fora. Acredite no que quiser, mas, em troca, você deve permitir que os outros acreditem no que quiserem – ou não, conforme o caso.

Isso é acompanhado pelo direito inalienável de rejeitar *sem culpa* as injunções e prescrições morais de qualquer ideologia específica. Em uma sociedade secular, por exemplo, ninguém é obrigado legal ou moralmente a se sentir culpado por rejeitar os pressupostos de qualquer credo, incluindo aqueles da religião majoritária. Isso cabe a cada indivíduo, e nenhum grupo ideológico ou moral pode decidir por essa pessoa. Ninguém está sujeito aos *deveres* de algum grupo moral específico, por mais forte que seja a convicção dos seus membros.

O projeto pós-moderno, sobretudo após a virada para o pós-modernis-mo aplicado – e ainda mais depois da sua reificação –, é predominantemente prescritivo, em vez de descritivo. Uma teoria acadêmica que prioriza o que acredita que *deve* ser verdadeiro, em vez do objetivo de descrever o que *é* – em outras palavras, uma teoria que vê a crença pessoal como uma

TEORIAS CÍNICAS ~~CRÍTICAS~~

obrigação política –, deixou de buscar o conhecimento porque acredita que tem A Verdade. Ou seja, tornou-se um sistema de fé, e o seu estudo acadêmico tornou-se uma espécie de teologia. Isso é o que vemos no estudo sobre Justiça Social. As declarações de *deve* substituíram a busca pelo que *é*.

Uma coisa é acreditar que o conhecimento é um constructo cultural utilizado para impor poder e que isso pode ocorrer de maneiras injustas. Esse é um argumento que pode ser apresentado ao mercado de ideias. Outra coisa completamente diferente é admitir essa crença como certa e declarar que discordar é em si um ato de domínio e opressão. É ainda pior insistir que tudo, exceto a submissão espiritual constante ao seu sistema de crenças e os apelos à revolução social puritana, é cumplicidade com o mal moral. Em outros credos, esse é o remédio para um problema chamado *depravação*, isto é, o desejo corrupto de pecar. O secularismo relega essas questões à *consciência privada* do indivíduo, e exime qualquer um da obrigação de aceitar ou apoiar falsamente uma crença que não compartilha, para evitar o estigma social.

Com essa atitude em mente, defendemos duas abordagens para o problema do pós-modernismo reificado. Primeiro, devemos nos opor à institucionalização do seu sistema de crenças. Como o movimento pela Justiça Social não é oficialmente uma religião e como os objetivos da justiça social genuína estão de acordo com a legislação antidiscriminação, foi permitido contornar as barreiras usuais para impor o sistema de crenças de alguém aos outros. Como liberais, devemos nos opor a essa imposição e defender o direito das pessoas de não acreditarem na Justiça Social, sem incorrer em alguma forma de punição. Embora todas as instituições e organizações públicas tenham o direito de exigir dos seus alunos, funcionários ou usuários que evitem a discriminação e defendam a igualdade, elas não devem exigir uma ratificação de Credo da Justiça Social. Devemos nos opor a qualquer exigência de uma declaração de Justiça Social ortodoxa em relação à diversidade, equidade e inclusão, ou à diversidade obrigatória ou ao ensino de equidade, assim como nos oporíamos a instituições públicas que exigissem uma declaração de fé cristã ou muçulmana ou comparecimento à igreja ou mesquita.

Segundo, devemos travar uma batalha justa contra as ideias da Justiça Social. Não acreditamos que as más ideias possam ser derrotadas sendo

UMA ALTERNATIVA À IDEOLOGIA DA JUSTIÇA SOCIAL

reprimidas, ainda mais quando são tão socialmente poderosas como as ideias pós-modernas são neste momento. Em vez disso, elas precisam ser enfrentadas e derrotadas no mercado de ideias, de modo que possam morrer de morte natural e ser merecidamente reconhecidas como extintas. Derrotar a Teoria pós-moderna no mercado de ideias é plenamente possível – na verdade, inevitável – se a enfrentarmos e nos armarmos com um raciocínio mais forte. Isso exige expor as suas tentativas de evitar um escrutínio justo por aquilo que são e manter as ideias em um padrão superior capaz de, no devido tempo, refinar o que é útil nelas. Como estão, as ideias são comprovadamente más e eticamente incoerentes, e não conseguem resistir a um escrutínio rigoroso sem implodir e desaparecer em uma lufada de contradições. As disciplinas acadêmicas envolvidas precisam ser reformadas, para torná-las mais rigorosas e éticas. Esse é o tipo de problema com que o sistema acadêmico sabe lidar e conseguirá lidar com eficácia, uma vez que o tabu contra a crítica ao estudo acadêmico sobre Justiça Social desapareça.

Uma conclusão e uma declaração

Manter o nosso compromisso e a nossa crença no liberalismo em face da Teoria é possível e é para o nosso benefício. No entanto, pode ser difícil. Por um lado, respostas novas e radicais possuem um certo apelo. Elas deixam as pessoas animadas, sobretudo quando as coisas parecem ruins. Os problemas que parecem grandes e urgentes dão a impressão de convidar a novas soluções revolucionárias. Temos a impressão de que as melhorias incrementais são demasiado lentas quando há pessoas sofrendo *neste exato momento*. Como sempre, o ótimo é inimigo do bom – incluindo a expectativa não realista de que um bom sistema já deveria ter conseguido produzir resultados melhores. Isso é um convite ao radicalismo, autoritarismo, fundamentalismo e cinismo. É isso o que torna a Teoria sedutora – populismo, marxismo ou qualquer outra forma de utopia que pareça boa no papel e que seja ruinosa na prática. Parece ser a solução necessária para os inúmeros problemas do mundo, alguns dos quais dão a impressão de ser (ou são) emergências.

Contudo, a resposta para esses problemas não é nova, e talvez seja por isso que não é prontamente gratificante. A solução é o liberalismo, tanto político (o liberalismo universal é um antídoto para o princípio político pós-moderno) quanto em termos de produção de conhecimento (a "ciência liberal" de Jonathan Rauch é o remédio para o princípio do conhecimento pós-moderno). Você não precisa se tornar um especialista na obra de Jonathan Rauch, de John Stuart Mill ou de qualquer um dos grandes pensadores liberais. Tampouco precisa aprofundar-se no estudo acadêmico sobre a Teoria e a Justiça Social para que possa refutá-la com confiança. No entanto, você precisa ter um pouco de coragem para enfrentar algo com bastante poder. Você precisa reconhecer a Teoria quando a vê e tomar o partido das respostas liberais a ela, o que não pode ser mais complicado do que dizer: "Não, essa é a sua crença ideológica, e eu não tenho que concordar com ela".

Para facilitar, gostaríamos de terminar com alguns exemplos de como você pode reconhecer a injustiça social, ao mesmo tempo que rejeita as soluções propostas pela ideologia da Justiça Social. Esperamos mostrar que as questões da justiça social são sérias e importantes, mas que os meios iliberais de abordá-las são, na melhor das hipóteses, inadequados, e na pior, equivocados, perigosos e prejudiciais tanto para as pessoas quanto para as causas dignas. Claro que você pode criar as suas próprias variações de oposição de princípios às ideias da Justiça Social.

OPOSIÇÃO DE PRINCÍPIOS: EXEMPLO 1

AFIRMAMOS que o racismo continua a ser um problema na sociedade e precisa ser enfrentado.

NEGAMOS que a Teoria crítica da raça e a interseccionalidade forneçam as ferramentas mais úteis para fazer isso, já que acreditamos que as questões raciais são mais bem resolvidas por meio das análises mais rigorosas possíveis.

SUSTENTAMOS que o racismo é definido como atitudes preconceituosas e comportamentos discriminatórios contra indivíduos ou grupos com base na raça, e pode ser enfrentado com sucesso desse modo.

NEGAMOS que o racismo esteja arraigado na sociedade por meio de discursos, que seja inevitável, que esteja presente em cada interação a ser descoberta e evocada, e que seja parte de um problema sistêmico que está em todos lugares, sempre, e que a tudo permeia.

NEGAMOS que a melhor maneira de lidar com o racismo seja restaurando o significado social de categorias raciais e aumentando radicalmente a sua importância.

SUSTENTAMOS que cada indivíduo pode optar por não ter opiniões racistas e se deve esperar que faça isso, que o racismo está declinando ao longo do tempo e se tornando mais raro, que podemos e devemos ver uns aos outros primeiro como seres humanos e depois como membros de certas raças, que a melhor maneira de tratar as questões de raça é sendo honesto sobre as experiências racializadas, ao mesmo tempo que trabalhamos no sentido de objetivos compartilhados e uma visão comum, e que o princípio de não discriminação por raça deve ser universalmente defendido.

OPOSIÇÃO DE PRINCÍPIOS: EXEMPLO 2

AFIRMAMOS que o sexismo continua a ser um problema na sociedade e precisa ser enfrentado.

NEGAMOS que as abordagens Teóricas das questões de gênero, incluindo a Teoria *queer* e o feminismo interseccional, que trabalham com teorias de tábula rasa em relação a sexo e gênero, sejam úteis para enfocá-las, pois acreditamos que é necessário reconhecer as realidades biológicas para tratar dessas questões.

SUSTENTAMOS que o sexismo é definido como atitudes preconceituosas e comportamentos discriminatórios contra indivíduos ou contra um sexo inteiro com base no sexo, e pode ser enfrentado com sucesso desse modo.

NEGAMOS que o sexismo e a misoginia sejam forças sistêmicas que atuam em toda a sociedade por meio da socialização, das expectativas e da imposição linguística, mesmo na ausência de pessoas ou intenções sexistas ou misóginas.

NEGAMOS que existam diferenças biológicas psicológicas ou cognitivas, em média, entre homens e mulheres, e que gênero e sexo sejam, portanto, meramente constructos sociais.

SUSTENTAMOS que homens e mulheres são seres humanos de igual valor, que são igualmente capazes de ser discriminados com base no seu

TEORIAS CÍNICAS ~~CRÍTICAS~~

sexo, que os atos sexistas são atos intencionais, praticados por indivíduos que deveriam agir de outra forma, e que gênero e sexo possuem origens biológicas e sociais, que precisam ser reconhecidas para otimizar a prosperidade humana.

OPOSIÇÃO DE PRINCÍPIOS: EXEMPLO 3

AFIRMAMOS que a discriminação e a intolerância contra as minorias sexuais continuam a ser um problema na sociedade e precisam ser enfrentadas.

NEGAMOS que o problema possa ser resolvido pela Teoria *queer*, que procura tornar sem sentido todas as categorias pertinentes ao sexo, ao gênero e à sexualidade.

SUSTENTAMOS que a homofobia e a transfobia são definidas como atitudes preconceituosas e atos discriminatórios contra homossexuais e transgêneros com base na sua sexualidade ou identidade de gênero.

NEGAMOS que o desmantelamento de categorias de sexo, gênero ou sexualidade, ou que o encaminhamento de conceitos de "heteronormatividade" e "cisnormatividade" opressora – reconhecendo a heterossexualidade e a identidade de gênero em consonância com o sexo biológico como normal –, seja a melhor maneira de tornar a sociedade mais acolhedora para as minorias sexuais.

SUSTENTAMOS que as minorias sexuais também são "normais" e representam uma variação natural da sexualidade e da identidade de gênero, e podem ser facilmente aceitas como tal, da mesma maneira que outras variações (como cabelo ruivo e ser canhoto) são reconhecidas atualmente como características encontradas em uma minoria de seres humanos que são considerados indivíduos humanos completamente normais e membros estimados da sociedade. A homofobia e a transfobia são atos intencionais, praticados por indivíduos que deveriam agir de outra forma.

Poderíamos dar exemplos para outras questões atualmente controladas pela Teoria – colonialismo, deficiência, obesidade e assim por diante –, mas você entendeu a ideia. Então, um exemplo final, mais geral, diz respeito à Teoria conforme ela evoluiu no estudo acadêmico sobre Justiça Social.

UMA ALTERNATIVA À IDEOLOGIA DA JUSTIÇA SOCIAL

OPOSIÇÃO DE PRINCÍPIOS: EXEMPLO 4

AFIRMAMOS que a injustiça social ainda existe e que o estudo acadêmico sobre questões de justiça social é necessário e importante.

AFIRMAMOS o valor das abordagens teóricas interdisciplinares, incluindo o estudo de raça, gênero, sexualidade, cultura e identidade nas humanidades.

AFIRMAMOS que grande parte das ideias geradas até mesmo pelo pós-modernismo reificado do estudo acadêmico sobre Justiça Social – incluindo a ideia básica da interseccionalidade, ou seja, que injustiças únicas podem residir em identidades "interseccionadas" que requerem consideração especial – é penetrante e digna de apresentação ao mercado de ideias para avaliação, adaptação, estudo adicional, refinamento e aplicação potencialmente eventual.

NEGAMOS que quaisquer ideias, ideologias ou movimentos políticos possam ser identificados como a posição de autoridade de qualquer grupo identitário, já que tais grupos são compostos por indivíduos com ideias diversas e uma humanidade comum.

NEGAMOS o valor de qualquer estudo acadêmico que rejeite a possibilidade de conhecimento objetivo ou a importância de princípios consistentes, e sustentamos que isso é desvio ideológico, em vez de estudo acadêmico.

NEGAMOS o valor de qualquer abordagem teórica que se recuse a se submeter à crítica ou refutação, e sustentamos que isso é sofisma, em vez de estudo acadêmico.

NEGAMOS que qualquer abordagem que pressuponha a existência de um problema (por exemplo, em uma forma sistêmica) e depois o investigue "criticamente" em busca de provas disso tenha algum valor significativo, sobretudo como uma forma de estudo acadêmico.

SUSTENTAMOS que, se esses métodos forem reformados e tornados rigorosos, poderão ter enorme valor acadêmico e fazer avançar significativamente a causa da humanidade – sobretudo a causa da justiça social.

NOTAS

Este livro possui 88 páginas de referências bibliográficas. Elas podem ser acessadas pelo site da Faro Editorial. Escolhemos não colocá-las na versão impressa pela economia de árvores, e de dinheiro para você, por um conhecimento que pode ser baixado gratuitamente.

LEIA TAMBÉM

Transformação da esquerda ao longo dos últimos 150 anos – do socialismo científico à atual esquerda pós-moderna - é um dos fenômenos mais intrigantes da política contemporânea.

Como pode a esquerda, que antes fundamentava suas pautas na razão e na ciência, ter aderido à ideia relativista de que a verdade não existe?

Por que abandonou agendas materialistas (como a socialização dos meios de produção) para, agora, dedicar-se à manipulação da linguagem e ao politicamente correto? Por que a esquerda, que se pensava universalista em sua defesa da classe trabalhadora, agora promove a divisão das pessoas em infinitos grupos minoritários, com as políticas identitárias baseadas em raça, gênero, sexualidade?

Neste livro, Stephen Hicks detalha todo o percurso que culminou na estratégia pós-moderna da esquerda contemporânea.

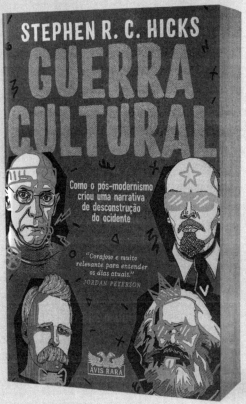

Este é um livro com caráter profético, que chega no tempo em que todas as suas previsões se confirmaram. F. A. Hayek, um dos maiores economistas de todos os tempos, foi laureado com o prêmio Nobel em 1974, quando se tornou mundialmente conhecido por sua filosofia social e política. Em particular, por sua previsão do colapso do socialismo quando muitos ainda olhavam para o regime com otimismo.

Aqui ele traça as raízes intelectuais para a Escola Austríaca, a tradição centenária fundada na Universidade de Viena e o renascimento do pensamento liberal clássico.

Hayek continua a fornecer lições inestimáveis para o desenvolvimento do mundo.

Por décadas, seus vaticínios foram ignorados e a academia escolheu pautar o Ocidente pela proposta de Keynes, onde havia a defesa da atuação forte do Estado na Economia.

Milton Friedman, apesar de conciliar em seus estudos as atuações de ambos, Keynes e Hayek, identificava-se com o liberalismo de Hayek, avaliando que a intervenção do Estado reduzia a capacidade do mercado de criar riqueza.

Desde as últimas três décadas, vimos a ascensão econômica de nações com economia mais liberal e a ruína das que mantiveram o Estado como tutor dos cidadãos. E, como consequência, o surgimento de ditaduras.

EU NÃO SOU RACISTA, MAS...

Negação, silêncio, raiva, medo, culpa... essas são algumas das reações mais comuns quando se diz a uma pessoa que agiu, geralmente sem intenção, de modo racista.

Ser abertamente racista não é algo socialmente aceitável. Ninguém quer ser visto assim. Mas cada vez que se nega o racismo, impedimos que ele seja abordado, que nossos preconceitos sejam discutidos, e jogamos tudo de volta para debaixo do tapete.

As reações de negação não servem apenas para silenciar quem sofre o preconceito, também escondem um sentimento que a autora Robin DiAngelo passou a chamar de fragilidade branca.

Apoiada em duas décadas de pesquisas, palestras e também em salas de aula, DiAngelo mostra como esse sistema de autodefesa sustenta a ideia de uma superioridade branca.

Em um experimento, a autora catalogou frases, palavras e sentimentos de voluntários que se veem sem qualquer preconceito e demonstrou que, no fundo, ele estava lá. Sua proposta é que todos comecem a ouvir melhor, estabeleçam conversas mais honestas e reajam a críticas com educação e tentando se colocar no lugar do outro.

Não basta apenas sustentar visões liberais ou condenar os racistas nas redes sociais. A mudança começa conosco. É hora de todos os brancos assumirem sua parte nesse processo e abandonarem a ideia de superioridade.

Um mundo sem estupidez é possível! Na verdade, não...

Desculpe. Mas isso não nos impede de tentar entender a estupidez humana. Afinal, todos nós lidamos com ela diariamente. Seja nas notícias, nas redes sociais ou nos grupos com os quais convivemos.

Entender os idiotas é um desafio, algo que nunca foi realizado de forma profunda. Estudiosos, psicólogos e especialistas em comportamento humano se juntaram para analisar como a estupidez se processa e quais seus mecanismos: entendê-la parece ser a melhor forma de combater sua disseminação.

O objetivo deste livro é preparar o leitor para esse juízo final de quem tem de aturar a estupidez continuamente. Afinal, como diria Nelson Rodrigues, "os idiotas vão dominar o mundo. Não pela capacidade, mas pela quantidade. Eles são muitos".

TODOS SOMOS CULPADOS...

Insultamos as pessoas em conversas on-line. Difamamos e rotulamos aqueles de quem discordamos e fazemos afirmações graves que não podemos provar.

Buscamos apresentar a imagem de uma posição moral elevada não apenas para defender um ponto, ou levar um debate adiante, mas para olhar os outros com superioridade. Indignados, compassivos ou comprometidos com uma causa, exageramos.

Em nenhum lugar isso é mais evidente do que nas redes sociais. Os filósofos Justin Tosi e Brandon Warmke, que estudaram extensivamente sobre a arrogância moral — comportamento que tantas pessoas insistem em exibir —, alertam: ela não é apenas irritante, mas perigosa.

À medida que a política fica mais polarizada e que pessoas de ambos os lados se distanciam, os autores demonstram como o ruído das nossas conversas prejudicam as causas que tanto tentamos defender.

Cruzando recentes estudos de psicologia, economia e ciência política, eles explicam o que leva a nos comportarmos dessa maneira e o que pode acontecer caso essa guerra virtual se agrave.

Mais importante: os autores mostram como podemos reconstruir o espaço para um debate público do qual valha a pena participar.

ASSINE NOSSA NEWSLETTER E RECEBA INFORMAÇÕES DE TODOS OS LANÇAMENTOS

www.faroeditorial.com.br

CAMPANHA

Há um grande número de portadores do vírus HIV e de hepatite que não se trata.

Gratuito e sigiloso, fazer o teste de HIV e hepatite é mais rápido do que ler um livro.

Faça o teste. Não fique na dúvida!

ESTA OBRA FOI IMPRESSA
EM JUNHO DE 2021